“十三五”江苏省高等学校重点教材(编号：2019-2-188)

高职高专汽车类专业核心课程系列教材

汽车保养与 PDI

(含学习工作单)

主编　蒋浩丰
主审　刘　阳

西安电子科技大学出版社

内 容 简 介

本书以丰田和大众等典型车型为例，讲述了汽车保养和PDI作业过程。全书共有九个项目，包括汽车保养概论，车间安全，汽车运行材料的合理使用，汽车保养作业中的基本功能检查，底盘的维护，轮胎、制动器的检查与制动液的更换和排气，发动机的维护，PDI与库存车检查以及汽车保养综合训练。书中附有自我测试题和视频资源。本书还配有学习工作单供练习检测用。

本书可作为高职高专汽车类检测与维修专业教材，也可作为汽车维修行业从业人员、汽车驾驶人员以及汽车运输与管理部门的技术人员和管理人员的参考用书。

图书在版编目(CIP)数据

汽车保养与PDI(含学习工作单) / 蒋浩丰主编. —西安：西安电子科技大学出版社，2020.12
ISBN 978-7-5606-5898-8

Ⅰ. ①汽…　Ⅱ. ①蒋…　Ⅲ. ①汽车—车辆保养 ②汽车—检测　Ⅳ. ①U472

中国版本图书馆CIP数据核字(2020)第195446号

策划编辑　秦志峰
责任编辑　权列秀　秦志峰
出版发行　西安电子科技大学出版社(西安市太白南路2号)
电　　话　(029)88242885　88201467　　邮　　编　710071
网　　址　www.xduph.com　　电子邮箱　xdupfxb001@163.com
经　　销　新华书店
印刷单位　陕西天意印务有限责任公司
版　　次　2020年12月第1版　2020年12月第1次印刷
开　　本　787毫米×1092毫米　1/16　印张17
字　　数　405千字
印　　数　1～3000册
定　　价　49.80元
ISBN　978-7-5606-5898-8 / U
XDUP 6200001-1

学习工作单 1

课程：汽车保养与 PDI　　姓名：________　　班级：________　　日期：________

	项目一：汽车保养概论 任务一：讨论汽车保养的意义和内容	车　型：____________ 整车型号：____________

一、汽车保养的意义

1. 汽车保养又称________；是指为______________________________的作业；

2. 由图 X1-1 可知，汽车定期保养可以实现以下四点：

(1) ______________________________________。

(2) ______________________________________。

(3) ______________________________________。

(4) ______________________________________。

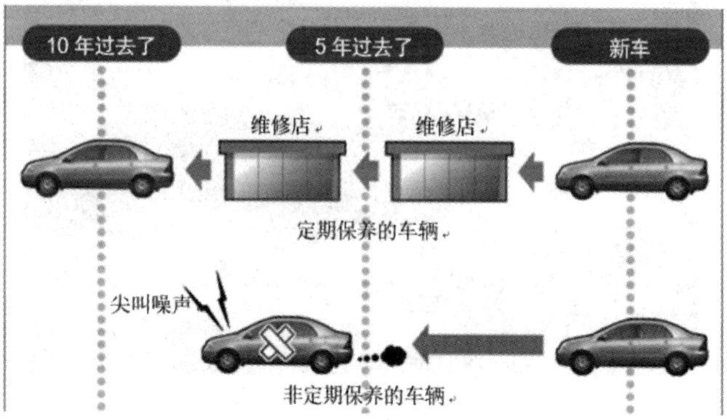

图 X1-1　汽车定期保养与非定期保养的比较

二、对于行驶里程很少的车辆为什么也要定期保养？

三、汽车保养与汽车修理有何区别？

学习工作单 2

课程：<u>汽车保养与 PDI</u>　　姓名：________　　班级：________　　日期：________

	项目一：<u>汽车保养概论</u> 任务二：<u>识别汽车 VIN 码</u>	车　　型：__________ 整车型号：__________

一、汽车 VIN 码的意义

1. 汽车 VIN 码又称__________________；共_____位；

2. VIN 码具有全球______性、最大限度的______性和______性，已成为全世界识别车辆唯一准确的__________。

3. 17 位编码经过特定的排列组合可以保证每个制造厂在____年之内生产的每辆汽车识别代号具有唯一性。

4. 由图 X1-2 知，汽车的生产年份是________年。

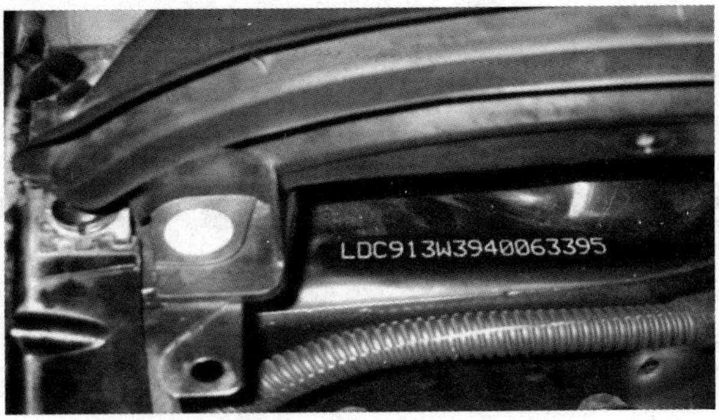

图 X1-2　汽车 VIN 码

二、汽车 VIN 码识别

VIN 码在车上的位置是____；

VIN 码是____；

VIN 码含义是____

____

____。

学习工作单 3

课程：汽车保养与PDI　　姓名：________　　班级：________　　日期：________

	项目二：车间安全 任务一：灭火器的使用	灭火器类型：________ 车　　型：________

一、解释图 X2-1 中不同类型灭火器的使用场合。

1. 干粉灭火器用于灭____________________的着火；
2. 二氧化碳灭火器用于灭____________________的着火；
3. 泡沫灭火器用于灭____________________的着火。

图 X2-1　不同类型的灭火器

二、根据图 X2-2 阐述灭火器的使用方法(以干粉灭火器为例)。

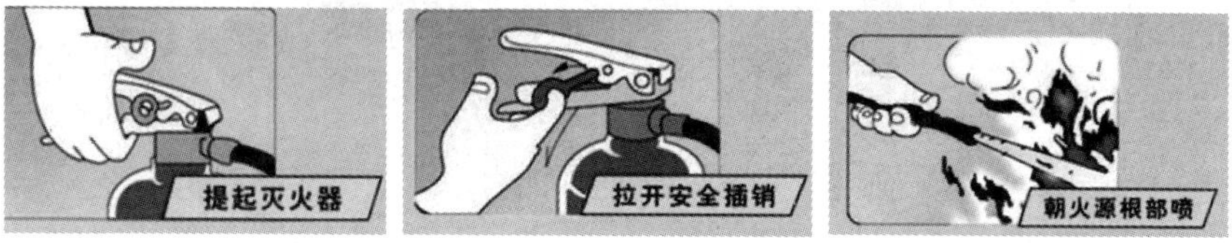

(a)　　(b)　　(c)

图 X2-2　灭火器的使用步骤

三、如果一台教学车发生起火，如何迅速灭火？

学习工作单 4

课程：汽车保养与 PDI　　姓名：________　　班级：________　　日期：________

	项目二：车间安全 任务二：重物搬运	车　　型：____________ 整车型号：____________

一、正确着装

根据图 X2-3 写出正确着装需要注意的事项：

1. ______________；2. ______________；3. ______________；

4. ______________；5. ______________；6. ______________。

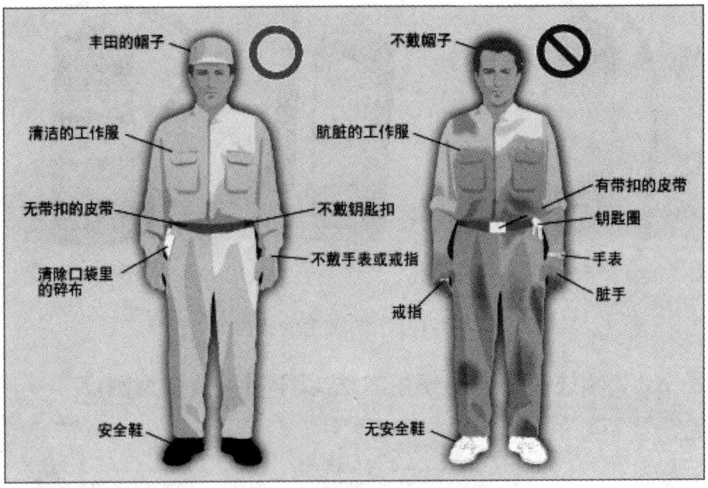

图 X2-3　正确与错误的着装对比

二、搬运常识

1. 人体的搬运极限是________kg；
2. 搬运重物前首先要________物体表面；
3. 举起重物时依靠的是____________的力量；
4. 搬运重物时应戴__________手套；
5. 不正确的搬运姿势会造成_______________的伤害。

续表

三、搬运重物

根据图 X2-4 叙述正确的重物搬运步骤。

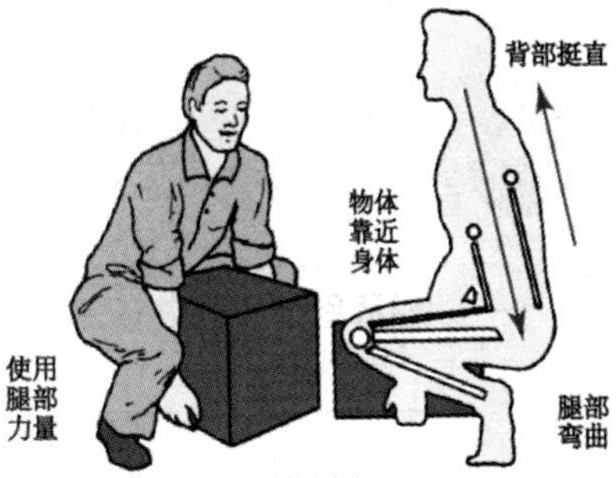

图 X2-4 正确搬运重物

四、如果在搬运重物时手指刮破了轻微流血，应该如何处置？

五、在工作中如何保护眼睛？

学习工作单 5

课程：<u>汽车保养与 PDI</u>　　姓名：________　　班级：________　　日期：________

	项目三：<u>汽车运行材料的合理使用</u> 任务一：<u>发动机舱油液的认识与检查</u>	车　　型：____________ 整车型号：____________

一、解释图 X3-1 中各油液的含义

1. ____________；2. ____________；3. ____________；
4. ____________；5. ____________。

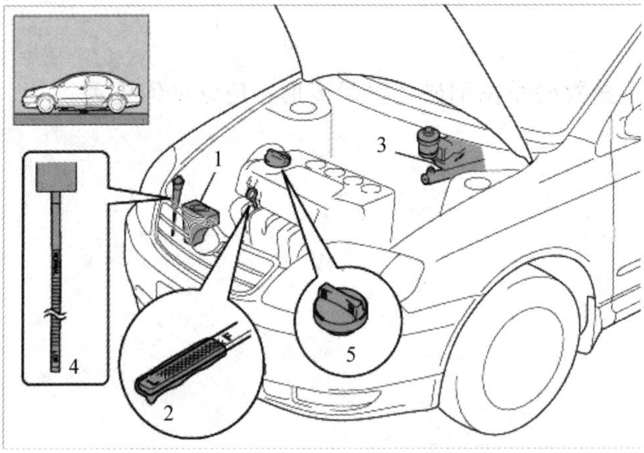

图 X3-1　检查机油等油液液位

二、检测发动机舱各油液含量

1. 车轮挡块的安装要求是____________________；
2. 翼子板布和前格栅布的安装要求是________________；
3. 发动机润滑油的标尺读数__________；
4. 冷却液容量读数__________；
5. 制动液容量读数__________；
6. 挡风玻璃清洗液容量读数________。

三、简述机油液位检测的方法。

学习工作单 6

课程：汽车保养与 PDI　　姓名：________　　班级：________　　日期：________

	项目三：汽车运行材料的合理使用 任务二：轮胎的认识与检查	车　　型：________ 整车型号：________

一、解释图 X3-2 中轮胎各部分的含义

1. ________；2. ________；3. ________；

4. ________；5. ________。

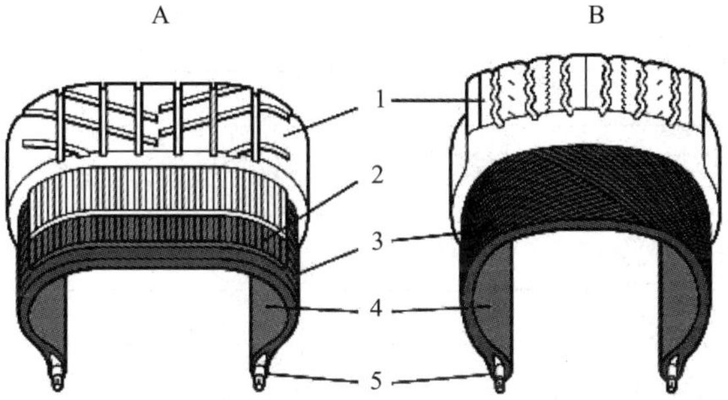

图 X3-2　轮胎的结构

二、解释图 X3-3 中轮胎符号的含义

195/60 R15 88H 的含义是____

____。

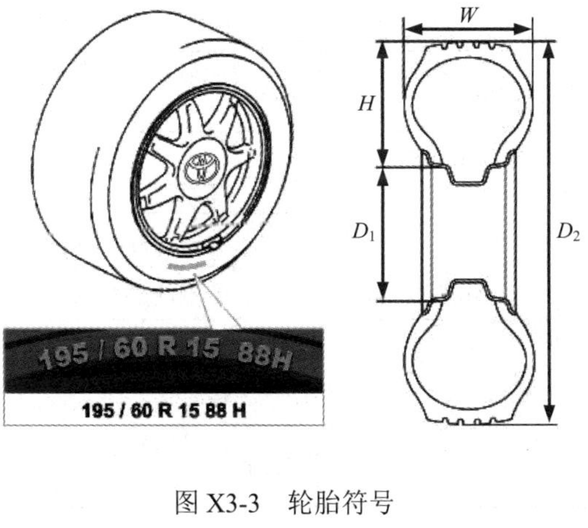

图 X3-3　轮胎符号

续表

三、解释图 X3-4 与图 X3-5 中各部分的含义

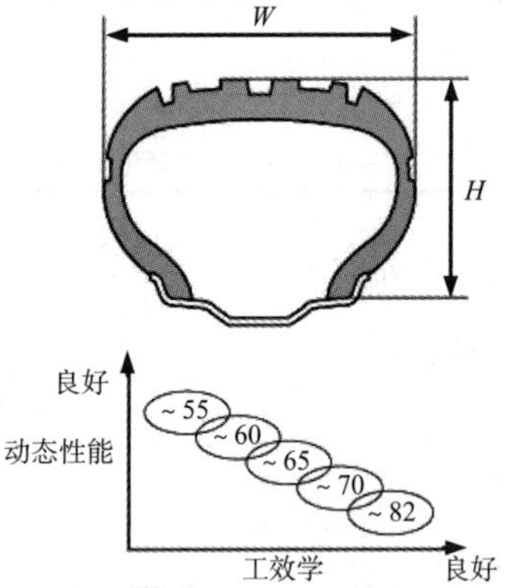

图 X3-4　高宽比的含义

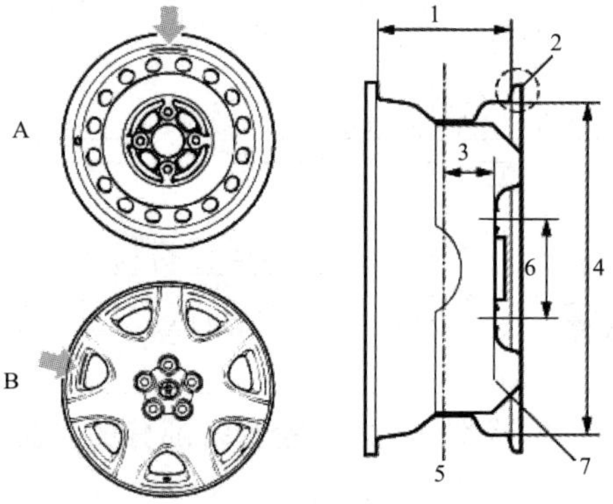

图 X3-5　轮辋的规格编码

图 X3-4 中：*W* 含义是________；*H* 含义是________。

轮胎高宽比又称________________________________。

高宽比大 ________ 性能好；高宽比小________ 性能好。

图 X3-5 中：

1. ______________；2. ______________；3. ______________；

4. ______________；5. ______________；6. ______________；

7. ______________；A. ______________；B. ______________。

四、备胎检查

备胎检查记录表

工作记录(正常打√，如有异常打×，并在备注中注明原因)	工作任务	标　准	备注(测量数据也记录于此栏)
	是否有裂纹和损坏	外观检查胎面胎壁有无裂纹、割伤或其他损坏	
	是否嵌入金属颗粒或其他异物	外观检查是否有异物	
	测量胎面沟槽深度	用轮胎深度规测胎面沟槽深度，大于 1.6 mm	
	检查是否有异常磨损	整个轮胎外围的磨损情况	
	检查气压	用气压表测量，备胎压力应大于 220 kPa	
	检查是否漏气	用肥皂水检查气门嘴和周围	
	检查轮辋是否损坏或腐蚀	外观检查	

学习工作单 7

课程：汽车保养与PDI　姓名：＿＿＿＿　班级：＿＿＿＿　日期：＿＿＿＿

项目四：汽车保养作业中的基本功能检查　车　型：＿＿＿＿
任务一：车内部检查　整车型号：＿＿＿＿

顶起位置 1　车辆内部检查工作记录表

工作记录(正常打√，如有异常打×，并在备注中注明原因)	工作任务	标准	备注
位置 1	驾驶员座椅		
	安装座椅套	盖满座位，不得撕裂座椅套	
	安装地板垫	放正位置	
	安装方向盘套	不得撕裂方向盘套	
	拉起发动机盖释放杆		
位置 1	车辆前部		
	打开发动机盖	必须牢固支撑	
	安装翼子板布	位置正确，安放可靠，不影响作业	
	安装前格栅布	位置正确，安放可靠，不影响作业	
	安装车轮挡块	抵住前轮的前后端，挡块的侧面要求必须和车轮外缘平齐，不允许超过车轮	
	安装尾气排放管	注意不要擦伤车身	
位置 1	发动机舱		
	检查发动机冷却液液位	目测储液罐标线，不允许用手摇晃	
	检查发动机机油油位	油尺标线，注意油尺不上扬	
	检查制动液液位	目测储液罐标线	
	检查喷洗液液位	液位尺标线，要求标尺拉出到能看见标记状态	
位置 1	车灯	灯光检查时不启动发动机，点火开关置 ON 位	
	检查示宽灯点亮	灯开关在一挡，两侧	
	检查牌照灯点亮	灯开关在一挡，两个	
	检查尾灯点亮	灯开关在一挡，两侧	

续表一

工作记录(正常打√，如有异常打×，并在备注中注明原因)	工 作 任 务	标　　准	备注
	检查大灯(近光)点亮	灯开关在二挡，两侧和仪表照明	
	检查大灯(远光)和指示灯点亮	灯开关在二挡，两侧和仪表指示、照明	
	检查大灯闪光开关和指示灯点亮	操作组合开关，近远光切换，仪表指示	
	检查转向信号灯和指示灯点亮	两侧和仪表指示	
	检查危险警告灯和指示灯点亮	两侧和仪表指示	
	检查制动灯点亮(尾灯点亮时)	两侧和高位	
	检查倒车灯点亮	丰田花冠车一个，在右后边；有些车型两侧均有，如奥迪	
	检查转向开关自动返回功能	方向盘放正，扳动组合开关至某一侧，转动方向盘能自动复位，操作完后应将方向盘放正	
	检查仪表板照明灯点亮	包括所有仪表指示灯	
	检查顶灯点亮	在车内用顶灯开关控制顶灯	
	检查雾灯点亮	前后雾灯共 4 个	
	检查组合仪表警告灯(点亮和熄灭)	启动发动机前后的仪表指示灯的点亮和熄灭	
位置 1	挡风玻璃喷洗器	启动发动机检查	
	检查喷射力、喷射位置	目测，观察压力是否够	
	检查喷射时刮水器联动	目测，平稳、无异响，挡风玻璃上应先喷水	
	检查工作情况(低速)	确认两雨刮低速动作速度正常，动作平稳	
	检查工作情况(高速)	确认两雨刮高速动作速度正常，动作平稳	
	检查自动回位位置	确认动作，在任意位置停止，应自动复位	
	检查刮拭状况	刮水效果，无水痕，范围位置	
位置 1	喇叭		
	检查工作情况	拉长音，音量音调稳定，无单音	
位置 1	驻车制动器		
	检查驻车制动杆行程	拉动 6～9 牙，注意过程和牙数	

续表二

工作记录(正常打√，如有异常打×，并在备注中注明原因)	工 作 任 务	标　　准	备注
	检查驻车制动器指示灯点亮	拉动第一个牙仪表指示灯应亮，放下应灭。如果是电子驻车制动，拉动按钮，指示灯应点亮	
位置 1	制动器		
	检查制动器踏板应用状况(响应性)	反应灵敏	
	检查制动器踏板应用状况(完全踩下)	踏板不应完全到底	
	检查制动器踏板应用状况(异常噪声)	应无异常噪声	
	检查制动器踏板应用状况(过度松动)	踏动过程无松旷	
	测量制动器踏板高度	静态高度 145.8～155.8 mm	
	测量制动器踏板自由行程	在熄火状态下踏几次制动器踏板后，用手压动测量自由行程应在 1～6 mm(丰田花冠)，奥迪轿车自由行程为 10～20 mm	
	测量制动器踏板行程余量	发动机怠速时，用 294 N 的力踏下制动器踏板，踏板距离底板距离不小于 85(实际不小于 60) mm	
	检查制动助力器工作情况(下沉)	踩住制动器踏板后启动发动机，踏板应连续下沉	
	检查制动助力器真空功能	熄火后踏动踏板几次后，高度逐次增加，最后高度无变化，无下沉	
位置 1	方向盘		
	测量自由行程	钢板尺测量，启动发动机。注：装有电控助力系统的车型不用启动发动机	
	检查松弛和摆动	手握方向盘垂直、轴向或向两侧晃动	
	检查点火开关 ACC 位置时，方向盘可否自由移动	在 ACC 位置应无锁止，方向盘可自由移动(大众轿车无 ACC 挡)	
位置 1	离合器		
	测量离合器踏板高度	用直尺测量	
	测量离合器自由行程	发动机熄火时，用手压动测量	

学习工作单 8

课程：汽车保养与 PDI　姓名：________　班级：________　日期：________

项目四：汽车保养作业中的基本功能检查
任务二：车外部检查

车　　型：________
整车型号：________

顶起位置 1　车辆外部检查工作记录表

工作记录(正常打√，如有异常打×，并在备注中注明原因)	工 作 任 务	标　　准	备注
位置 1	**外部检查准备**		
	打开行李箱门和发动机舱盖		
	打开燃油盖		
	将顶灯开关旋至“DOOR”		
	将换挡杆置于空挡		
	释放驻车制动杆		
位置 1	**门控灯开关**		
	检查工作情况(顶灯和指示器灯工作情况)	打开车门，顶灯亮，关闭车门，顶灯灭	
位置 1	**车身螺栓和螺母**		
	检查座椅安全带的螺栓和螺母是否松动		
	检查座椅的螺栓和螺母是否松动		
	检查车门的螺栓和螺母是否松动		
	检查安全带的锁止功能	快拉锁止	
	检查安全带的锁扣功能	安全带插入锁扣，应能锁住	
	检查安全带的肩部调节功能	安全带上部支点可上下移动	
位置 1	左后车门		
	门控灯开关检查，同上		
	车身螺栓和螺母检查，同上		
	检查儿童锁功能	检查完毕，需复位	
	检查安全带的锁止功能	快拉锁止	
	检查安全带的锁扣功能	安全带插入锁扣，应能锁住	

续表一

工作记录(正常打√，如有异常打×，并在备注中注明原因)	工 作 任 务	标 准	备注
位置 1	**油箱盖**		
	检查是否变形和损坏	油箱盖和密封垫片	
	检查连接状况	盖应能上紧，有扭矩限制到位声	
	检查是否损坏和有污垢	灯罩和反光板无褪色、损坏、无污物和水	
位置 1	**车后部车灯**		
	检查安装状况	用手摸检查是否松动	
	检查是否损坏和有污垢	灯罩和反光板无褪色、损坏、无污物和水	
位置 1	**备用轮胎**		
	是否有裂纹和损坏	外观检查胎面胎壁有无裂纹、割伤或其他损坏	
	是否嵌入金属颗粒或其他异物	外观检查是否有异物	
	测量胎面沟槽深度	用深度规测纹深，大于 1.6 mm	
	检查是否有异常磨损	整个轮胎外围的磨损情况	
	检查气压	用气压表测量，备胎压力应大于 220 kPa	
	检查是否漏气	用肥皂水检查气门嘴和周围	
	检查钢圈是否损坏或腐蚀	外观检查	
位置 1	**螺栓和螺母**		
	检查行李箱门的螺栓和螺母是否松动	双手扳动检查	
位置 1	**后悬架**		
	检查减振器的阻尼状态	快速压下后松开，应反弹 1～2 次	
	检查车辆倾斜度	目测	
位置 1	**后尾灯**		
	检查安装状况	用手摸，检查是否松动	
	检查是否损坏和有污垢	灯罩和反光板无褪色、损坏、污物和水	
位置 1	**右后车门**		
	门控灯开关检查，同上		
	车身螺栓和螺母检查，同上		
	儿童锁检查，同上		
	安全带检查，同左后门		

续表二

工作记录(正常打√，如有异常打×，并在备注中注明原因)	工作任务	标准	备注
位置 1	**右前车门**		
	门控灯开关检查，同上		
	座椅螺栓和螺母检查，同上		
	车门螺栓和螺母检查，同上		
	安全带检查，同左前门		
	车身螺栓和螺母检查，同上		
	空调滤芯检查	目测	
位置 1	**前悬架**		
	检查减振器的阻尼状态	快速压下后松开，应反弹 1～2 次	
	检查车辆倾斜度	目测	
位置 1	**前大灯**		
	检查安装状况	用手摸，检查是否松动	
	检查是否损坏和有污垢	灯罩和反光板无褪色、损坏、污物和水	
位置 1	**发动机舱**		
	检查发动机舱盖的螺栓和螺母是否松动	手扳动观察	
	拆卸机油加注口盖	将机油加注口盖拧松，放置上面	

学习工作单 9

课程：汽车保养与PDI　　姓名：________　　班级：________　　日期：________

	项目五：底盘的维护 任务一：工具的选择与使用	车　　型：________ 整车型号：________

一、解释下列工具的含义

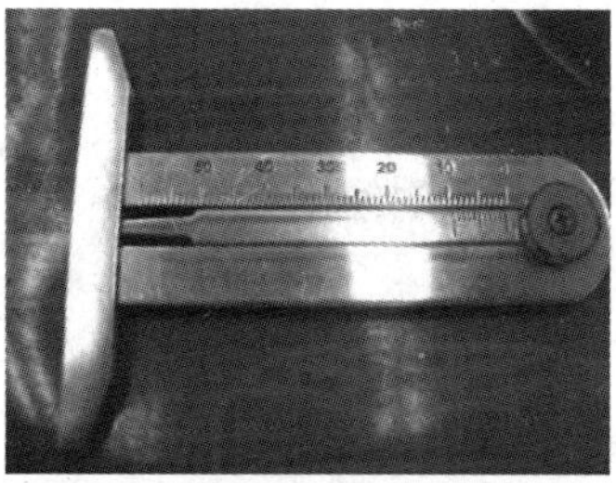

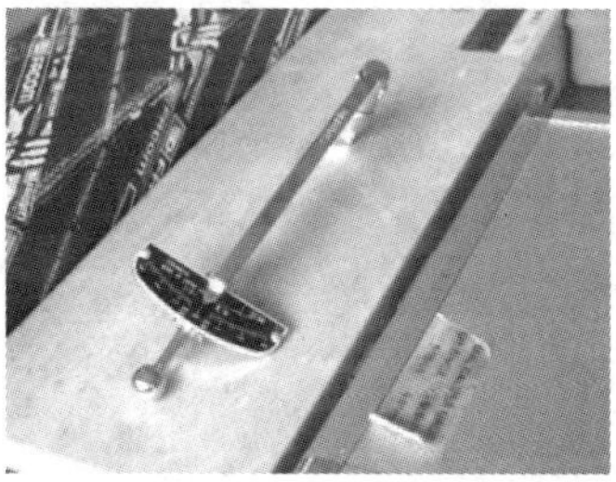

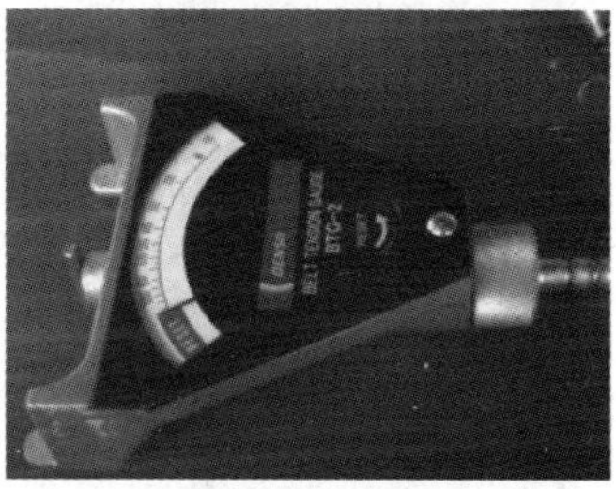

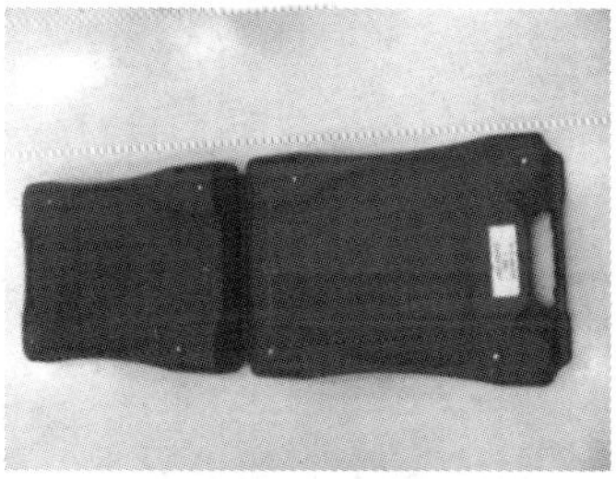

续表

二、简述举升器的使用方法。
三、简述套筒扳手、梅花板手、开口扳手与扭矩扳手的使用方法。
四、简述游标卡尺、千分尺与百分表的使用方法。

学习工作单 10

课程：汽车保养与PDI　姓名：________　班级：________　日期：________

项目五：底盘的维护　　车　　型：____________

任务二：底盘检查　　整车型号：____________

顶起位置 3　车辆底盘检查工作记录表

工作记录(正常打√，如有异常打×，在备注中注明)	工作任务	标准	备注
位置 3	**发动机机油(排放)**		
	检查是否漏油(发动机各部位的配合表面)	目测，用手电或工作灯，发动机各部位的配合表面	
	检查是否漏油(油封)	目测，用手电或工作灯，前后油封，半轴油封	
	检查是否漏油(排放塞)	目测	
	排放发动机机油	使用正确工具和接油设备	
位置 3	**传动皮带**		
	检查是否变形	目测	
	检查是否损坏(磨损、裂纹、脱层或其他损坏)	目测	
	检查安装状况(传动带张力检查)	用手压测量偏移 8～10 mm	
位置 3	**驱动轴护套**		
	检查是否有裂纹、损坏(外侧)	转动并目测	
	检查是否有裂纹、损坏(内侧)	转动并目测	
	检查是否有泄漏(外侧)	转动并目测	
	检查是否有泄漏(内侧)	转动并目测	
位置 3	**转向连接机构**		
	检查是否松动和摇摆	用手晃动转向连接机构检查	
	检查是否弯曲和损坏	目测和手摸	
	检查防尘套是否有裂纹和损坏	目测和手摸	

续表一

工作记录(正常打√，如有异常打×，在备注中注明)	工 作 任 务	标　准	备注
位置 3	**制动管路**		
	检查是否泄漏	目测	
	检查制动管路上有无压痕或其他损坏	目测	
	检查制动管路软管是否扭曲、裂纹和凸起	目测	
	检查制动管道和软管的安装状况(松旷)	前轮胎要转到最外侧，检查是否干涉	
位置 3	**燃油管路**		
	检查燃油是否泄漏	目测	
	检查燃油管路是否损坏	目测	
位置 3	**排气管和安装件**		
	检查排气管是否损坏	目测	
	检查消声器是否损坏	目测	
	检查排气管吊挂是否损坏或脱落	目测 4 个吊挂	
	检查密封垫片是否损坏	目测三个垫是否有炭黑痕迹	
	检查排气管是否泄漏	目测有无水痕和炭痕	
位置 3	**悬架**		
	检查是否损坏(转向节)	晃动和目测	
	检查是否损坏(前减振器)	晃动和目测	
	检查是否损坏(后减振器)	晃动和目测	
	检查是否泄漏(前减振器)	晃动和目测	
	检查是否泄漏(后减振器)	晃动和目测	
	检查是否损坏(前减振器螺旋弹簧)	晃动和目测	
	检查是否损坏(后减振器螺旋弹簧)	晃动和目测	
	检查是否损坏(下臂)	晃动和目测，损坏或拖痕	
	检查是否损坏(稳定杆)	晃动和目测	
	检查是否损坏(拖臂和后桥)	晃动和目测，损坏或拖痕	
位置 3	**发动机机油滤清器及排放塞**		
	更换机油滤清器及排放塞衬垫	18 N·m(或按手册，接触后再转 3/4 圈)	
	安装紧固排放塞	用扭矩扳手按照 37 N·m 紧固	
位置 3	**螺栓和螺母(车辆底部)**		
	前悬架		

续表二

工作记录(正常打√,如有异常打×,在备注中注明)	工 作 任 务	标 准	备注
	中间梁×车身(前)	39 N·m，2×M14	
	中间梁×前横梁	52 N·m，3×M14	
	中间梁×发动机防震垫	52 N·m，2×M14	
	前悬架下臂×前悬架横梁	137 N·m，2×M19(2 侧)	
	前下球节×前悬架下臂	142 N·m，3×M17(2 侧)	
	前悬架横梁×车身(上)	113 N·m，1×M19(2 侧)	
	前悬架横梁×车身(下)	157 N·m，1×M19(2 侧)	
	前制动卡钳×转向节	107 N·m，2×M17(2 侧)	
	前减振器×转向节	153 N·m，2×M19(2 侧)	
	稳定杆连杆×前减振器	74 N·m，1×M17(2 侧)	
	减振器上支承×车身	39 N·m，3×M14(2 侧)	
	稳定杆×稳定杆连杆	74 N·m，1×M17(2 侧)	
	稳定杆支架×前横梁	37 N·m，2×M12(2 侧)	
	横拉杆端头×转向节	49 N·m，1×M17(2 侧)	
	转向机壳×前横梁	58 N·m，1×M17(2 侧)	
位置 3	**后悬架**		
	后桥横梁总成×车身	85 N·m，1×M17(2 侧)	
	制动分泵×背板	47 N·m，2×M14(2 侧)	
	后减振器×后横梁总成	80 N·m，1×M19(2 侧)	
	拖臂后桥×控制杆	149 N·m，1×M19(2 侧)	
	拖臂后桥×背板	56 N·m，4×M12(2 侧)	
	其他		
	排气管	43 N·m，6×M14	
	燃油箱	39 N·m，4×M14	

注：×表示连接

学习工作单 11

课程：汽车保养与 PDI　　姓名：________　　班级：________　　日期：________

	项目六：轮胎、制动器的检查与制动液的更换和排气 任务一：轮胎、制动器检查	车　　型：________ 整车型号：________

顶起位置 4 的工作内容

轮胎、制动器检查工作记录表

工作记录(正常打√，如有异常打×，并在备注中注明)	工 作 任 务	标　　准	备注
位置 4	**车轮轴承**		
	检查有无摆动	一手在上，一手在下晃动车轮检查是否摆动	
	检查转动状况和噪声	用手转动车轮，平稳无噪声	
	拆卸左前轮	用风动扳手拆卸左前轮，注意旋向和拆卸顺序，注意最后一个螺栓	
位置 4	**轮胎**		
	检查是否有裂纹和损坏	外观检查胎面胎壁有无裂纹、割伤或其他损坏	
	检查是否嵌入金属颗粒或其他异物	检查外观是否有异物	
	测量胎面沟槽深度	用轮胎深度规测纹深，大于 1.6 mm	
	检查是否有异常磨损	整个轮胎外围的磨损情况	
	检查气压	用轮胎气压表测量	
	检查是否漏气	用肥皂水检查气门嘴和周围	
	检查钢圈是否损坏或腐蚀	外观检查	
位置 4	**盘式制动器**		
	目视检查制动器摩擦片厚度(内侧)	10～12 mm	
	测量制动器摩擦片厚度(外侧)	游标卡尺测量，内外共六点	
	检查制动器摩擦片有无不均匀磨损	目测和六点测量	
	检查制动盘是否磨损和损坏	目测外观并用百分表测量端面圆跳动(<0.05 mm)	

续表

工作记录(正常打√，如有异常打×，并在备注中注明)	工作任务	标准	备注
	制动盘厚度检查	千分尺测量(卡罗拉标准厚度22 mm，磨损极限19 mm)	
	检查制动卡钳处有无制动液泄漏	目测	
位置4	**盘鼓式制动器**		
	目视检查制动器摩擦片厚度(内侧)	10～12 mm	
	测量制动器摩擦片厚度(外侧)	直尺测量，内外共六点	
	检查制动器摩擦片的不均匀磨损	目测和六点测量	
	检查制动盘磨损和损坏	目测外观并用百分表测量端面圆跳动(＜0.05 mm)	
	制动盘厚度检查	千分尺测量	
	检查制动卡钳处有无制动液泄漏	目测	
	制动鼓内径测量	游标卡尺测量	
	制动蹄片前后移动情况检查	用手晃动蹄片	
	制动蹄片上的摩擦衬片的厚度	直尺测量	

一、简述盘式制动器的检查内容。

二、比较盘式制动器与鼓式制动器的优缺点。

三、简述制动盘端面圆跳动的检测方法。

学习工作单 12

课程：汽车保养与 PDI　　姓名：________　　班级：________　　日期：________

	项目六：轮胎、制动器的检查与制动液的更换和排气 任务二：制动液的更换和排气	车　型： 整车型号：

顶起位置 5 和 6 的工作内容

轮胎、制动器检查工作记录表

工作记录(正常打√，如有异常打×，并在备注中注明)	工作任务	标准	备注
位置 5	**制动液排放**		
	从总泵排放制动液	用专用工具抽吸	
	安装制动液更换工具	安装专用工具	
	检查前轮制动拖滞	双人配合，只检查行车制动	
	检查后轮制动拖滞	双人配合，行车制动与驻车制动分别检查	
位置 6	**制动液排气**		
	按顺序进行车轮制动液排气	按右后、左后、右前、左前顺序进行排气	
	车轮临时安装	注意：使用风动扳手时不准戴手套	

一、简述制动液排气的具体方法。

二、简述制动拖滞的含义与检查方法。

学习工作单 13

课程：汽车保养与PDI 姓名：________ 班级：________ 日期：________

项目七：发动机的维护
任务一：发动机启动前的检查

车　　型：________
整车型号：________

顶起位置7的工作内容

发动机启动前的检查记录

工作记录(正常打√，如有异常打×，并在备注中注明)	工作任务	标准	备注
位置7	**驻车制动器和车轮挡块**		
	使用驻车制动器并放置车轮挡块	拉6～9牙并踏制动器踏板几次，消除制动间隙	
位置7	**发动机机油**		
	加注发动机机油	油尺检查液面，不得洒漏，完后擦拭	
位置7	**传动皮带**		
	检查传动皮带张紧度	用皮带张力计检查	
	检查传动皮带的整个外围是否有磨损、裂纹、层离或者其他损坏	目测	
位置7	**火花塞**		
	更换火花塞	用专用工具(25 N·m的标准力矩紧固)	
	检查火花塞绝缘部分和螺纹有无损坏	目测	
	检查电极间隙	用火花塞间隙规检查，标准1～1.1 mm	
位置7	**蓄电池**		
	检查电解液液位	体外目测	
	检查蓄电池壳体是否损坏	目测	
	检查蓄电池端子导线是否腐蚀	目测	
	检查蓄电池端子导线是否松动	扳手检测或晃动	

续表

工作记录(正常打√，如有异常打×，并在备注中注明)	工作任务	标准	备注
	检查通风孔塞是否损坏、孔是否堵塞	目测	
	测量电解液密度(单格)	比重计测量(1.25～1.29 g/cm^3)	
位置 7	**散热器盖**		
	检查散热器盖阀门的开启压力	散热器盖测试仪(120~ 140 kPa)	
	检查散热器盖的真空阀工作是否正常	手动检查	
	检查橡胶密封件是否有裂纹或破损	目测	
	检查冷却液冰点	比重计	
位置 7	**制动液**		
	检查总泵内液面(贮液罐)	目测标线	
	检查总泵是否泄漏	目测	
位置 7	**制动管路**		
	检查液体是否泄漏	目测	
	检查制动器管和软管是否有裂纹和损坏	目测	
	检查制动器管和软管的安装状况	目测(发动机舱内)	
位置 7	**空气滤清器芯**		
	检查并更换	取出、检查、清洁或更换，安装到位，清洁空气滤清器壳体内部	
位置 7	**活性炭罐**		
	检查活性炭罐有无损坏	目测	
位置 7	**前减振器的上支承**		
	检查前减振器上支承是否松动	用梅花扳手检查	
位置 7	**喷洗液**		
	检查液位	标尺检查	

一、简述火花塞的检查内容。

二、简述比重计的使用方法。

学习工作单 14

课程：汽车保养与 PDI　姓名：＿＿＿＿　班级：＿＿＿＿　日期：＿＿＿＿

项目七：发动机的维护　　车　型：＿＿＿＿

任务二：发动机暖机期间的检查　　整车型号：＿＿＿＿

顶起位置 7 的工作内容

发动机暖机期间的检查记录

工作记录(正常打√，如有异常打×，并在备注中注明)	工 作 任 务	标　准	备注
位置 7	**轮毂螺母的再紧固**		
	旋紧车轮	按 103 N·m 的标准力矩紧固 4 个车轮的轮毂螺母，按对角线顺序紧固	
位置 7	**PCV 阀检查**		
	噪声检查	手指夹紧 PCV 阀软管，检查工作噪声	
	PCV 软管是否有裂纹或者损坏	目测	
位置 7	**发动机冷却液**		
	检查是否从散热器泄漏	目测	
	检查橡胶软管是否泄漏	目测	
	检查软管夹周围是否泄漏	目测	
	检查橡胶软管是否有裂纹、隆起或者硬化	目测并手摸	
	检查橡胶软管连接是否松动	目测	
	检查夹箍安装是否松动	手摸或工具检查	

一、简述 PCV 系统的作用与工作原理。

二、简述发动机冷却系统的检查方法。

学习工作单 15

课程：汽车保养与 PDI　　姓名：________　　班级：________　　日期：________

	项目七：发动机的维护 任务三：发动机暖机后和运行期间的检查	车　　型：________ 整车型号：________

顶起位置 7 的工作内容

发动机暖机后和运行期间的检查记录

工作记录(正常打√，如有异常打×，并在备注中注明)	工作任务	标　　准	备注
位置 7	**自动变速器液**		
	自动变速器液液位检查	怠速各挡走 1 遍，每挡停 1 s，然后油尺检查液位是否在热态时的高位	
位置 7	**空调检查**		
	检查制冷剂量	打开所有车门，发动机转速控制在 1500 r/min，同时空调的风量调至最大，温度设定至最低，内循环，通过观察窗和车内出风口判断	
位置 7	**转向助力液**		
	检查转向助力液液面	怠速时观察助力液液面，上车连续左右转动方向盘(打死方向)各 3 次，然后将方向盘回位，下车再次检查助力液液位，应稍有升高	

一、叙述自动变速器液的检查方法。

二、叙述空调制冷剂的检查方法。

三、叙述转向助力液的检查方法。

学习工作单 16

课程：汽车保养与PDI　姓名：______　班级：______　日期：______

	项目七：发动机的维护 任务四：发动机停机后的检查	车　　型：______ 整车型号：______

顶起位置 7 的工作内容

发动机停机后的检查记录

工作记录(正常打√，如有异常打×，并在备注中注明)	工作任务	标　　准	备注
位置 7	**发动机机油**		
	检查发动机油位	熄火后再等待 5 min 检查	
位置 7	**发动机冷却液**		
	检查冷却液液位	散热器冷却后目测贮液罐	
位置 7	**气门间隙**		
	检查气门间隙	厚度规检查和调整气门间隙。如果发动机平稳转动没有异常噪声，该检查可以省略	
位置 7	保养周期复位		
	用诊断仪进行操作	用诊断仪清除故障码和进行保养周期复位	

一、简述发动机润滑油的更换方法。

二、简述免维护蓄电池的检查方法。

学习工作单 17

课程：汽车保养与 PDI　　姓名：________　　班级：________　　日期：________

项目八：PDI 与库存车检查　　车　　型：________
任务一：车辆功能检查与设置　　整车型号：________

PDI 的工作内容

车辆功能检查的记录

工作记录(正常打√，如有异常打×，并在备注中注明)	工 作 任 务	标　　准	备注
位置 1	**诊断仪操作**		
	连接诊断仪，关闭运输模式	操作诊断仪	
	检查蓄电池是否符合交车标准	操作诊断仪	
	保养指示器复位	操作诊断仪	
	车辆功能检查		
	车钥匙和遥控器功能检查	手拉和目测	
	仪表指示灯状态检查	目测	
	空调系统功能检查	手摸和目测	
	驾驶室各功能系统检查		
	检查室内灯光	目测	
	检查外部照明及指示灯	目测	
	检查多功能方向盘和调整时钟	手摸和目测	
	检查电动后视镜和电动天窗	手摸和目测	
	检查信息娱乐系统	目测	

一、叙述车辆复位的含义。

学习工作单 18

课程：汽车保养与 PDI　姓名：________　班级：________　日期：________

项目八：PDI 与库存车检查
任务二：发动机舱与后备箱检查

车　　型：________
整车型号：________

PDI 的工作内容

发动机舱与后备箱检查记录

工作记录(正常打√，如有异常打×，并在备注中注明)	工 作 任 务	标　准	备注
位置 1	**发动机舱检查**		
	管路、插头和线束检查	目测	
	机油和制动液检查	目测	
	冷却液、转向助力油和玻璃清洗液检查	目测	
	蓄电池检查	目测	
	发动机舱清洁	目测	
	后备箱检查		
	随车工具检查	目测	
	备胎检查	手摸和目测	
	后备箱灯检查	目测	
	车轮检查		
	轮胎气压检查与调整	轮胎气压表	
	轮胎螺栓检查	扭矩扳手	
	轮辋表面检查	目测	

学习工作单 19

课程：汽车保养与 PDI　　姓名：________　　班级：________　　日期：________

项目八：PDI 与库存车检查
任务三：车辆底部检查

车　　型：________
整车型号：________

PDI 的工作内容

车辆底部检查记录

工作记录(正常打√，如有异常打×，并在备注中注明)	工 作 任 务	标　准	备注
位置 3	**车辆底部检查**		
	拆除固定装置	目测	
	车辆底盘螺栓紧固	扭矩扳手	
	车辆底部泄漏检查	目测	
	4 个车轮的轮胎表面检查	目测	

一、解释汽车走合期的含义。

二、汽车在走合期内应如何使用？

学习工作单 20

课程：汽车保养与PDI　　姓名：________　　班级：________　　日期：________

项目八：PDI与库存车检查
任务四：内饰、外观及完工检查

车　　型：________
整车型号：________

PDI 的工作内容

车内饰外观及完工检查记录

工作记录(正常打√，如有异常打×，并在备注中注明)	工作任务	标准	备注
位置 1	**车辆内饰检查**		
	中央扶手检查	目测	
	车内后视镜检查	扭矩扳手	
	天窗遮阳帘检查	目测	
	安全带和座椅检查	目测	
	中央门锁面板和防盗指示灯检查	目测	
	加速踏板和制动器踏板检查	脚踩	
	车内护套撤除和地毯保护膜撤除		
	安装脚垫		
	车内清洁		
	车外状况检查		
	车辆外部损伤检查	目测	
	车身漆面损坏检查	目测	
	玻璃损坏检查	目测	
	雨刮功能检查	目测	
	车外护套去除		
	完工检查		
	车辆钥匙检查	目测	
	检查随车携带的资料	目测	
	钥匙和资料的最终确认	目测	
	PDI 检查表填写		

学习工作单 21

课程：汽车保养与 PDI 　姓名：________ 　班级：________ 　日期：________

	项目九：汽车保养综合训练 任务 1～2：整车二级维护	车　　型：________ 整车型号：________

任务 1　汽车功能检查与底盘维护综合训练考核

一、考核要求

1. 根据维修手册要求，按照标准流程进行车辆保养作业；
2. 实际操作过程中，要边操作边向考官叙述操作内容和检查结果；
3. 作业完成后将工具、车辆等恢复成考前状态。

注意：

1. 手动挡车辆需检查离合器相关项目；2. 需要排放发动机机油；
3. 需检查空调滤芯；　　4. 需检查真空助力器。

二、填写以下项目的实际测量值

1. 方向盘最大自由行程：________ 　2. 制动器踏板自由行程：________
3. 制动器踏板高度：________ 　4. 制动器踏板行程余量：________

任务 2　制动器检查与发动机维护综合训练考核

一、考核要求

1. 根据维修手册要求，按照标准流程进行车辆保养作业；
2. 实际操作过程中，要边操作边向考官叙述操作内容和检查结果；
3. 作业完成后将工具、车辆等恢复成考前状态。

注意：

1. 检查制动器过程中，只拆卸一个车轮，进行相关检查；
2. 不需要制动液排气和更换制动液、不需要添加机油；
3. 制动拖滞、排气的相关检查只需检查车辆的一侧；

二、填写以下项目的实际测量值

1. 制动盘的厚度：________ 　2. 冷却液的冰点：________
3. 制动盘的端面圆跳动：________ 　4. 火花塞间隙：________

汽车保养与PDI

学习工作单

班级：________________

学号：________________

姓名：________________

前　言

2019年我国汽车产业面临的压力进一步加大，但年产销量还是双双突破2570万辆，连续十年居全球第一位。为了适应我国汽车维修行业技能型紧缺人才培养的需要，满足高等职业院校以就业为导向的办学目标和要求，南京交通职业技术学院汽车工程学院近几年积极探索，勇于实践，大力改革教学模式，加大与企业合作办学的力度，推进工学结合的办学模式，取得了良好效果。为了提高学生的综合素质，切实增强其动手能力，我们引入了以工作任务为驱动的项目化教学模式。为适应新的教学模式，我们特意编写了本书。

本书以“任务驱动”为编写思路，高度凝练各品牌汽车保养共性技术，开发课程标准和内容，采用与企业工作一线相接近的具体工作任务引出相应的专业知识，学习目标非常明确，突破了传统的“理论”与“实践”的界限，体现了现代职业教育“教、学、做一体化”的特色，调动了学生的学习主动性。

本书以丰田花冠轿车四万公里保养和奥迪轿车六万公里保养作为学习内容，根据维修企业工作的实际情况，设置了九个项目，包含了二十二个任务。每个任务有独立成册的学习工作单，以便更好地引导学生完成训练项目。本书首先讲解了汽车保养概论和车间安全，然后对汽车的运行材料、基本功能检查、底盘维护、轮胎和制动器检查、发动机维护、新车PDI和库存车检查进行了详细介绍，最后给出汽车保养综合训练。每个项目后还设置了自我测试题。

本书紧跟信息时代步伐，以“互联网+”思维通过二维码的形式为相关知识点增加了一些视频和图文资源，读者可以通过扫描书中的二维码来阅读更多的学习资料。

本书由南京交通职业技术学院蒋浩丰担任主编，刘阳担任主审。在编写过程中，我们得到了南京交通职业技术学院汽车工程学院各位教师的大力支持和帮助，同时还得到了南京市相关汽车4S店维修技术人员的特别帮助，在此一并表示感谢。

由于编者水平有限，书中难免有疏漏、不妥之处，敬请读者和专家批评指正。

编　者

2020年7月

目　　录

项目一

汽车保养概论

一、项目描述

通过对汽车保养的意义、保养的内容、典型汽车1万公里和6万公里保养作业、我国汽车保养维护制度以及汽车VIN码的学习，学生应达到以下要求。

1. 知识要求

(1) 掌握汽车保养的意义。

(2) 掌握汽车保养的分类与周期的规定。

(3) 了解汽车保养的具体内容。

(4) 了解我国汽车维护制度。

(5) 掌握汽车VIN码的意义和功用。

2. 技能要求

(1) 能够讲述汽车保养的意义。

(2) 能够解释汽车一级维护与二级维护的含义。

(3) 能够说出汽车保养与修理的区别与联系。

(4) 能够说出汽车保养的具体内容。

(5) 能够找到VIN码在汽车上的位置。

(6) 能够解释汽车VIN码的含义。

3. 素质要求

(1) 树立汽车“三分修七分养”的理念。

(2) 重视操作规范与人身安全。

(3) 注意环境保护。

(4) 培养团队协作精神。

二、项目实施

任务一　讨论汽车保养的意义和内容

1. 训练内容

(1) 理解汽车保养的意义，见图1-1。

(2) 归纳汽车保养的分类与相应周期。

(3) 学习我国的汽车维护制度。

(4) 了解奥迪汽车保养的具体内容。

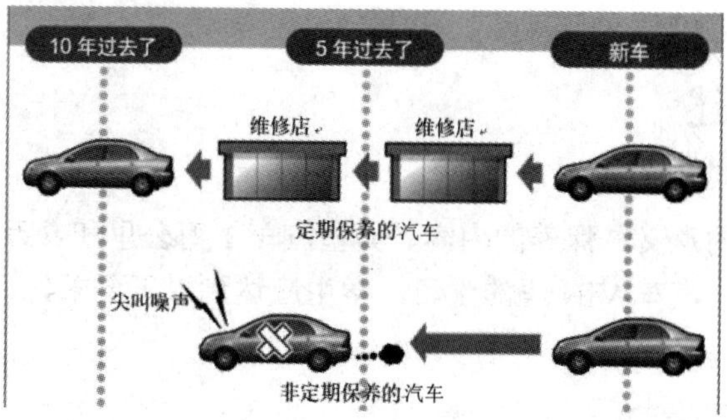

图1-1　汽车定期保养与非定期保养的比较

2. 训练目标

(1) 了解汽车保养的意义和内容。

(2) 熟悉我国的汽车维护制度。

3. 训练设备

教材、手机和电脑。

4. 训练步骤

(1) 学习教材相关知识。

(2) 利用手机或电脑观看爱课程平台上的授课视频。

课程网址：www.icourse163.org/learn/NJCI-1207049809。

(3) 完成并填写学习工作单的相关项目。

任务二　识别汽车VIN码

1. 训练内容

(1) 在教学用车上寻找VIN码，见图1-2。

(2) 解释 VIN 码的含义。

(3) 完成并填写学习工作单的相关项目。

(4) 学习汽车 VIN 码的相关知识。

【汽车 VIN 码的含义】

2. 训练目标

(1) 掌握汽车 VIN 码的含义。

(2) 掌握 VIN 码在车辆上的位置。

3. 训练设备

教学用车两辆。

4. 训练步骤

(1) 学习汽车 VIN 码的相关知识。

(2) 在前挡风玻璃上、发动机舱内或后备箱等处寻找 VIN 码。

(3) 解释汽车 VIN 码的含义。

图 1-2　汽车 VIN 码

三、相关知识

(一) 汽车保养的意义

1. 汽车保养的定义

汽车保养又称汽车维护，是指为维持汽车完好技术状况或工作能力而进行的作业。汽车保养是为保持汽车技术状态，发现并消除汽车使用中可能出现的故障隐患，防止其早期损坏的主要手段；正确及时的保养是延长汽车使用寿命，安全可靠并充分发挥其使用效能的重要保证。

随着汽车设计和制造水平的提高，汽车保养的重要性愈显突出。汽车通过定期保养，在 10 年使用期限内，由总成大修代替整车大修已逐渐成为一种发展趋势。由于修理工作量的逐渐减少，保养的工作量已大于修理工作量，“三分修七分养”说明汽车维修的重点已转移到保养上，保养重于修理。例如，大众捷达轿车如果使用、保养得当，无大修，行驶里程可达50万公里以上，如果按家用轿车每年行驶2万公里计算，可使用25年之久。

2. 汽车保养的原因

汽车的使用性能随着行驶里程和时间的增加，以及各种环境因素、使用方式等的影响而发生变化，导致车辆的动力性、经济性和可靠性逐渐下降，尤其是发动机机油受到高温、高速或者低温磨合等各种工况的影响，产生变黑、变质、机油滤清器堵塞等状况，造成发动机工作迅速恶化；另外各种零件的消耗、磨损、老化等需要检查。因此，必须对汽车进行定期保养。

即便对于行驶里程很少的车辆，由于机油中的各种添加剂发生变化导致机油变质，而且车辆的各种密封件也可能发生隐性变化，所以也需要进行定期保养。

部分车主认为，定期保养就是更换发动机机油和机油滤清器，这是一种错误的认识。更换发动机机油只是定期保养操作的项目之一，还有很多非常重要的操作项目，如更换火花塞、空气滤清器滤芯、机油滤清器等易损易耗零件；检查发动机冷却液、制动液、助力转向液等；检查或者清洁各种油管、气管等；检查重要零部件(如制动、转向、悬挂等系统)的连接、紧固、密封状况；检查前后制动器、轮胎以及车辆电控单元的故障记录等。

定期保养操作有规范的流程和操作细则，并且需用专用设备、仪器和工具进行操作。因此定期保养绝对不是简简单单更换发动机机油和机油滤清器。对车辆进行定期保养，实际上是对车辆进行一次全面的“体检”。

通过实施定期保养，可使汽车达到如图1-1所示的效果：定期保养的汽车使用10年后车况仍然良好，而不定期保养的汽车用了5年就快报废了。因此，定期保养可使车辆始终处于良好的状态之中，确保使用者满意和放心，并有以下功用：

(1) 今后可能发生的许多较大的故障都能得以避免；

(2) 可使车辆保持在符合法律规定的状态中；

(3) 可延长车辆使用寿命；

(4) 顾客可享受既经济又安全的驾车体验。

此外，汽车保养工作与汽车的品牌形象也有密切的关系。大量的保养工作是汽车4S店的主要工作内容，店方通过良好的保养工作能换取客户的认同感，从而提高品牌形象，促进车辆的销售。

3. 汽车保养与汽车修理的区别

(1) 作业技术措施不同。保养以计划预防为主，通常采取强制实施的作业；修理则是按计划视需要而进行的作业。

(2) 作业时间不同。保养通常在车辆发生故障之前进行作业；而修理通常在车辆发生故障之后进行作业。

(3) 作业目的不同。保养通常能降低零件磨损速度，预防故障发生，延长汽车使用寿命；而修理通常是指维修出现故障或失去工作能力的机件、总成，恢复汽车良好的技术状况、工作能力，延长使用寿命。

4. 汽车保养与汽车修理的联系

汽车保养和汽车修理是密切相关的。修理中有保养，保养中有修理。在车辆保养过程中可能发现某一部位或机件将要发生故障或损坏的前兆，因而可利用保养的时机，对其进行修理。而在修理的过程中，对一些没有损坏的机件也要进行保养，这是很自然的事情。因此，汽车保养和汽车修理的关系是辩证的。在日常活动中，一定要处理好两者之间的关系，坚持以保养为重点，克服“重修轻保”“以修代保”的不良倾向。“三分修七分养”说的就是这个道理。

5. 保养周期

(1) 保养周期根据行车距离和前次维修后至今的时间来决定。例如，如果某个具体零件的维修计划规定为 40000 km 或 24 个月，则这两个条件中满足任一条件时，就是维护保养满期日。图 1-3 中 1 为上次维修后，已行车 40000 km，耗时 12 个月，则要维护保养；2 为上次维修后，已行车 5000 km，耗时 24 个月，也要维护保养。

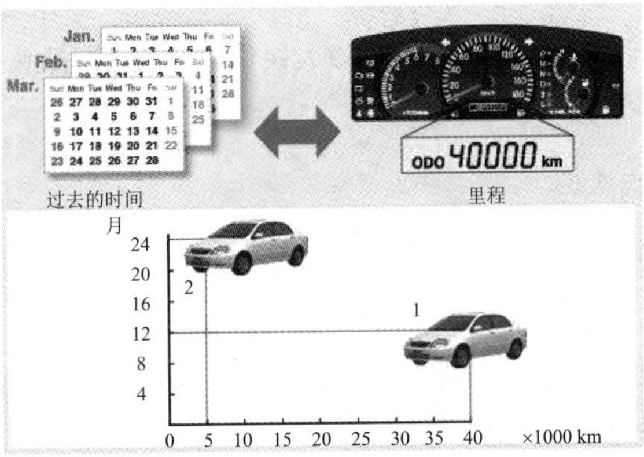

图 1-3　汽车定期保养周期

(2) 保养周期的法律规定。按照国家标准 GB/T 18344—2016《汽车维护、检测、诊断技术规范》的规定：日常维护周期为出车前、行车中和收车后。汽车一级维护、二级维护周期的确定应以行驶里程间隔为基本依据，行驶里程间隔执行车辆维修资料等有关技术文件的规定。对于不便用行驶里程间隔统计、考核的汽车，可用行驶时间间隔确定一级维护、二级维护周期。道路运输车辆一级维护、二级维护推荐周期见表 1-1。

表 1-1　道路运输车辆一级维护、二级维护推荐周期

适用车型		维护周期	
		一级维护行驶里程间隔上限值或行驶时间间隔上限值	二级维护行驶里程间隔上限值或行驶时间间隔上限值
客车	小型客车(含乘用车)(车长≤6 m)	10 000 km 或者 30 日	40 000 km 或者 120 日
	中型及以上客车(车长＞6 m)	15 000 km 或者 30 日	50 000 km 或者 120 日
货车	轻型货车(最大设计总质量≤3500 kg)	10000 km 或者 30 日	40 000 km 或者 120 日
	轻型以上货车(最大设计总质量>3500 kg)	15 000 km 或者 30 日	50 000 km 或者 120 日
挂车		15 000 km 或者 30 日	50 000 km 或者 120 日
注：对于以山区、沙漠、炎热、寒冷等特殊运行环境为主的道路运输车辆，可适当缩短维护周期。			

(3) 需要频繁保养的车辆。需要频繁保养的车辆包括以下情况：经常在不平或特别泥泞的路上、雪融化了的路上、灰尘特别大的路上行驶的车辆；用于拖车，或拉着野营挂车或车顶有货物架的车辆；重复短途行车，或在室外气温低于零度以下使用车辆；长时间或长距离低速运行的车如警车、出租车或挨家挨户跑的送货车等。以上这些车辆都需要频繁保养。

6. 双人快保

当今中国社会汽车的保有量越来越大，车主将车开到4S店或汽车维修企业进行保养，需要等待的时间也越来越长，车主的满意度随之下降。为了提升车主的满意度，减少车辆保养等待时间，很多品牌的汽车4S店推出了“双人快保”服务，旨在为广大车主提供高效便捷的服务体验。该服务通过两名熟练技师的协作，把车辆的保养时间大大缩短至1小时以内，让广大车主充分感受到“立等可取”的便利。例如，丰田卡罗拉轿车4万公里保养的双人作业流程见附录1。目前，已推行双人快保服务的汽车品牌有奥迪、丰田、本田、东风日产、一汽大众等。

(二) 汽车保养的内容

1. 发动机保养

(1) 目测检查发动机及机舱内的部件是否有泄漏或损坏；

(2) 检查冷却液液面高度及浓度(防冻能力)，如有必要添加冷却液或调整浓度；

(3) 更换发动机机油及机油滤清器；

(4) 更换燃油滤清器，注意燃油系统压力释放方法；

(5) 清洗空气滤清器壳体，检查空气滤芯状态，必要时更换；

(6) 检查排气系统是否有泄漏或损坏及紧固程度；

(7) 检查多楔皮带的状态，必要时更换；

(8) 检查火花塞状态，必要时更换；

(9) 检查喷油嘴状态，必要时采取相应维修保养措施；

(10) 节气门拆装、清洗和重新设定。

2. 变速器保养

(1) 手动变速器需要检查油底壳处、放油螺栓处有无泄漏及齿轮油液位，定期更换；

(2) 自动变速器(AT)需要检查ATF液位以及油底壳、放油螺栓等处有无泄漏现象，定期更换；

(3) 双离合变速器(DSG)需要检查有无泄漏现象，定期更换变速器油；

(4) 无极变速器(CVT)需要检查有无泄漏现象，定期更换变速器油。

3. 车身和底盘保养

(1) 检查所有车钥匙的功能；

(2) 检查车窗升降器功能、车内中央门锁功能和外后视镜调整功能；

(3) 检查刮水器及清洗装置功能，必要时调整喷嘴；

(4) 检查天窗功能及车内后视镜防眩目功能；

(5) 检查方向盘调整功能及燃油箱盖开启功能，转向系统的基本设定；

(6) 检查制动液液位，必要时添加；目测检查制动系统是否有泄漏和损坏；定期更换制动液，使用制动液充排专用设备进行更换和排气；

(7) 检查前、后制动摩擦衬块厚度及制动盘的磨损状况；

(8) 检查所有轮胎(包括备胎)的花纹深度、磨损形态，清除轮胎上的异物；检查胎压，如果不足要加以补足，检查轮胎气密性；

(9) 目测检查车身底部防护层和底饰板是否破损；

(10) 目测检查变速器、主减速器及等速万向节防护套有无泄漏或损坏；

(11) 检查转向横拉杆球头的间隙、紧固程度及防尘套状况；

(12) 润滑车门止动器；

(13) 检查滑动天窗功能，清洗导轨并用专用润滑脂润滑；

(14) 检查座椅及安全带功能，检查安全气囊和安全带状态及安全气囊罩壳是否损坏；

(15) 清洁粉尘及花粉过滤器的外壳，检查滤芯状态，必要时更换；

(16) 检查传动轴、转向系及万向节防尘套有无漏油或损伤；

(17) 进行轮胎换位，按要求检查轮胎气压，必要时校正；检查车轮螺栓拧紧力矩，更换胎压传感器；

(18) 目视检查底盘可见螺母和螺栓是否缺失或明显松动。

4. 电气系统保养

(1) 使用诊断仪查询自诊断系统故障存储器，如发现有存储的故障记忆，应对其进行仔细的检查和检修。并使用诊断仪进行保养后的一些基本设定，如节气门设定、直接换挡变速器拆卸设定、加速踏板基本设定、雨刷器设定、防抱死刹车系统(ABS 系统)排气设定、转向系统设定等；

(2) 检查蓄电池电压及固定情况，校紧电极卡夹及保险丝螺母，使用蓄电池检测仪检查蓄电池的电压及健康状态；

(3) 检查车内所有开关、车内照明、手套箱照明、用电器、显示器和仪表各警报指示灯的功能；

(4) 检查车外前部、后部、行李箱照明灯等所有灯光状态和闪烁报警装置，静态弯道行车灯、自动行车灯控制功能；

(5) 检查车窗玻璃刮水片极限位置及其功能，检查风窗清洗液液面高度及大灯清洗装置功能，如有必要，调整喷嘴；

(6) 检查大灯光束，如有必要，用大灯调节仪调整大灯光束；

(7) 保养周期指示器复位及重新编码。

(三) 奥迪 A6L 轿车 1 万公里保养与 6 万公里保养比较

奥迪轿车通常以 12 个月或每 10000 公里为一个保养单位，当条件满足时，需进行相对应的保养作业。奥迪 A6L 轿车 1 万公里保养作业见表 1-2，6 万公里保养作业见表 1-3。

表 1-2　奥迪 A6L 轿车 1 万公里保养作业

作 业 名 称	备注
行车灯和倒车灯、停车灯、牌照灯、转向信号灯和闪烁报警装置：检查功能	
车窗玻璃清洗装置：检查喷射情况并且必要时调整	
大灯清洗装置：检查功能	
车窗玻璃刮水片：检查有无损坏	
车身：在所有舱盖和车门打开的情况下从汽车下方检查车漆有无损坏和腐蚀	
油箱：添加燃油添加剂	
备胎：检查胎压并且必要时调整	
备胎：检查状态和轮胎胎面，检查并记录花纹深度(　　)mm	
前舱盖抓钩：润滑	
全景滑动天窗车顶嵌件：检查、清洁并润滑	
排水槽和排水口：检查是否脏污	
粉尘及花粉过滤器：更换前过滤器	
发动机机油：更换机油滤清器	
发动机机油：抽出	
前轴轮胎：检查胎压并且必要时调整	
后轴轮胎：检查胎压并且必要时调整	
左前轮胎：检查状态和轮胎胎面，检查并记录花纹深度(　　)mm	
左后轮胎：检查状态和轮胎胎面，检查并记录花纹深度(　　)mm	
右后轮胎：检查状态和轮胎胎面，检查并记录花纹深度(　　)mm	
右前轮胎：检查状态和轮胎胎面，检查并记录花纹深度(　　)mm	
制动摩擦片：检查厚度	
发动机、变速箱、主减速器和转向系：检查有无泄漏和损坏	
前轴和后轴部件，检查间隙、紧固情况和防尘罩	
发动机机油：更换厂家指定机油，规格 SM 5W/40，加注量 6.80 升	
直接式胎压监测显示：存储更改的胎压值	
故障存储器：读取并删除	
保养周期指示器：复位每 10000 km 常规保养	
试车：进行	

表 1-3　奥迪 A6L 轿车 6 万公里保养作业

作 业 名 称	备注
信号喇叭：检查功能	
手套箱照明、车内照明和阅读灯：检查功能	
行车灯和倒车灯、停车灯、牌照灯、转向信号灯和闪烁报警装置：检查功能	
车窗玻璃清洗装置：检查喷射情况并必要时调整	
车窗玻璃刮水片：检查有无损坏	
粉尘及花粉过滤器：更换	
车身：在所有舱盖和车门打开的情况下从汽车下方检查车漆有无损坏和腐蚀	
油箱：添加燃油添加剂	
行李箱照明：检查功能	
前舱盖抓钩：润滑	
全景滑动天窗车顶嵌件：检查、清洁并润滑	
排水槽和排水口：检查是否脏污	
冷却系统：检查防冻情况和冷却液液位并且必要时修正，冰点额定值–40℃	
粉尘及花粉过滤器：更换前过滤器	
发动机机油：更换机油滤清器	
发动机机油：抽出	
前轴轮胎：检查胎压并且必要时调整	
后轴轮胎：检查胎压并且必要时调整	
制动液：更换	
multitronic 无级/手动一体式变速箱：更换自动变速箱油，加注量 6 升	
左前轮胎：检查状态和轮胎胎面，检查并记录花纹深度(　　)mm	
左后轮胎：检查状态和轮胎胎面，检查并记录花纹深度(　　)mm	
右后轮胎：检查状态和轮胎胎面，检查并记录花纹深度(　　)mm	
右前轮胎：检查状态和轮胎胎面，检查并记录花纹深度(　　)mm	
制动摩擦片：检查厚度	
发动机、变速箱、主减速器和转向系：检查有无泄漏和损坏	
前轴和后轴部件：检查间隙、紧固情况和防尘罩	
制动装置：检查制动软管状态、检查排气螺栓的护罩是否存在	
底板：检查饰板、轮罩内板、下边梁和管路有无损坏以及是否正确固定	
发动机机油：更换厂家指定机油，规格 SM 5W/40，加注量 6.80 升	
火花塞：更换	
空气滤清器：更换滤芯，清洁壳体	
直接式胎压监测显示：存储更改的胎压值	
故障存储器：读取并删除	
保养周期指示器：复位每 10000 km 常规保养	
试车：进行	

奥迪轿车 6 万公里保养俗称“大保养”，相当于二级维护，作业项目最全面；1 万公里保养是常规保养，又称“小保养”，作业项目比“大保养”少了 8 项。每个品牌车型的保养周期不尽相同，如丰田轿车 4 万公里保养是“大保养”，相当于二级维护，5 千公里保养是常规保养。

(四) 我国的汽车维护制度

国家标准 GB/T 18344—2016《汽车维护、检测、诊断技术规范》(以下简称《技术规范》)，于 2016 年 12 月 13 日获国家质量技术监督局批准，于 2017 年 7 月 1 日起颁布实施。这是我国迄今为止汽车维护制度的最新标准。此外交通部于 2016 年 3 月 1 日起施行的《道路运输车辆技术管理规定》，是关于加强道路运输车辆技术管理，保持车辆技术状况良好，保障运输安全，发挥车辆效能，促进节能减排的交通部最新法律文本。

《道路运输车辆技术管理规定》中明确提出“定期检测、强制维护、视情修理”为道路运输经营者实施汽车维护检测的原则。

1. 定期检测

“定期检测”是利用现代化的技术手段，应用现代化的汽车检测诊断设备，定期对汽车进行检查测试，以正确判断汽车的技术状况。

定期检测的贯彻与实施是由道路运政管理机构和汽车维修企业两个方面共同完成的。一是道路运政管理机构对所有从事运输的汽车按其类型、新旧程度、使用条件和强度等情况制定具体的定期检测制度，使各种车辆在行驶一定里程或时间后，按时进行综合性能检测。二是定期检测要求汽车维修企业结合汽车的维护周期进行，以此来确定附加作业项目，掌握汽车技术状况的变化规律，同时通过对汽车的检测诊断和技术鉴定，确定汽车需要修理的内容。

2. 强制维护

“强制维护”是在定期维护的基础上进行状态检测的维护制度。之所以将过去的“定期维护”改为现在的“强制维护”，就是为了进一步强调维护的重要性，以防止未能及时维护，造成汽车技术状况急剧变化的现象出现。强制维护是在计划预防维护的前提下所执行的维护制度，是指汽车维护工作必须遵照交通运输管理部门或汽车使用说明书规定的行驶里程或时间间隔，按期进行，不得任意拖延，以体现强制性的维护原则。

按照国家标准 GB/T 18344—2016《技术规范》的规定：汽车的维护分为日常维护、一级维护和二级维护。此外还有走合期维护和季节性维护。

(1) 日常维护是日常性作业，由驾驶员负责执行，其作业中心内容是清洁、补给和安全性能检视。日常维护是驾驶员保持车辆正常工作状况的经常性工作。

(2) 一级维护由专业维修工负责执行。其作业中心内容除日常维护作业外，以润滑、紧固为主，并检查制动、操纵等安全部件。也就是要求车辆经过较长里程运行后，特别要注意对车辆的安全部件进行检视维护。

(3) 二级维护由专业维修工负责执行。指除一级维护作业外，以检查、调整制动系统、转向操纵系统、悬架等安全部件，并拆检轮胎，进行轮胎换位，检查调整发动机工作状况和汽车排放相关系统等为主的维护作业。这是因为车辆在经过更长里程运行后，必须对车况进行较全面的检查、调整，维护其使用性能，以保证车辆的安全性、动力性和经济性达到使用要求。车辆二级维护前，应进行检测诊断的技术评定，了解和掌握车辆技术状况以及磨损情况，据此确定附加作业或小修项目，一般结合二级维护一并进行。

(4) 二级维护作业流程。汽车二级维护是汽车维护制度中规定的最高级别维护，也是最重要的维护，它将直接影响汽车在二级维护间隔期内能否正常运行，其作业流程见图1-4。二级维护作业项目包括基本作业项目和附加作业项目，在二级维护作业时一并进行。二级维护前应进行进厂检测，依据进厂检测结果进行故障诊断并确定附加作业项目。二级维护作业过程中发现的维修项目也应作为附加作业项目。二级维护过程中应进行过程检验。二级维护作业完成后应进行竣工检验，竣工检验合格的车辆，由维护企业签发维护竣工出厂合格证。

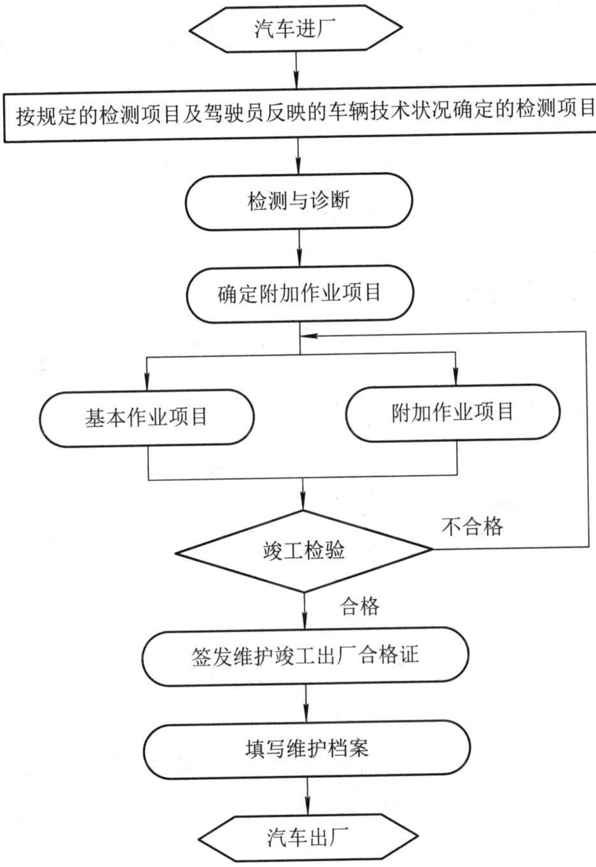

图1-4　二级维护作业流程图

二级维护检测使用的仪器设备应符合相关国家标准和行业标准的规定，计量器具及设备应计量检定或校准合格并在有效期内。

进厂检测包括规定的检测项目以及根据驾驶员反映的车辆技术状况确定的检测项目。二级维护规定的进厂检测项目见表1-4。检测项目的技术要求应符合国家有关的技术标准和车辆维修资料等相关规定。进厂检测时应记录检测数据或结果，并据此进行车辆故障诊断。

车辆维修资料中与本标准规定的二级维护基本作业项目相同的部分，依据本标准中相对应的条款执行；车辆维修资料中与本标准规定的二级维护基本作业项目不同的部分，依据车辆维修资料的有关条款执行。车辆维修资料中有特殊维护要求的系统、总成和装置(如免维护蓄电池、免维护轮毂等)，其维护作业项目执行车辆维修资料规定。

表 1-4　二级维护规定的进厂检测项目

序号	检测项目	检测内容	技术要求
1	故障诊断	车载诊断系统(OBD)的故障信息	装有车载诊断系统(OBD)的车辆，不应有故障信息
2	行车制动性能	行车制动性能	采用台架检验或路试检验，应符合 GB7258 相关规定
3	排放	排气污染物	汽油车采用双怠速法，应符合 GB18285 相关规定；柴油车采用自由加速法，应符合 GB3847 相关规定

二级维护过程中应始终贯穿过程检验，并记录二级维护作业过程或检验结果。维护项目的技术要求应符合技术标准和车辆维修资料等相关技术文件规定。

日常维护、一级维护和二维护作业项目及技术要求见附录 2。二级维护竣工检验项目及技术要求见附录 3。根据《道路运输车辆技术管理规定》，从 2017 年 1 月 1 日起，二类以上资质维修企业都应当配备竣工检测设备。

(5) 汽车维护质量保证期。汽车维护企业对竣工检验合格的汽车签发维护竣工出厂合格证。汽车维护质量保证期自维护竣工出厂之日计算，一级维护质量保证期为车辆行驶不少于 2000 km 或者 10 日，二级维护质量保证期为车辆行驶不少于 5000 km 或者 30 日，以先达到者为准。

(6) 走合期维护和季节维护。走合期维护是指新车或大修后的车辆，在开始投入运行的最初阶段所进行的维护作业。此时汽车正处于磨合状态，还不能满足全负荷运行的需要，因此在走合期内为了减少磨损，延长机件的使用寿命，必须做到：减轻载质量，限制行车速度，选择优质燃料和润滑材料以及正确驾驶等。

每年 4 月至 5 月和 10 月至 11 月汽车进入夏、冬季运行时，应进行季节性维护，例如进入夏季前及时更换空调滤芯、检查空调制冷剂的含量；进入冬季前要添加冷却液，做好相关部件的保温工作等，一般结合二级维护一起进行。

3. 视情修理

“视情修理”是随着汽车检测与诊断技术的发展和维修市场的变化而提出的。过去的“计划修理”经常会出现修理不及时或提前修理的情况，其结果不是造成车辆技术状况恶化，就是造成浪费。

视情修理必须经过检测诊断和技术鉴定，而不能只凭车辆所有者或者使用者的意见来随便确定修理时间和项目。为实现“视情修理”，运输单位必须积极创造车辆检测诊断和技术鉴定的条件，尤其大、中型运输单位应积极配备检测诊断设备和有经验的技术人员，不具备上述条件的小型运输单位和个体运输户，可由其主管部门或交通运输管理部门委托有条件的单位进行检测诊断和技术鉴定。同时，交通运输管理部门应创造便利条件，对运输车辆进行定期检测。“视情修理”的实质内容如下。

(1) 由原来以行驶里程为基础确定车辆修理的方式，改变为以车辆实际技术状况为基础的修理方式。

(2) 车辆修理的作业范围是通过检测诊断后确定的，检测诊断技术是实现视情修理的重要保证。

(3) 视情修理体现了技术与经济相结合的原则。

(五) 汽车识别代码的意义和功用

目前世界各国汽车公司所生产的绝大部分汽车都使用了汽车识别代码(Vehicle Identification Number，VIN 码)。汽车识别代码的作用及重要性已被越来越多的人所认识和重视。无论是汽车整车及配件营销人员、汽车维修工、车辆保险人员、二手车的评估人员，还是车辆交通管理人员以及与汽车相关的其他人员，要了解、认识和掌握汽车规格参数和性能特征等信息，汽车识别代码都是必不可少的信息工具。

VIN 码是汽车制造厂为了识别一辆汽车而规定的一组字码，它由一组英文字母和阿拉伯数字组成，共 17 位，故又称为 17 位码。如图 1-2 所示的丰田轿车的 17 位码为 LFMAREOC380088777。

17 位 VIN 码的每一位代码代表着汽车某一方面的信息参数。我们从该码中可以识别出车辆的生产国家、制造公司或生产厂家、车辆的类型、品牌名称、车型系列、车身形式、发动机型号、车型年款(属于哪年生产的年款车型)、安全防护装置型号、检验数字、装配工厂名称和出厂顺序号码等信息。

VIN 码具有全球通用性、最大限度的信息承载性和可检索性，已成为全世界识别车辆唯一准确的“身份证”。17 位编码经过特定的排列组合可以保证每个制造厂在 30 年之内生产的每辆汽车识别代号具有唯一性，不会发生重号或错认。由于现代汽车车辆的使用周期在逐年缩短，一般 6～10 年就会被淘汰，所以 VIN 码已足够应用。

当每辆车打上 VIN 码后，其代号将伴随车辆的注册、保险、年检、保养、修理直至回收报废。在办理车辆牌照、处理交通事故、查获被盗车辆、侦破刑事案件、保险索赔、车辆维修与检测、汽车营销、进出口贸易等方面，17 位 VIN 码都具有十分重要的作用。

(1) 车辆管理部门通过对 VIN 码的统一管理，能够实现车辆管理的规范化，保证车辆登记状况的准确性，使车辆年检和报废管理体系更加完善。如果推行“条码化”VIN 管理，可以大大提高车辆登记和年检的效率和准确性。工作人员只要利用条码读取设备就能够快速获得车辆信息，减少了人工输入。到目前为止，国内厂家已有上海大众和长安汽车采用了“条码化”的 VIN。因此，交管部门可以在年检标签中打印车辆的 VIN，这将为日后车辆的管理工作提供极大方便。

(2) 各大保险公司通过车辆的 VIN 码，结合车辆管理部门提供的车辆登记和使用记录，就可以分析车辆的盗抢、交通事故情况等，估计车辆承保的风险程度，从而能够针对不同的车辆制定相应的保险制度。这对于当前保险公司推行的浮动车险费率制度至关重要。

(3) 整车制造厂通过 VIN 码，结合车辆制造档案，就可以明确各批次车辆及零部件的去向和车辆的生产、销售及使用状况，对于调整生产、改进售后服务和实行汽车召回具有重大的指导意义。

(4) 维修企业通过车辆 VIN 码，可以准确确定车辆的车型年款以及相应的配置状况，从而选择合适的仪器设备和相关的车型维修资料，正确地进行故障诊断和车辆维修。另外，配件订购也离不开车辆 VIN 码，因为不同批次的同一车型选用的配件也不尽相同，通过 VIN 码就能明确车辆配置及其生产年限、批次，从而找到正确的配件。

(5) 在二手车市场，通过车辆 VIN 码可以了解车辆的生产年份、产地、车型、车身形式、发动机配置等，将这些数据与实际车辆比对，再听听卖家的介绍，就心中有数了。

(6) 了解 VIN 码的相关知识，广大车主也能对爱车了如指掌，在维修、配件采购及其他相关环节做到心中有数。对于广大准车主，特别是准备购买进口汽车的人，通过解读车辆的 VIN 码，能了解到车辆的产地、配置、年份、装配厂等信息。对于奔驰汽车来说，它的产地分布在世界各地，而且不同地域的车辆等级和品质差异是客观存在的，顾客可不想拿买德国本土出产奔驰的价钱买一辆印度或越南组装的产品。此外，利用 VIN 码还可以鉴别出拼装车和走私车，因为拼装的进口汽车一般是不按 VIN 码规定进行组装的。

总而言之，利用 VIN 码进行车辆各相关环节的管理，充分体现了车辆管理制度的严谨性、科学性，实现了车辆管理手段的国际化、现代化，在日常车辆管理工作中必将取得事半功倍的效果。

(六) 汽车 VIN 码的组成及规定

世界各国政府以及各汽车公司对本国或本公司生产的汽车的 17 位 VIN 码都有具体的规定。各国的技术法规一般只规定车辆识别代码的基本要求，如对字母和数字的排列位置、安装位置、书写形式和尺寸等都有相应的规定，并应保证 30 年内不会重号。

除对个别符号的含义有统一要求外，其他不做硬性规定，而是由生产厂家自行规定其代码的含义。

各国有关车辆识别代码的技术法规各有所异，但也有共同之处，如汽车识别代码的第(9)位必须是工厂检查数字代码。对于 VIN 码在汽车上的安装位置，各国汽车生产厂家的各类车型也不尽相同。如美国规定应安装在汽车仪表板左侧，在车外透过挡风玻璃可以清楚地看到而便于检查，而欧洲共同体则规定 VIN 码应安装在汽车右侧的底盘车架上或标写在厂家铭牌上。我国《车辆识别代码(VIN)管理规则》规定，汽车识别代码应尽量位于车辆的前半部分、易于看到且能防止磨损或替换的部位。对于小于或等于 9 人座的乘用车和最大总质量小于或等于 3.5 t 的载货汽车，车辆识别代码应位于仪表板上靠近风窗立柱的位置，在白天日光照射下，观察者不需移动任一部件从车外即可分辨出车辆识别代码(见图 1-5)。

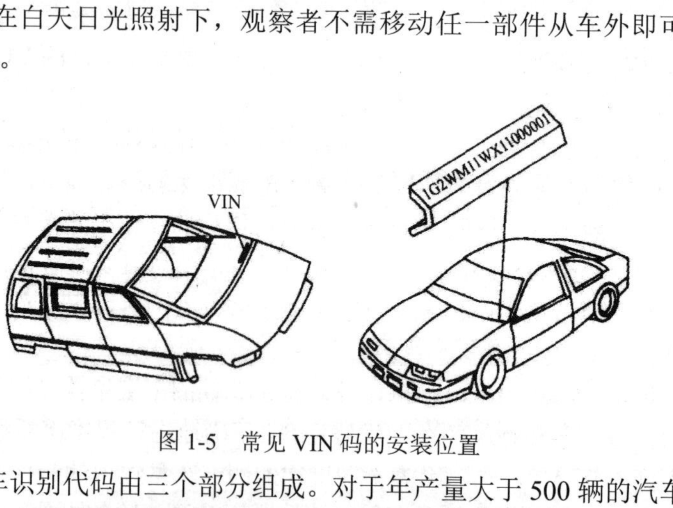

图 1-5　常见 VIN 码的安装位置

我国规定汽车识别代码由三个部分组成。对于年产量大于 500 辆的汽车制造厂，汽车识别代码的第一部分(前 3 位)为世界制造厂识别代码(WMI)；第二部分(4～9 位)为车辆说明部分(VDS)；第三部分(后 8 位)为车辆指示部分(VIS)(见图 1-6)。

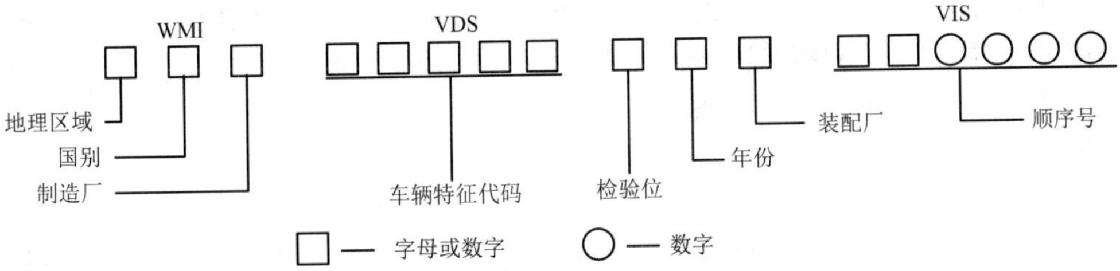

图 1-6　年产量大于 500 辆的制造厂的汽车识别代码组成

对于年产量小于 500 辆的汽车制造厂，汽车识别代码的第一部分(前 3 位)为世界制造厂识别代码(WMI)；第二部分(4～9 位)为车辆说明部分(VDS)；第三部分(后 8 位)的第 3、4、5 位字码同第一部分的三位字码一起构成世界制造厂识别代号(WMI)，其余五位字码为车辆指示部分(VIS)(图 1-7)。

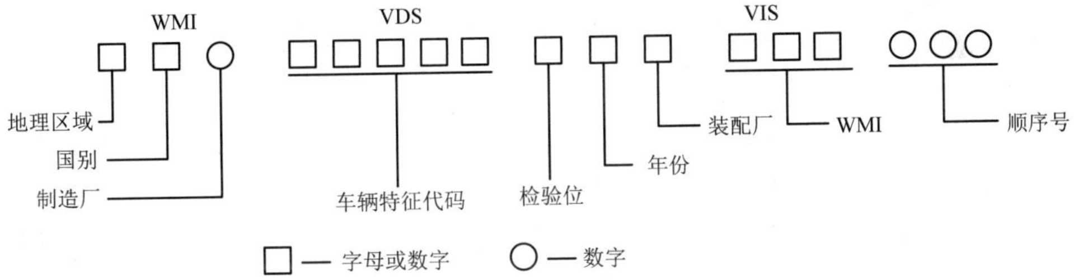

图 1-7　年产量小于 500 辆的制造厂的汽车识别代码组成

(1) 第一部分：世界制造厂识别代码(WMI)。

WMI 由三位字母或数字组成，它们必须经过申请、批准和备案后方能使用。

第(1)位字码是标明一个地理区域的字母或数字；

第(2)位字码是表示这个地理区域的一个国家的字母或数字；

第(3)位字码是标明某个特定的制造厂的字母或数字。

第(1)、(2)、(3)位字码的组合将保证一个国家的某个汽车制造厂识别标志的唯一性。对于年产量小于 500 辆的制造厂，世界制造厂的汽车识别代码的第(3)位字码为数字 9。此时，车辆指示部分的第 3～5 位字码，即 17 位码的第(12)、(13)、(14)位字码将与第一部分的三位字码共同作为世界制造厂识别代码。

美国的 WMI 前两位区段为 1A～10，4A～40，5A～50；中国的 WMI 前两位区段为 LA～L0，它规定了所有在中国境内生产的汽车产品的 WMI 编号必须在该区段内。

以下是国内常见汽车制造厂家的 WMI 编号。

LSV 上海大众	LFV 一汽大众	LDC 神龙汽车	LEN 北京吉普
LHG 广州本田	LHB 北汽福田	LKD 哈飞汽车	LS5 长安汽车
LSG 上海通用	LNB 北京现代	LNP 南京菲亚特	LFP 一汽轿车

(2) 第二部分：车辆说明部分由六位字码组成。

制造厂用不同的数字或字母标明车辆型式或品牌、车辆类型、种类、系列、车身类型、发动机或底盘类型、驾驶室类型以及汽车车辆的其他特征参数。如果制造厂不用其中的一位或几位字码，应在该位置填入制造厂选定的字母或数字占位。

该部分的最后一位(即 17 位代码的第(9)位)为制造厂检验位。检验位由 0～9 中的任一数字或字母 X 标明。与身份证号码中的校验位一样，该校验位的目的是提供校验 VIN 编码正确性的方式，通过它就可以核定整个 VIN 码正确与否。它在车辆的识别过程中起着极其重要的作用。

(3) 第三部分：车辆指示部分由八位字码组成。

第 1 位字码(即 17 位代码的第(10)位)表示汽车生产年份，年份代码按表 1-5 规定对照使用。

表 1-5　我国 VIN 码中的年份代码

代　码	年　份	代　码	年　份	代　码	年　份	代　码	年　份
1	2001	9	2009	H	2017	S	2025
2	2002	A	2010	J	2018	T	2026
3	2003	B	2011	K	2019	V	2027
4	2004	C	2012	L	2020	W	2028
5	2005	D	2013	M	2021	X	2029
6	2006	E	2014	N	2022	Y	2030
7	2007	F	2015	P	2023	1	2031
8	2008	G	2016	R	2024	2	2032

第 2 位字码(即 17 位代码的第(11)位)用来指示汽车装配厂，若无装配厂，制造厂可规定其他的内容。

对于年产量大于等于 500 辆的制造厂，此部分的第 3～8 位字码(即 17 位代码的第(12)～(17)位)表示生产顺序号；对于年产量小于 500 辆的制造厂，该部分的第 3～5 位字码与第一部分的三位字码共同表示一个车辆制造厂，最后三位字码表示生产顺序号。

(七) VIN 码中各代码的含义举例

1. 上海大众集团 VIN 码的含义

L	S	V	H	H	1	3	3	0	2	2	2	0	4	3	2	1
(1)	(2)	(3)	(4)	(5)	(6)	(7)	(8)	(9)	(10)	(11)	(12)	(13)	(14)	(15)	(16)	(17)

(1) 第(1)～(3)位——世界制造厂识别代码。

LSV——上海大众汽车有限公司。

(2) 第(4)位——车身形式代码。

A——四门折背式车身；B——四门直背式车身；F——四门短背式车身；H——四门加长型折背式车身；K——2 门短背式车身。

(3) 第(5)位——发动机/变速器代码。

① 车型系列：上海桑塔纳轿车、上海桑塔纳旅行轿车、上海桑塔纳 2000 轿车。

A——JV(026A)/AHM；B——JV(026A)＋LPG/AHM；C——JV(026A)/2P；D——JV

(026A)＋LPG /2P；E── JV(026A)＋CNG /2P；F── AFE(026N)/2P；G── AYF (050B)/QJ；H── AJR(06BC)[AYJ(06BC)] /2P；J── AYJ(06BC)/FNV；K── AFE(026N)＋LPG /2P。

② 车型系列：上海帕萨特轿车 PASSAT。

A── ANQ(06BH)/DWB(FSN)；B── ANQ(06BH)/DMU(EPT)；C── AWL(06BA)/EZS；D── AWL(06BA)/EMG；E── BBG(087.2)/EZY；L── BGC(06BM)/EZS；M── BGC(06BM)/ EMG。

③ 车型系列：上海波罗轿车 POLO。

A── BBC(036P)/GET(FCU)；B── BBC(036P)/GCU(ESK)；C── BCD(06A6)/GEV (FXP)。

④ 车型系列：上海高尔轿车 GOL。

A── BHJ(050.C)/GPJ。

(4) 第(6)位── 乘员保护系统代码。

0── 安全带；

1── 安全气囊(驾驶员)；

2── 安全气囊(驾驶员和副驾驶员、前座侧面)；

3── 安全气囊(驾驶员和副驾驶员、前后座侧面)；

4── 安全气囊(驾驶员和副驾驶员)；

5── 安全气囊(驾驶员和副驾驶员、前后座侧面、头部)；

6── 安全气囊(驾驶员和副驾驶员、前座侧面、头部)。

(5) 第(7)位～(8)位── 车辆等级代码。

33── 上海桑塔纳轿车、上海桑塔纳旅行轿车、上海桑塔纳 2000 轿车；9F── 上海帕萨特轿车；9J── 上海波罗轿车；5X── 上海高尔轿车。

(6) 第(9)位── 工厂检验代码。

(7) 第(10)位── 生产年份代码。

2── 生产年份为 2002 年。

(8) 第(11)位── 生产装配工厂。

2── 上海大众汽车有限公司。

(9) 第(12)～(17)位── 工厂生产顺序号代码。

注： 上海大众集团的 VIN 码含义是按车辆生产年份分别定义的，以上仅适用于 2001－2010 年生产的车辆。

2. 美国福特汽车公司(FORD MOTOR COMPANY)轿车 VIN 码的含义

1	L	N	L	M	8	1	W	6	P	J	1	0	6	2	3	5
(1)	(2)	(3)	(4)	(5)	(6)	(7)	(8)	(9)	(10)	(11)	(12)	(13)	(14)	(15)	(16)	(17)

(1) 第(1)位── 生产国别代号。

1── 美国；2── 加拿大；3── 墨西哥；6── 澳大利亚；J── 日本；K── 韩国；L── 中国。

(2) 第(2)位：生产或归口部门代码。

F── FORD 福特车部；L── LINCOLN 林肯车部；M── MERCURY 水星车部。

(3) 第(3)位——车型类别代码。

A——福特轿车；B——大陆轿车；D——开发车型；E——水星轿车；J——不完整汽车；M——多用途车；N——轿车；4——货车。

(4) 第(4)位——乘员安全保护装置代码。

B——主动安全带；C——主动安全带及驾驶员安全气囊；D——前排主动安全带；P——前排被动式安全带；L——主动安全带及驾驶员/前排乘员安全气囊。

(5) 第(5)位——车型系列代码。

M——林肯/水星；P——福特；T——海外生产车型。

(6) 第(6)、(7)位——车身类型代码。

01——CAPRI 双门活动顶篷；03——CAPRI 双门活动顶篷 XR2 型；04——ESCORT 护卫者双门溜背式；81——LINCOLN TOWN CAR 林肯城市四门轿车。

(7) 第(8)位——发动机型号代码。

A——2.0L 四缸/2.3L 四缸；B——2.5LV6/3.3L 六缸；C——2.2L 四缸/3.8LV6 增压；D——2.3L 四缸/2.5L 四缸；E——5.0LV8 强输出发动机；W——4.6LV8。

(8) 第(9)位——VIN 检验数代码。

(9) 第(10)位——车型年款代码。

A——1980；B——1981；C——1982；D——1983；P——1993；R——1994。

(10) 第(11)位——总装工厂代码。

C——Chicago 芝加哥；K——Kansas 堪萨斯；J——LosAngeles 洛杉矶。

(11) 第(12)～(17)位——出厂顺序代码。

注意：VIN 码中无法体现出车辆的颜色。

四、自我测试题

(一) 判断题

1. 汽车保养的主要工作内容有清洁、检查、补给、润滑、紧固和调整等。(　　)
2. 汽车的维护体系不具有强制性，特别是二级维护。(　　)
3. 对车辆进行定期保养，实际上是对车辆进行一次全面的“体检”。(　　)
4. VIN 码是指汽车识别代码，一共 17 位，其中第 9 位指车辆生产年份。(　　)
5. 汽车识别代码应尽量位于车辆的前半部分、易于看到且能防止磨损或替换的部位。(　　)

(二) 单项选择题

1. 关于汽车保养下列说法错误的是(　　)。

A．汽车保养又称汽车维护，是指为维持汽车完好技术状况而进行的作业

B．汽车保养的重要性已超过汽车维修

C．定期保养就是更换发动机机油和机油滤清器

D．定期保养操作有规范的流程和操作细则的要求

2. 关于对车辆实施定期保养，下列说法错误的是(　　)。

A．今后可能发生的许多较大的故障都能得以避免

B．可使车辆保持在符合法规规章的状态中

C．可延长车辆使用寿命

D．可能会增加顾客的经济负担

3. 我国现行汽车维护作业中最高一级，必须按期执行的是(　　)。

A．日常维护　　B．磨合期维护　　C．一级维护　　D．二级维护

4. 关于汽车保养与修理的关系，下列说法正确的是(　　)。

A．保养以计划预防为主，而修理是按计划视需要进行的作业

B．保养通常是在车辆发生故障之后进行作业

C．维修通常是降低零件磨损速度，预防故障发生，延长汽车使用寿命

D．现在的汽车讲究“三分养七分修”

5. 关于汽车保养周期说法错误的是(　　)。

A．日常维护周期为出车前、行车中和收车后

B．汽车一级维护、二级维护周期的确定应以行驶里程间隔为基本依据

C．对于不便用行驶里程间隔统计的汽车，可用行驶时间间隔确定日常维护周期

D．保养周期根据行车距离和前次维修后至今的时间来决定

6. 下列哪一种车辆无需频繁地保养（　　)。

A．在不平或特别泥泞的路，雪融化了的路，灰尘特别大的路上行驶

B．车辆用于拖车，或拉着野营挂车或车顶有货物架

C．警车和出租车

D．车辆高速行驶超过 1 小时

7. 关于 VIN 码说法错误的是(　　)。

A．可以保证每个制造厂在 30 年之内生产的每辆汽车识别代号具有唯一性

B．车辆打上 VIN 码后将伴随车辆的注册、保险、年检、保养、修理直至回收报废

C．在二手车市场上，车辆 VIN 码的作用并不大

D．利用 VIN 码可以鉴别出拼装车和走私车

8. 在车辆 VIN 码中不能识别的信息是(　　)。

A．车型代码　　B．总装厂代码

C．车辆颜色　　D．发动机类型代码

(三) 简答题

1. 汽车保养的意义是什么？
2. 汽车保养如何分类？周期如何规定？
3. 汽车保养的主要内容有哪些？
4. 汽车 VIN 的含义和作用是什么？

项目二 车间安全

一、项目描述

通过对车间安全规定、车间警示标志、车间人身安全的操作规范、车间安全防范与应急处理方法以及车辆操作安全规范的学习，学生应达到以下要求。

1. 知识要求

(1) 了解车间安全规定。

(2) 掌握车间警示标志的含义。

(3) 掌握车间人身安全的操作规范。

(4) 掌握车间安全防范与应急处理方法。

(5) 了解《劳动法》《安全生产法》和《环境保护法》。

2. 技能要求

(1) 能够讲述车间安全规定以及车间人员的安全职责。

(2) 能够解释车间警示标志的含义和放置位置。

(3) 能够说出车间人身安全的操作规范。

(4) 能够说出车间安全防范与应急处理方法。

(5) 能够安全规范地操作车辆。

(6) 能够规范地使用和维护车间常用设备。

3. 素质要求

(1) 树立安全第一的理念。

(2) 重视操作规范与人身安全。

(3) 注意环境保护。

(4) 培养团队协作精神。

二、项目实施

任务一　灭火器的使用

1. 训练内容

(1) 灭火器的识别，见图 2-1。

(2) 灭火器的正确使用。

(3) 完成并填写学习工作单的相关项目。

(4) 学习灭火器的相关知识。

干粉灭火器　　　二氧化碳灭火器　　　泡沫灭火器

图 2-1　不同类型的灭火器

2. 训练目标

(1) 熟悉不同类型的灭火器的性能。

(2) 掌握灭火器的正确使用方法。

3. 训练设备

干粉灭火器、二氧化碳灭火器和泡沫灭火器。

【灭火器的使用】

4. 训练步骤

(1) 提起灭火器快速跑向火场，摇晃灭火器数次，见图 2-2(a)。

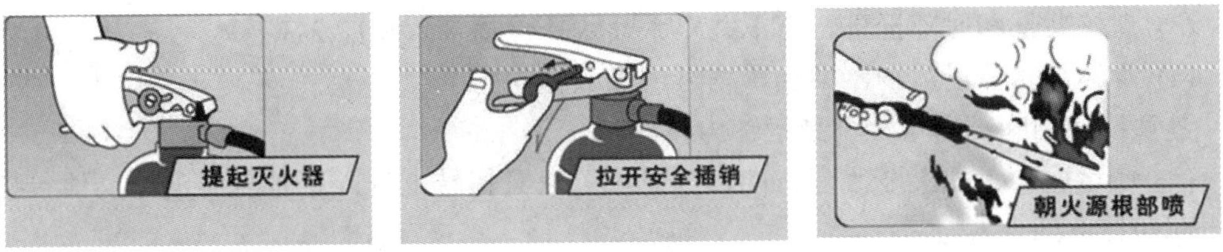

(a) 提起灭火器　　　(b) 拉开安全插销　　　(c) 朝火源根部喷

图 2-2　灭火器的使用步骤

(2) 在距离起火点 5 米左右处，拔下灭火器的安全插销，见图 2-2(b)。

(3) 在距火点 2～3 米处，一只手握住喷嘴，另一只手用力压下压把，不准横卧或颠倒使用灭火器，对准火焰根部喷射，见图 2-2(c)。

任务二　重 物 搬 运

1. 训练内容

(1) 正确着装。

(2) 搬运重物(小于 10 kg)，见图 2-3。

(3) 完成学习工作单的相关项目。

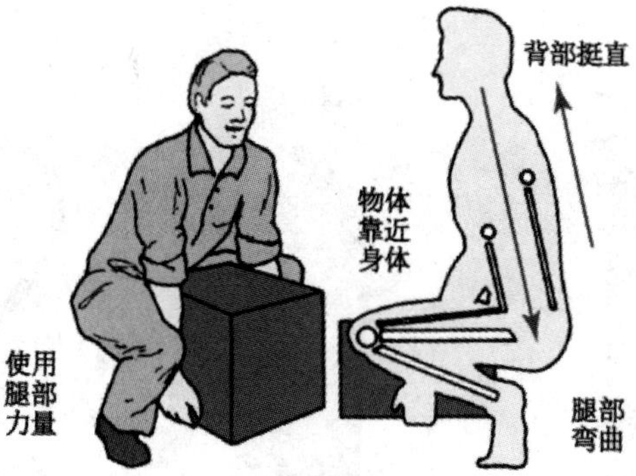

图 2-3　搬运重物的姿势

2. 训练目标

(1) 了解不正确的搬运作业可能带来的伤害。

(2) 掌握正确搬运重物的方法。

【搬运重物】

3. 训练设备

一只空木箱或汽车的备胎。

4. 训练步骤

(1) 首先正确着装，然后清洁重物表面，如果重物表面吸附了车用油液，则可能搬运时打滑。

(2) 双脚靠近物体，占据一个能保持身体平衡的位置。

(3) 保持背部和肘部挺直，蹲下并双手紧紧抓住重物，见图 2-3。

(4) 身体尽量靠近重物，举起重物时依靠双腿的力量。

注意：使用腿部力量，不是腰部力量。

(5) 搬运途中，如果要改变方向，绝对不可以只扭转上身，而是应当整个身体包括双脚一起扭转方向。

(6) 当放置重物时，屈膝，背部挺直，不要往前冲。先把重物的一边放在架子上，然后滑下去。重物如果放于地上，应在地面预先放置木块，可保护搬运者的手指。

三、相关知识

(一) 车间安全规定

1. 车间安全的意义

在职业教育中，汽修专业是危险系数高、安全事故易发频发的专业。专业特殊性对健康与安全的教育提出很高的要求，需要学校管理者和任课教师时刻保持高度重视和警惕。安全事故不仅给学生本人、家庭带来身心伤害和经济损失，同时也影响周围同学的从业信心，给学校和维修行业带来负面影响。人们只有在安全的环境下，才会舒心、安心、愉悦地工作。

2. 安全事故发生的原因

(1) 环境因素。工作环境中的地面、工作台应当保持干净、干燥、整洁及有序。少量的机油、冷却液、油脂都会使地面湿滑，一旦滑倒将导致严重跌伤(见图 2-4)。地面的积水也应及时擦除，因为水是良好的导电体，同时也会使得地面湿滑，充满潜在危险。工作通道和工作区域应保持整洁和开阔，车辆和设备附近的空间应预留得足够大，以方便操作。另外，如果车间内的工具不足或劳保用品(见图 2-5)不全，也容易引发安全事故。

图 2-4 油水落地导致滑倒

图 2-5 劳保用品

(2) 人为因素。在工作中不守秩序，进行错误或危险的操作，例如在搬运重物时姿势不正确使腰部受伤，在车间内奔跑摔伤，着装不正确(见图 2-6)使人受伤，在非吸烟区吸烟(见图 2-7)引发火灾，工具选择不正确使元件或工具损坏，不正确地使用电气设备(见图 2-8)可能导致短路、火灾或触电事故等。

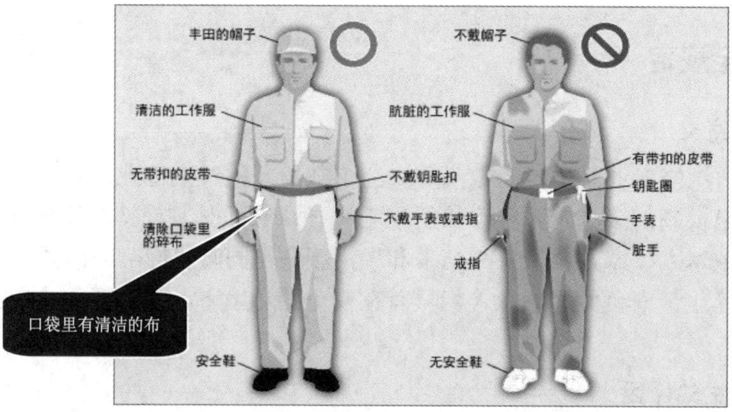

(a) 正确　　(b) 错误

图 2-6　正确与错误的工装对比

图 2-7　危险区域禁止吸烟

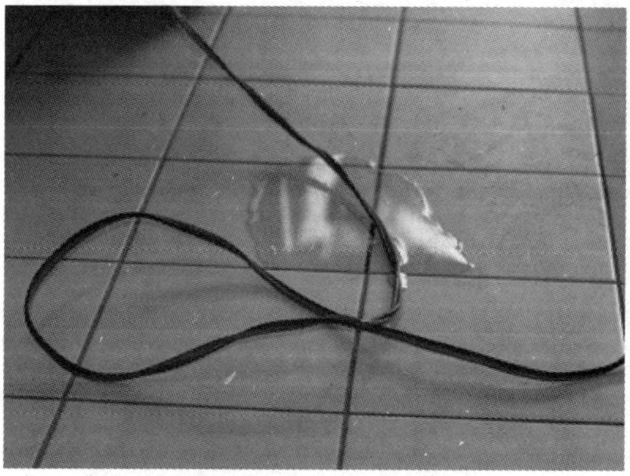

图 2-8　危险的电气操作

3. 车间安全的法律规定

(1) 《中华人民共和国安全生产法》(见图 2-9)对企业经营者和企业员工有着明确的职责规定。

图 2-9　安全生产法

企业经营者的职责是：① 使车间人员能够胜任所安排的工作；② 使车间人员能得到足够的安全教育；③ 提供符合安全标准的工具和设备；④ 提供足够的安全防护用具和设备；⑤ 密切关注并随时检查车间人员的作业是否存在安全隐患，若有则及时给予纠正。

企业员工的职责是：① 严格遵守车间行为规范；② 掌握本职工作所需的安全生产知识；③ 熟知机械设备与工具的操作流程和操作规范；④ 正确佩戴和使用劳动防护用品；⑤ 熟知工作场所存在的危险因素、防范措施及事故应急措施；⑥ 善于发现事故隐患或者其他不安全因素，并及时向管理部门汇报。

(2) 当今社会越来越重视环境保护，无论是在校学生还是企业员工都要加强对《环境保护法》等法律法规的学习。环境保护部门对废弃物的处置有详细规定，汽车维修产生的废弃物处置不当对江河里的鱼、野生动物和人类都是有危害的，企业有责任管理好废弃物并防止对环境产生污染。员工对工作环境的健康与安全有知情权。同时，企业员工应知晓汽车维修产生的废弃物的处置方式，如常见的废机油、机油滤清器、蓄电池、制冷剂、防冻液、制动液等，机油应用大的机油桶回收，不能直接向下水道倾倒；旧的蓄电池回收后交给环保部门专业处理等。法律知识掌握得越多，对自身的权益诉求就越有底气，自身的健康与安全就越有保障。

(二) 车间安全标志

车间安全标志可以起到提醒、警示和引导的作用，对于安全生产至关重要，具体分为禁止标志、警告标志、指令标志、提示标志四类。

1. 禁止标志

车间内禁止标志如图 2-10 所示。

(1)　(2)　(3)　(4)　(5)

图 2-10　禁止标志

标志的具体含义以及放置如下。

(1) 限速：表示行车应在指定车速 5 km/h 以内。限速标志一般放置在车间的进口和内部的显眼区域。

(2) 禁止烟火：表示此处禁止出现一切火源，以免发生火灾或爆炸事故。禁止烟火标志一般放置在存放易燃品的区域，如零件仓库、油品库、油漆间、充电室等。

(3) 禁止吸烟：禁止吸烟的标志是车间常见的一种标志，目的是提醒进入车间的人员禁止在车间内吸烟，以免发生火灾或爆炸事故。禁止吸烟标志一般放置在存放易燃品的区域，如零件仓库、油品库、油漆间、充电室等。

(4) 禁止安装心脏起搏器的人员靠近：表示佩戴心脏起搏器的人员远离此处，以免佩戴心脏起搏器者受到各种电磁波的干扰，危及生命安全。如高压线或遥控器钥匙附近等。

(5) 禁止合闸：该标志用于维修混合动力车时使用。经过认证的混合动力维修技师在维修混合动力车辆时，需要将该标志放置在汽车的前部风挡上，提示其他技师禁止合上高压开关。

2. 警告标志

车间内警告标志如图 2-11 所示。

(1)　(2)　(3)　(4)　(5)

(6)　(7)　(8)　(9)　(10)

图 2-11　警告标志

标志的具体含义以及放置如下。

(1) 注意安全：表示此处存在安全隐患，请注意行为规范，以免发生安全事故。该标志一般放置在车间内存在安全隐患的地方，如油品库等。

(2) 小心滑倒：表示此处的地面比较湿滑，小心行走，以免摔倒。该标志一般放置在车间内较为湿滑的区域，如发动机大修间等。

(3) 小心触电：表示此处有高压电，禁止靠近和违规操作，以免发生触电事故。该标志一般放置在高压电操作区域，如配电室等。

(4) 注意高温：表示此处存在高温物品，请勿触摸，以免发生烫伤事故。该标志一般放置在高温物品或机器的区域，如烤漆房等。

(5) 小心中毒：在一些有可能产生有毒气体或液体的工作场所经常会使用该警告标志。该标志一般放置在调漆房等处。

(6) 小心腐蚀：表示此物品存在腐蚀性，请勿接触皮肤，以免发生伤害事故。该标志一般放置在存放腐蚀性材料的区域，如蓄电池电解液等。

(7) 小心机械：表示机械工作时有安全隐患，请勿靠近或违规操作，以免发生安全事故。该标志一般放置在有危险机器的区域，如砂轮机、皮带轮旁等。

(8) 小心铁屑：表示作业时会产生铁屑，请穿戴防护装置，如护目镜和口罩等。该标志一般放置在产生铁屑的机器的区域，如砂轮机、焊接机旁等。

(9) 小心爆炸：表示此处有易爆物，应规范操作。该标志一般放置在存放易爆物的装置内，如燃油、蓄电池或气囊引爆器等的存放处。

(10) 高压警告/危险蓄电池：表示此处有高压电或有危险蓄电池，当心触电危险。在存放高压蓄电池的边上需要放置此警告标志。

3. 指令标志

车间内指令标志如图 2-12 所示。

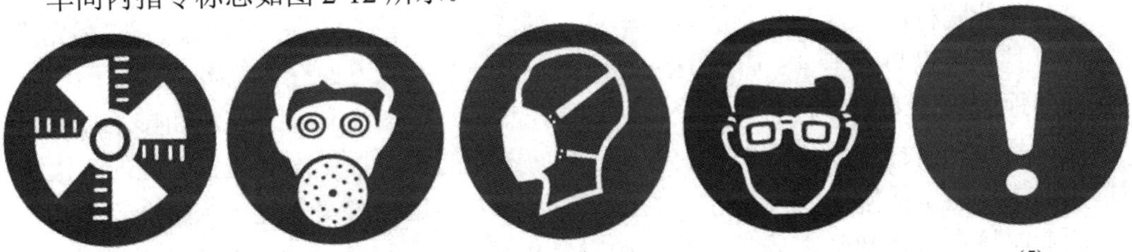

(1) (2) (3) (4) (5)

图 2-12 指令标志

标志的具体含义以及放置如下。

(1) 通风：表示此处需要良好的通风，否则可能会导致缺氧、中毒等事故。该标志一般放置在需要通风良好的空间，如零件库、油品库、大修间、焊接室等。

(2) 戴防毒面具：表示存在有毒气体，必须戴防毒面罩，否则可能会中毒。该标志一般放置在可能产生有毒气体或烟雾的区域，如喷漆间、烤房等。

(3) 戴防尘口罩：表示此作业会产生粉尘，需戴防尘口罩避免吸入粉尘。该标志一般放置在产生粉尘的作业区域，如砂轮机、打磨作业、清洁部件粉尘等区域。

(4) 戴护目镜：表示此作业会产生铁屑或粉尘，需戴护目镜保护眼睛。该标志一般放置在产生铁屑或粉尘的作业区域，如砂轮机附近、电钻作业、打磨作业等。

(5) 注意卫生：表示需要保持良好的卫生状况的工作场所。该标志一般放置在车间、大修间等场所。

4. 提示标志

车间内提示标志如图 2-13 所示。

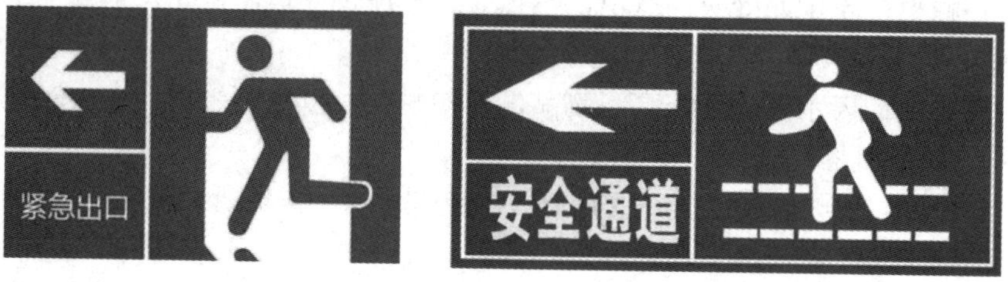

(1)　(2)

图 2-13　提示标志

标志的具体含义以及放置如下。

(1) 紧急出口：表示发生火灾时，可以经由此处逃生。该标志一般放置在安全通道出口处。

(2) 安全通道：在车间的指定的场所必须放置安全通道标志。表示火灾事故时，可由此通道逃生，该标志一般放置在安全通道内。安全通道指示标志通常由不间断电源供电，即使发生火灾，安全通道指示标志仍然会点亮。

(三) 车间人身安全

1. 车间安全意识

目前职业院校汽修专业购置的教学车辆、维修工具、诊断设备等越来越高端和先进，有些配置甚至可以与汽车 4S 店媲美，但是在一些细节安全方面存在诸多问题。例如，实习车间的地面用油漆或普通地砖铺设，外观虽亮堂整洁，但没有考虑防滑和排水，许多安全事故就是因地面打滑导致学生摔倒受伤；车间工位的尾气抽排没有配置，有的工位即使配置了抽排，但是抽排的效果不好，多辆汽车同时发动运行时室内尾气浓度会超标。

职业院校在日常教学中非常注重车辆安全和举升器的操作安全，严防出“大事故”，但是在“小事故”的安全防范、个人防护配置、工具设备使用台账的管理等方面存在一些严重问题，具体有以下几个方面。

(1) 学生未穿戴工作服和工作鞋进入车间的现象很普遍。严格来讲，未穿工作鞋是严禁进入工作区域的，许多学校有这样的制度规定，但是没有真正落实。现实中往往很多安全事故就是因为物品或工具掉落砸到脚所致，如果穿着合格的工作鞋完全可以避免此类事故的发生。

(2) 车间的安全标识、危险物品的警示标识匮乏。车间内工作区域和非工作区域的界定不清，未用黄色警示线隔离；工作区域没有张贴“禁止使用手机”“禁止未穿工作服和工作鞋进入”的标识；高压用电设备、压缩气源、钻床、砂轮机等危险设备没有张贴危险警告标识。学生在不知情的情况下，容易碰到危险设备。

(3) 设备管理台账记录不规范。消防设备、教学车辆、关键设备每次使用都应保存完整的设备状况记录，有责任人签字。目前很多院校没有真正履行起来，缺乏相应的追溯机制。管理人员有责任对使用记录台账进行检查，对设备的运行状态进行复核。

在日常的教学或生产实践中，学生由于缺乏安全意识，经常会犯一些如图 2-14 所示的错误，对此必须重视并加以纠正。

(1)

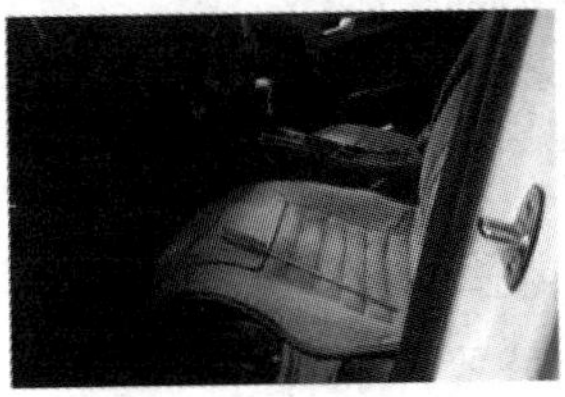

(2)

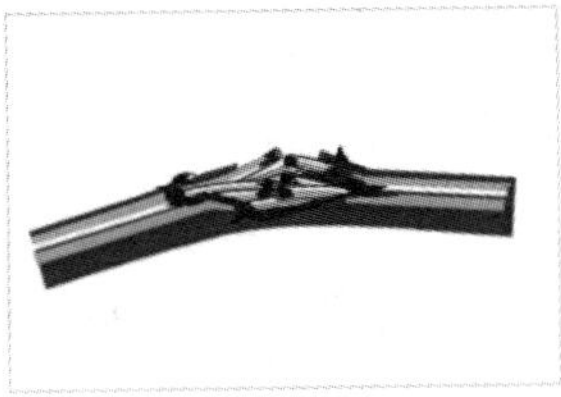

(3)

(4)

图 2-14 车间错误行为示例

图 2-14 中错误行为的解释如下。

(1) 零配件和工具禁止落地：车轮螺栓应放于工作台上，不应散落在地上，否则可能导致事故发生。如，人被绊倒摔伤、螺栓丢失等。

(2) 工具禁止放在车内：在车辆内部作业时，工具和零件应该及时放到工具车和零件车上，不应散落在座椅上，否则可能导致人员的伤害或座椅的损坏。

(3) 发现危险即刻上报：在车间发现任何安全隐患，需要及时处理并上报管理人员，以便及时纠正改进。如果发现车间有裸露的电线，应该及时修复，否则可能导致触电事故发生。

(4) 工具不乱放：在进行车辆举升作业时，工具或零件应放置在工作台上，不应放置在举升设备的支臂上，否则可能会对人员产生伤害或损坏设备。工具有序摆放，能够提高工作效率。

2. 眼睛的保护

(1) 眼睛在工作环境中容易感染或永久性地受伤，所以应当考虑到以下三点：① 在车底下作业时，灰尘和飞溅的铁锈很容易掉入眼睛；② 有些工作，如钻孔、研磨、砂轮机抛光打磨、除锈时，扬起的灰尘和飞溅的颗粒容易进入、划伤眼睛；③ 压缩空气和油管高压液体一旦从管路中失爆而飞溅入眼睛，很容易导致眼睛失明。

(2) 正确选择护目镜。护目镜的镜片是由防碎裂玻璃或聚碳酸酯制成的。护目镜有很多种，目前汽车维修中常用的护目镜如图 2-15 所示，图中从左至右分别是防飞溅护目镜、保护面部的护目镜和普通护目镜。不同的护目镜功能不同，在更换空调系统制冷剂时，必须佩带防飞溅的护目镜，在使用砂轮机打磨或者压缩气体清洗零部件时，应当选择保护面部的护目镜。

特殊护目镜如图 2-16 所示，主要用于气焊或电焊时，防止有害光线伤害眼睛。

图 2-15　常用护目镜

图 2-16　特殊护目镜

(3) 眼睛的应急处置。铁屑进入眼里时，忌手揉，不要用水冲，建议用软纸小心挑出铁屑，必要时送往医院。如果化学物质，如蓄电池电解液、汽油或其他溶剂进入眼睛，应立即用清水反复冲洗，同时，应当找医生寻求专业治疗。

3. 车间人员着装及行为规范

1) 工作服

如图 2-6 所示，工作服的材质应强度足够，穿着合身并且舒适。工作服应尽量贴身，悬荡的袖口、飘逸的下摆是安全隐患，在发动机周围作业时容易被卷入。要尽量保持工作服的干净。机油或制动液等污染了的工作服应及时更换，因为皮肤长期与油液接触，容易得疹子或引起过敏。工作服的具体要求如下。

(1) 服装质材：棉布，可以防静电，着火后不会粘在皮肤上。

(2) 暗式纽扣：使用暗式纽扣替代金属拉链，以免外露的纽扣或拉链擦伤车辆的油漆表面。

(3) 袖口(长袖)：袖口紧裹，以免衣服被卷入旋转的汽车部件或设备中。

(4) 非金属扣皮带：可以避免损坏车辆的油漆或内饰。

(5) 荧光警示条：在上衣和裤子的后部，均配有荧光警示条，以起到警示后方车辆的作用。

(6) 夏季工装要勤洗换，展现良好的形象。夏季工装的上衣不应该束在裤子中。

2) 工作鞋

穿着网球鞋和跑步鞋在车间工作是很危险的，东西砸到脚上不仅仅是疼痛的问题，而且可能导致你离开工作岗位。工作鞋一般具有四个特点：鞋头是钢制；鞋的材质坚硬，不易刺穿；防水防油；鞋底防滑。所以工作鞋的选择不仅要考虑鞋面是钢板制作，还应考虑鞋底的防滑性。工作鞋如图 2-17 所示。

图 2-17　工作鞋

3) 安全帽

在大型零件总成下方工作时，应戴安全帽，以防止零件或工具掉落而受伤。在停于坡道的汽车下工作时，应戴安全帽，以防止车辆移动而伤害头部。在车辆底部工作时，应戴帽子，以避免头部被排气管烫伤或尖锐部件磕碰。安全帽如图 2-18 所示。

图 2-18　安全帽

4) 头发和首饰

长头发、悬挂的首饰都是安全隐患，因为都容易被发动机的旋转部件卷入。戒指、项链、手镯、手表在作业时都不能佩戴。一个戒指切断手指，一条项链导致窒息，一个手镯勒断手腕，这些例子都是真实的；尤其是在电气设备作业时，首饰的良好导电性加上意外短路，容易导致严重的安全事故。

5) 手套

汽车维修所用到的各类手套如图 2-19 所示，依次为布手套、隔热手套、防腐蚀手套和防高压手套。

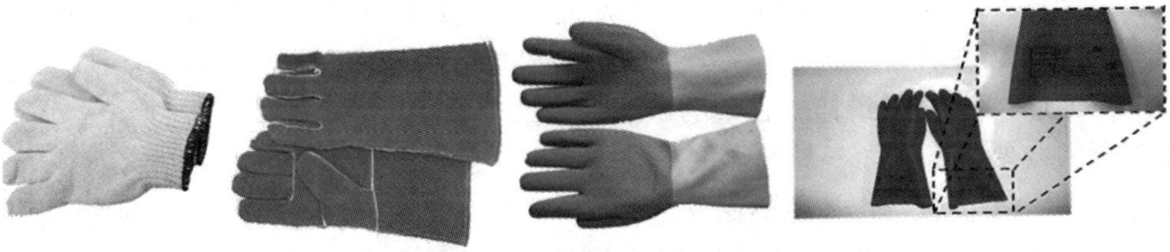

图 2-19　不同种类的护手套

手部的防护容易被忽略。许多学生戴着同一双手套在不同的工作任务下工作是不正确的。布手套主要用于在工作时防止坚硬或锋利的部件刮伤手。例如，搬运较重的物体时应戴上布手套，以避免手部被刮伤。虽然普通的布线手套具有较好的抓地力和灵活性，应用非常广泛，但是在研磨、焊接、处理高温物体和化学物质时，应佩戴厚实的织布手套或隔热手套。

在处置强力、危险腐蚀性的化学物品时，应佩戴聚亚安酯材质的防腐蚀手套。许多技师喜欢佩戴薄薄的乳胶手套作业，其实这些手套是医用手套，能有效防止油脂和病毒，但是不能防止被割伤，并且很容易被汽油、机油和强酸溶剂腐蚀。丁腈橡胶制品手套虽然不是很舒适，但是能有效抵挡汽油、机油和酸性物质。

防高压手套主要用于防止高压触电。例如，维修车间用电设备或混合动力车型时，应戴上防高压手套，以免触电。

总之，手套的选择应慎重，应根据不同的环境来选择正确的手套。注意：在旋转部件上操作时，绝不允许佩戴手套，因为手套可能会缠到机器上。

6) 口罩

防尘口罩如图 2-20 所示。当使用压缩空气清洁物体，如制动盘、空气滤芯等时，当使用砂轮机或电钻打磨工件时以及存在大量汽车废气，但通风又不良时就要用到防尘口罩。

当进行焊接作业、使用有毒的密封剂或进行喷涂作业时，就要用到如图 2-21 所示的防毒面罩。

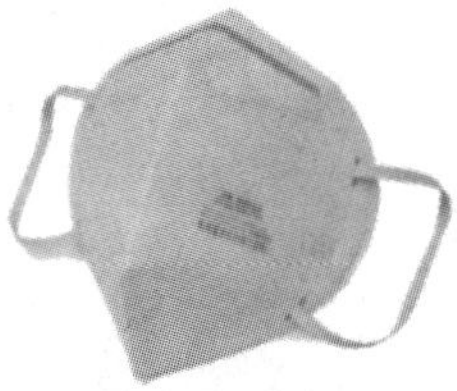

图 2-20　防尘口罩

图 2-21　防毒面罩

7) 车间行为规范

(1) 车间内要严格执行行走规范。学生应按车间的规范路线行走，不要走捷径，不在车间内奔跑、追逐或打闹，要随时关注周围发生的事情，如正在移动的大型部件或车辆，走路时要注意地面的情况，避免踩到油污或气管线路而摔倒，禁止戴耳机或操作着便携式电子产品行走。

(2) 车间内要严格执行防火规范。在关键位置放置灭火器并张贴防火警示标志，如在机油存储间、汽油存放处、配件库、烤漆房等处放置标志。

(3) 车间内要严格执行用电规范。如果车间内的电源设备坏了或发现车间内有裸露的电线，即便你认为非常了解电气原理，也不要去维修，因为你没有经过电工认证，可能有欠缺的电气知识，容易误操作。正确的做法是上报领导或找专业人士处理。

(4) 车间内要严格执行人员配合规范。车间内人员较多，维修工作复杂多变，相互之间要多多提醒，多多配合，才能确保安全并提高工作效率。比如，发动机启动后一定要告诉他人，否则他人可能再次启动发动机或在发动机舱内操作，就会造成发动机损坏或人身伤害。举升车辆或降下车辆时一定要提醒旁边人。有一个真实的案例：一位学生在 4S 店实习时，人趴在后备箱里更换汽滤，这时另一人过来举升车辆，不作任何提醒便将车辆升至高位。后备箱内的学生在更换完汽滤后以为车辆还在地面上，退出后备箱时从高空跌落，胳膊摔断。因此，规范的配合很重要。此外还要多多询问，如“机油加了没有？”“螺栓拧紧了没有？”车间内还有很多工作必须是双人配合的，如车辆灯光的检查、制动液的排气、ATF 液的更换、举升器的操作等，因此人员之间规范配合是重要且必要的。

(5) 车间内要严格执行操作规范。在车间喷漆时，必须佩戴好护目镜、防毒面具等设备；在机电维修岗位，必须检查常用工具是否齐备完好，如有缺失损坏要补齐与更换，工具的摆放与归类要整齐有序，场地中的设备应清洁完好。

(6) 车间内要严格执行工作场所规范。通过对物品进行分类，合理摆放，清除垃圾，清洁工作场地，使工作环境变得清新明亮(见图 2-22)，不但给顾客带来良好的心情，员工的心情也会变得愉悦。为了应对意外，车间内也要配备车间急救箱，如图 2-23 所示，以便能够进行简单的包扎、消毒和止血等。

图 2-22 清新明亮的车间

图 2-23 车间急救箱

(四) 车间安全防范与应急处理

1. 火灾预防规范

1) 车间环境要求

预防火灾时，车间的环境(见图 2-24)要求如下。

(1) 保证车间内通道畅通，禁止摆放任何物品或停放车辆。

(2) 保证车间地面无杂物，如零件或工具，避免影响人员撤离。

(3) 保证车间地面无残余油液落地，避免地面湿滑。

图 2-24 车间内通道畅通

2) 易燃、易爆液体的存放

汽油、柴油、酒精等易燃、易爆的液体必须要安全存放。汽油是一种最常见的易燃易挥发液体，所以汽油是潜在的、危险的“炸弹”。因为汽油太普遍，以致经常疏忽其危险性。有些传统的维修工人会利用汽油去洗手和清洗工具，其实这样做很危险，一个小小的火花或高温会立即导致汽油爆燃。汽油燃烧产生的烟雾密度比空气要重，因此，汽油着火后的烟雾不是向上而是向下及四周蔓延，很容易点燃周围的汽油桶，引起连环爆炸。在工作中一旦发现汽油泄漏，应立即清洁并及时阻止燃油的泄漏。严禁在汽油存放地周围吸烟、抛光研磨、电焊作业等。

3) 灭火器的放置

在更换汽油滤芯、汽油泵以及清洗节气门时，必须保证车间通风良好，并将灭火器放置在维修现场(见图 2-25)，必要时断开车辆蓄电池负极。灭火器平时放置区域如图 2-26 所示。

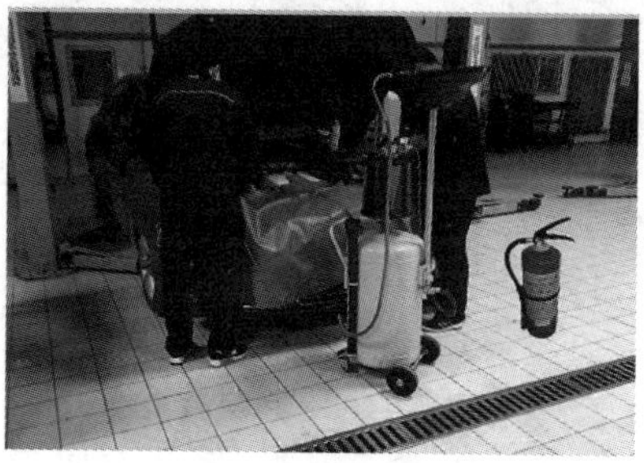

图 2-25 灭火器放置在维修现场

图 2-26 灭火器常规放置区域

4) 设置禁烟标志

在车间、仓库和废品库内的特定位置，应放置“禁止烟火”或“禁止吸烟”的禁止标志(见图 2-27)，要吸烟必须到专门的吸烟区(见图 2-28)。

图 2-27 禁止吸烟标志

图 2-28 吸烟区标志

5) 车间逃生通道

一旦教室或车间发生火灾，且超出灭火器的控制能力，人员应立即撤离。学生应当熟知教室或车间的布局和逃生通道(见图 2-29)，学校应不定期地组织疏散演练。

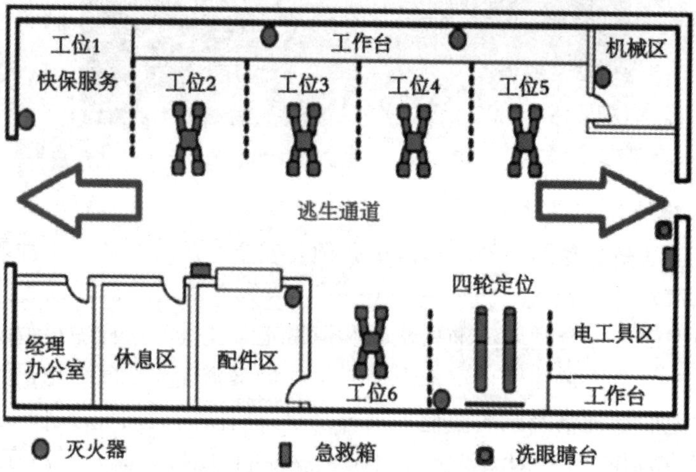

图 2-29 车间布局图及逃生路线

6) 蓄电池充电环境要求

如图 2-30 所示，在给蓄电池充电时，必须保证接线柱接触良好，并保持通风良好。在车辆周围设置禁止烟火的标志。充电时，现场必须有人值守，务必把灭火器放在每个工位伸手可及的地方。

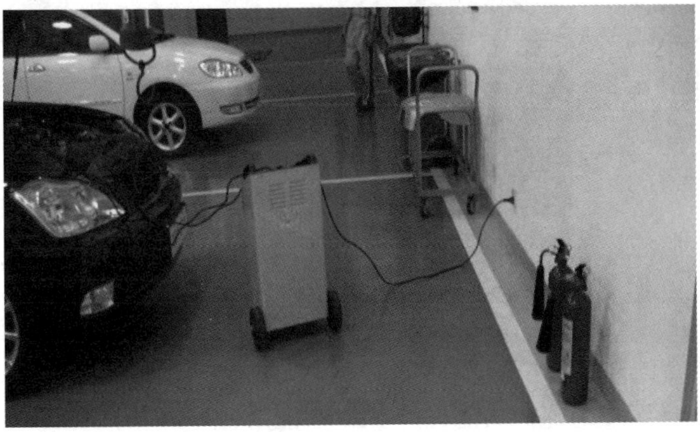

图 2-30　蓄电池充电

7) 烤漆房及灭火器的要求

烤漆房周围禁止放置易燃物质，因为其散热量极大，还必须放置灭火器。灭火器的常用种类如图 2-1 所示，灭火类型如表 2-1 所示。带电灭火时应使用不导电的灭火剂，例如二氧化碳、四氯化碳、1211、干粉灭火剂，不得使用泡沫灭火剂和喷射水流类导电灭火剂。

要经常留意灭火器的压力、重量和质保期等参数，确保灭火器处于正常状态，一旦超出其范围，必须更换。

表 2-1　灭火器的灭火类型

灭火器类型	火灾类型				
	固体	液体	气体	金属	食用油
干粉	√	√	√	√	
泡沫	√	√	×	×	√
CO_2	×	√	×	×	×

8) 灭火器的使用

一旦一台教学车发生起火，教师和学生(3～4 人)应迅速使用灭火器扑灭初始起火，班长和另一教师组织其他学员疏散，视情况移开附近汽车等可燃物。灭火器的具体操作见图 2-2。

由于车上有燃油以及电线、饰件等众多易燃物，汽车着火后燃烧速度非常快。经验证明：如果能在初起火的 2 至 3 秒内用灭火器进行灭火，大多数情况可以化险为夷。

注意：通常一支灭火器不能解决问题，必须其他人也拿来灭火器支援，有时要四、五支才能完全灭火。

9) 火灾逃生注意事项

如图 2-31 所示，火灾现场烟雾较大时，应使用简单的防护装置，如湿毛巾等捂住鼻口；逃生时千万不能使用电梯要走楼梯；如果出口被大火吞噬，应寻找避难场所，固守待援；火灾时要努力保持镇静，如果乱了分寸就想不出逃生的办法，会危及生命。

注意：火灾逃生时，在确保人员安全的前提下，应尽快拨打火警电话。

图 2-31　正确的火灾逃生方式

身上如果着火了，要迅速脱去着火的衣服或用水浇灌或卧倒打滚等方法，熄灭火焰。切忌奔跑喊叫，以防增加头面部、呼吸道损伤。

10) 火灾烧伤救护

不同类别的烧伤处理如图 2-32 所示。对于轻微热液烫伤，应脱去热液浸湿的衣服，脱前先用冷水冲洗带走热量后，再剪开热液浸湿的衣服。如果是严重的热液烫伤，需要及时就医。

如果是化学烧伤，比如被蓄电池电解液中的硫酸烧伤，则要迅速脱去浸湿的衣服，用大量清水长时间冲洗烧伤处，尽可能去除创面上的化学物质。另外车间需要配置自动清洁装置或便携清洗喷淋装置。

如果是电烧伤，则要立即切断电源，再接触伤者，如伤者出现心跳呼吸停止，须立即进行体外心脏按压和人工呼吸，待呼吸心跳恢复后及时送医进一步治疗。成人心肺复苏的胸外按压频率应为至少 100～120 次/分钟，人工呼吸正常的吹气频率为每分钟 12 次。如果是电弧烧伤，切断电源后，按火焰烧伤处理。

(a) 热液烫伤处理　　(b) 化学物质烧伤处理　　(c) 电烧伤救护

图 2-32　不同类别的烧伤处理

2. 车间电油气液安全

1) 触电预防规范

预防触电首先要正确使用电气设备，避免错误的操作方式。危险电气操作方式如图 2-33 所示，其含义是：不要靠近断裂或摇晃的电线；为防止电击，千万不要用湿手接触任何电气设备，带电设备避免水接触；拔下插头时，不要拉电线，而应当拉插头本身。不要让电缆通过潮湿或浸有油的地方、炽热的表面或者尖角附近。在开关、配电盘或马达等物附近不要使用易燃物，因为容易产生火花。

定期检查用电设备，做好防护工作。如果发现电气设备有任何异常，应立即关掉开关，并联系教师或车间领导。

图 2-33　危险电气操作方式

2) 电击的救护方法

如图 2-34 所示，一旦发生触电事故，首先要关掉电闸，切断电源，或用不导电物体如干燥的木棍、竹棒或干布等物使伤员尽快脱离电源，然后施救；或者用电缆剪刀剪断电线的方式断电，要注意不同相线应错位剪断，防止发生相间短路；或者救护者可站在干燥的木板上或穿上不带钉子的胶底鞋，用一只手(千万不能同时用两只手)去拉触电者的干燥衣服，使触电者脱离电源。如果伤者出现心跳呼吸停止，必须立即进行体外心脏按压和人工呼吸，待呼吸心跳恢复后再及时送医。

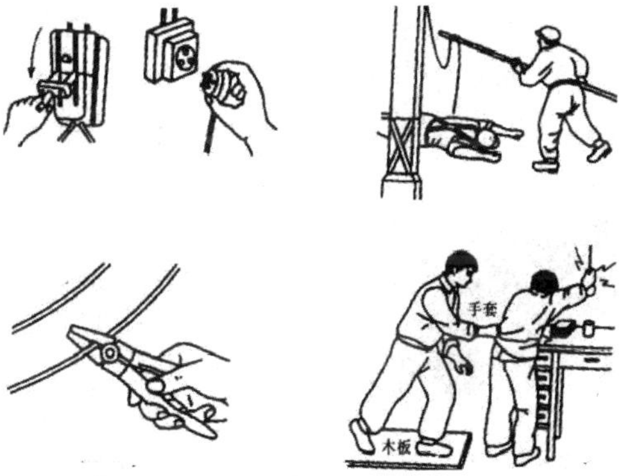

图 2-34　脱离电源的方式

3) 废旧机油的处理

发动机机油(见图 2-35)对皮肤有刺激，人若长期接触机油可能得皮肤癌。机油焚烧后会产生有毒气体，1 升废机油可污染 100 万升的淡水。车间里的废机油不能直接倒入下水道，也不能与其他液体混合，也不能将带有废机油的物品作为普通垃圾丢弃，应在车间内分类存放，并交给专业承包商处置，不可随意倾倒。

图 2-35　发动机机油

4) 蓄电池电解液的处理

蓄电池电解液的成分是稀硫酸，能够腐蚀人体皮肤。其蒸汽比空气重，能在较低处扩散到相当远的地方，遇明火会燃烧。处理电解液时，需要穿戴好护目镜、防腐蚀手套、防护围裙等(见图 2-36)，如果电解液接触到了眼睛，请用大量的水冲洗并尽早就医。

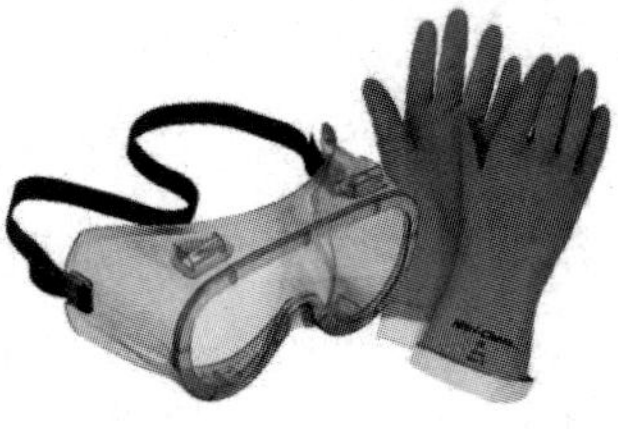

图 2-36　护目镜与防腐蚀手套

5) 制动液的处理

制动液(见图 2-37)是有腐蚀性的，如果洒落到车身上，会腐蚀漆面。如果制动液误入眼睛会对眼睛产生严重刺激，导致眼睛红肿和结膜肿胀。制动液短暂接触皮肤可能引起轻微的刺激，长时间的接触会造成皮肤肿胀。误食了制动液可能引起腹部不适、恶心、呕吐，产生中枢神经系统抑制，肾损害并致癌。

废旧制动液应使用专用的 DOT 认证的容器收集，并标明“废旧制动液”。不要把制动液存放于其他油液的容器中，也不要将制动液倒在任何排水渠中或地面上，要由专业环保公司回收废旧制动液。

图 2-37　制动液

6) 制冷剂的处理

制冷剂 R134a(见图 2-38)是目前汽车空调系统中最为常见的制冷剂，化学名称为四氟化物。它是一种氟化氢，不含氯所以不会侵蚀大气臭氧层，且在环境中的寿命比 R12(俗称氟利昂)短，对温室效应的影响只有 R12 的 1/10。纯净的 R134a 化学性能稳定，毒性低，在空气中不可燃，因此取代了早期的制冷剂 R12。但 R134a 的水溶性较高，即使有少量水分存在，在润滑油等的作用下，也会产生酸、二氧化碳或一氧化碳，将对金属产生腐蚀作用。因此 R134a 对系统的干燥和清洁要求更高。

皮肤或眼睛与液态制冷剂接触时，会造成严重冻伤。制冷剂本身无毒，但其与空气混合到一定的浓度时，在通风不畅的地方，亦会导致人重伤或窒息死亡。

如果被制冷剂冻伤，应该怎样处理呢？对局部冻伤的急救要用温水(38℃～42℃)浸泡患处。如果是手冻伤，可以把手放在自己的腋下升温。然后用干净纱布包裹患部，并去医院治疗。若患处破溃感染，应在局部用65%～75%的酒精消毒，吸出水泡内的液体，外涂冻疮膏、樟脑软膏等，保暖包扎，必要时应用抗生素及破伤风抗毒素，禁止把患部直接泡入热水中或用火烤患部，这样会使冻伤加重。

制冷剂R134a具有良好的安全性，不易燃、不易爆、无毒、无刺激性、无腐蚀性，但在高温下会逐渐分解生成有毒气体卤化氢之类。贮存制冷剂R134a的容器必须是经过耐压试验的钢瓶，带有减压阀，平时必须放置在阴凉处。

图2-38　制冷剂

7) 燃油的安全处理

燃油(见图2-39)是有机溶剂，易燃易爆，对人体有毒害作用，长期吸入会引起慢性中毒，造成困乏、昏迷等严重伤害。燃油会吸干皮肤油脂，长期或反复接触皮肤可刺激和诱发皮肤癌。燃油进入眼睛会对眼睛造成刺激，从而引起剧痛。燃油具有中等毒性，中毒后呕吐时会起泡沫。如果吸入肺中，则可能引发炎症，切勿催吐。

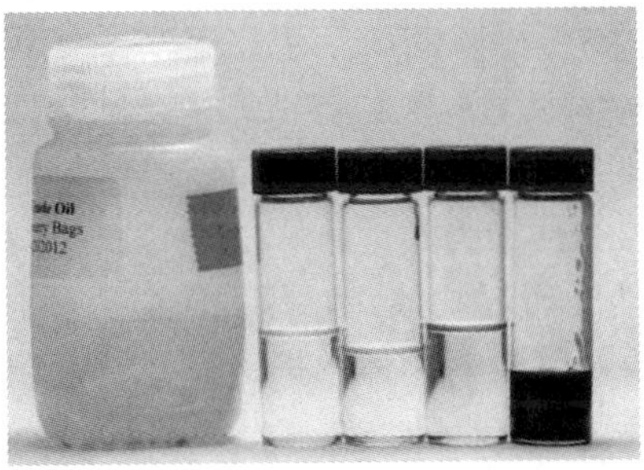

图2-39　燃油

怎样处理废旧燃油呢？要做到以下几点。

(1) 禁止火星和明火。

(2) 禁止吸烟。

(3) 确保通风良好，避免油气。

(4) 不得用嘴吸燃油，需要用专业设备处理。

(5) 不得将燃油用作清洁剂，应使用专业物质清洁。

(6) 使用密闭容器盛装燃油。应选用铁质或其他不与燃油产生化学反应的容器。

8) 有害气体的危害与安全处理

汽油车尾气的主要成分有CO、NOx和CHx。其中CO是有毒气体，会造成人体缺氧，NOx会造成酸雨和光化学烟雾，CHx是因为不完全燃烧而出现在尾气中的燃油。CHx有多种形式(如 C_6H_6，C_8H_{18})，对人体的危害也不相同，有的刺激感觉器官，有的会致癌(如苯)。柴油车尾气中含有 NOx、CO、CO_2、CHx 和不完全燃烧时的大量黑烟。黑烟中含有油雾、碳粒以及一些高沸点的烷烃和芳烃物质，并有致癌物。

维修人员在车间工作时，一定要将需要启动的车辆连接尾气抽取设备(见图 2-40)，若不连接尾气设备，可能会导致 CO 中毒。一旦发生 CO 中毒，要立即让病人脱离有毒环境，呼吸新鲜空气或吸氧；对呼吸心跳停止者应立即进行人工呼吸和胸外心脏按压；危险气体吸入过多，造成危害的需要就医治疗。

图 2-40　尾气抽取设备

使用尾气抽取设备时，先将尾气排放管拉至尾气排放车辆工位后再启动电源开关，然后将吸管及吸嘴对准汽车排气管出口夹紧即可。使用完毕后松开吸嘴将尾气排放管滑至不妨碍工作的位置，再关闭电机电源。严禁易燃、易爆、明火、刀具等接近尾气抽排系统；不得使用有毒、腐蚀性溶剂清洁管道；严禁在管道上堆放物品；保持尾气抽排系统周围的环境卫生；管道、风机要定期打扫。

9) 搬运作业规范

学会以正确的姿势搬运重物非常重要，否则会伤害到我们的腰部、背部等。通常低于 20 公斤的物体是一个人搬动作业的安全极限。

那么正确的搬运作操作是怎样的呢？

如图 2-41 所示，通常从地面搬起物体时，两脚应微微分开，屈膝，背部挺直，用腿部肌肉提供力量抬起重物。不要过度颤动物体。搬运重物时，让重物贴近身体。如果物体吸附了车用油液，应先清洁彻底再搬运。

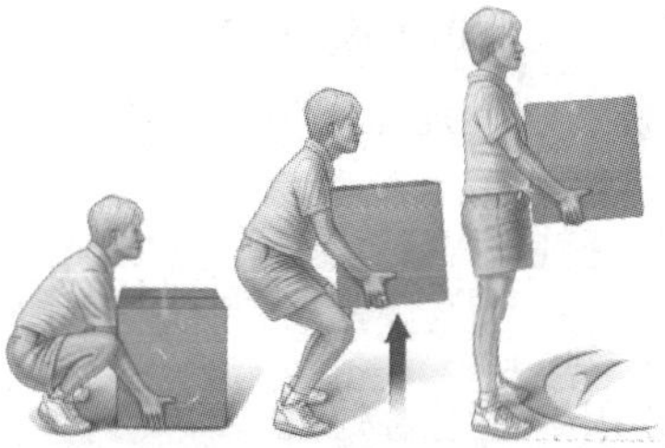

图 2-41　正确的搬运姿势

10) 外伤救护

如图 2-42 所示，在搬运作业或其他作业时，手指等部位被刮破轻微流血，这时应用凉开水、自来水或生理食盐水等，以伤口为中心，环型向四周冲洗，彻底洗净伤口；然后以无菌棉签或纱布将伤口拭干；再用消毒纱布块或干净布块，敷盖保护伤口；最后用绷带包扎或胶布固定。

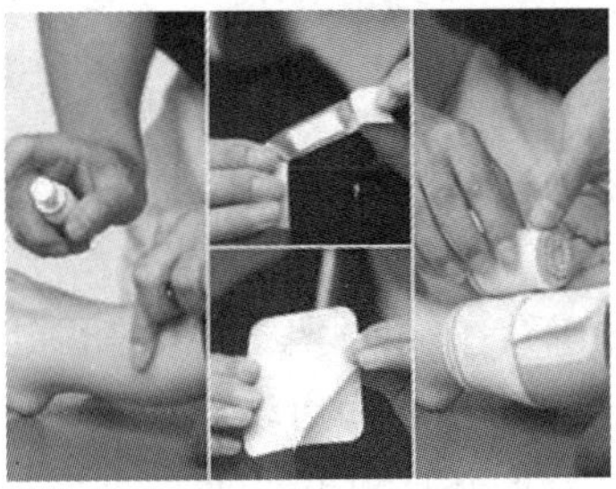

图 2-42　外伤救护

(五) 车辆安全操作

1. 车辆移动安全

在车间移动车辆前，要注意检查车辆刹车及挡位是否正常；车辆停车入位时检查周围是否有其他杂物干涉；车辆应严格按照车间行驶方向及限速指示行驶；车辆驶入工位时需要其他员工进行指引，最好站在车侧面引导，如图 2-43 所示；车辆出入卷帘门时，应注意门已经停止时再行驶；车辆出入电梯时注意电梯停稳后再行驶。

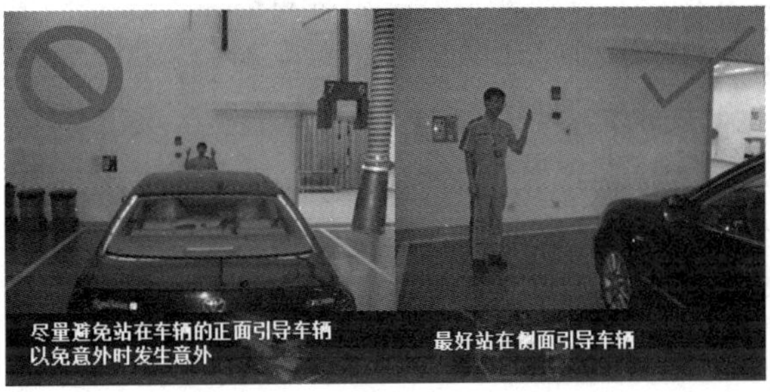

图 2-43　正确引导车辆

2. 车辆的维修保护

车辆维修时，发动机舱外侧要放置翼子板和保险杠保护垫。车内放置地板垫、座椅套、方向盘套和换挡杆套。

保护垫应安装牢固、到位，避免滑落或错位损伤车辆，如图 2-44 所示。维修过程中，使用的工具及拆下的零件不要放到保护垫或车上，避免出现压痕或穿刺损伤车辆。操作完毕后及时清理车辆及保护垫，避免损伤车辆。

图 2-44　安装保护垫

3. 车辆启动操作安全

车辆启动注意事项如下：

(1) 在车辆启动前，一定要确认车辆外部是否处在允许启动的状态，例如机油是否充足，是否有拆解的部件。

(2) 在车辆启动前，一定要确认车辆的操控部分是否处在允许启动的状态，检查燃油管、电源接线等是否已接好，方向盘是否在启动后会快速归位，挡位是否是 N 挡或 P 挡。

(3) 在车辆启动前，一定要与正在发动机舱作业的同事提前确认是否可以启动，避免造成人员伤害。

注意：当要关闭车门、发动机舱盖、行李舱盖时，请观察是否会夹伤别人，提醒旁边人请不要把手放在车门、行李舱盖可能夹到的地方；当在车门、发动机舱盖、行李舱盖边上时，请注意别人是否准备关闭车门、发动机舱盖、行李舱盖。

4. 燃油系统操作安全

现在的汽油机高压燃油系统压力可达 100 MPa，处理不当会严重伤害人体。操作燃油系统时注意事项如下：

(1) 发动机正在运转时，不可操作燃油系统。

(2) 在对燃油系统进行维修时，首先对系统进行泄压。

(3) 泄压方法：车辆处于停机状态，先将燃油泵保险丝断开，启动发动机，待发动机完全停机后，再对燃油系统进行维修。

(4) 操作燃油系统时，避免明火，不得操作手机。

(5) 操作燃油系统时，确保通风良好，避免燃油蒸汽积聚。

(6) 操作燃油系统时，避免管路对着人，防止残留压力喷射伤人。

操作时要确保燃油系统组件附近没有明火和火星，遵守禁烟规定。存入燃油时要确保通风良好，避免在封闭场所发生溢溅而引起油雾积聚。使用密闭容器盛装燃油，不要使用可能与燃油发生化学反应的容器盛装燃油，如未经过特殊处理的塑料或橡胶材料。燃油存放位置应该放置灭火器。

5. 轮胎操作安全

安装轮胎时要清理轮毂固定面的铁锈，并按照对角拧紧的方法紧固螺栓，如图 2-45 所示。在拆卸轮胎时也要按照对角松动的方法拆螺栓。拆装轮胎时，要将拆下的轮胎放于轮胎架上，使轮胎平稳放置，不得垂直放在地上，防止倒下伤人。

图 2-45　轮胎螺栓拧紧顺序

6. 起吊较重总成件

起吊总成件时，先拆连接件后拆支承件，起落时避免把身体部分放到总成件下方。为防止总成件掉落，可保留 1 至 2 颗承载并且位置易拆的螺栓到最后才拆下，如图 2-46 中 2 对应的螺栓。当发动机或变速箱总成拆除后，车辆的重心会后移，因此在举升时要注意支承点的变化，必要时加一个后备支承，如图 2-47 所示。

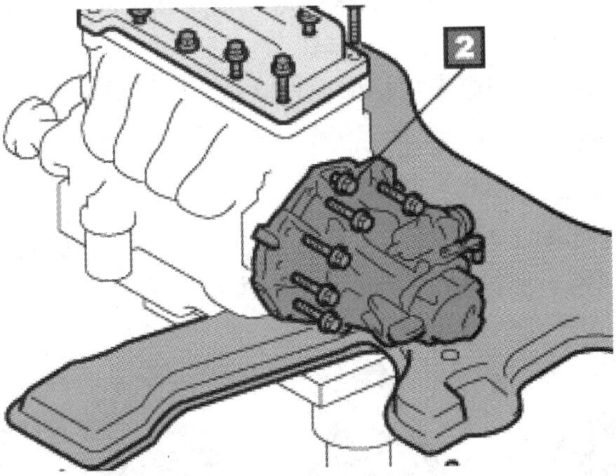

图 2-46　拆卸变速箱总成

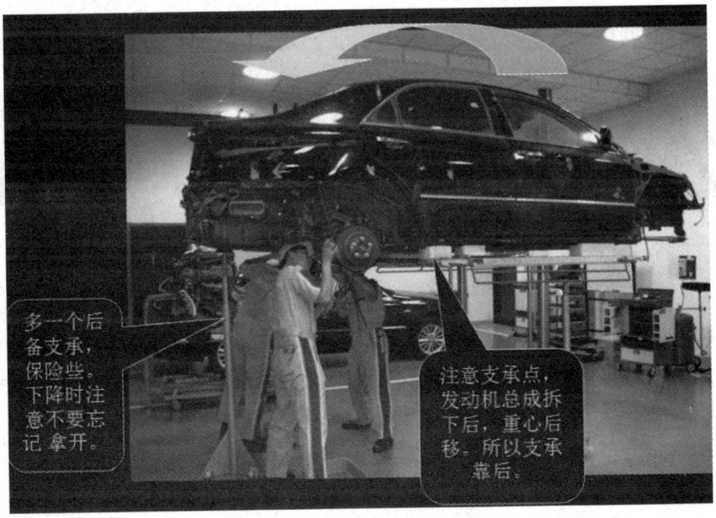

图 2-47　汽车支承点的变化

7. 制动器维修操作

制动器工作中产生的灰尘有毒并具有刺激性，要避免吸入，最好佩戴防尘面罩操作。为了防止制动管路进空气，在断开管路时应立即采用合适的封口塞或封口盖帽密封制动管路。如果制动液散落到制动盘上，可能会造成制动失灵，因此要及时清除油液。

8. 线路维修安全

在维修车辆的电气线路时，有以下操作规范：

(1) 首先消除身上静电，因为静电可能击穿电子元件，造成损坏。

(2) 线路维修前，先断开蓄电池。维修后，确认没有问题了再接通电源。

(3) 涉及安全系统的线束不允许维修，例如乘员保护系统(SRS)点火电路。

(4) 线束剥皮时，使用专用剥线钳进行操作，避免线束拉断，造成其他电气故障。

(5) 线路连接时，必须使用带胶衬的热缩套管进行连接，在连接时注意线束标号和颜色，以免接错。

(6) 线束安装时，按原位固定，确认线束无挤压或缠绕。不要尝试维修或改造损坏的电气接头端子。

(7) 保险丝熔断后，应按原来规格更换保险丝，如果更换一个比原来容量大的保险丝，线路过载时容易导致线路起火。

9. 蓄电池充电安全

蓄电池上的符号如图 2-48 所示，从左至右的含义为：有剧毒、有腐蚀性、参考说明书、需要回收、有爆炸风险、腐蚀品、避免明火和远离儿童。

图 2-48　蓄电池上的符号

蓄电池充电时，注意事项如下：

(1) 蓄电池充电时会产生易燃爆的氢气与氧气的混合气体，应避免蓄电池附近出现火星、短路或其他火源。

(2) 确保电池充电区域通风良好，在处理蓄电池时戴上护目镜、防护围裙、手套等保护设备。

(3) 充电连接时，应先连正极，后连接负极。断开时应先断开负极，再断开正极，否则会造成工具短路，如图 2-49 所示。

(4) 禁止快速高电流充电。充电电压不得高于 14.8 伏，否则会损坏蓄电池。

(5) 充电时注意选择正确的挡位，保证电极与充电线接触良好，避免产生热电阻。

(6) 充电时，充电机的电源线必须接触良好。

蓄电池的电极出现腐蚀时，使用铁丝刷或细砂纸打磨(见图 2-50)，凝结的接线端子可用热水清除，不可野蛮操作。正负极桩需要按照标准力矩拧紧，否则会造成蓄电池极桩损坏。接触不良会造成极桩过热，扭矩过大会造成极桩断裂。

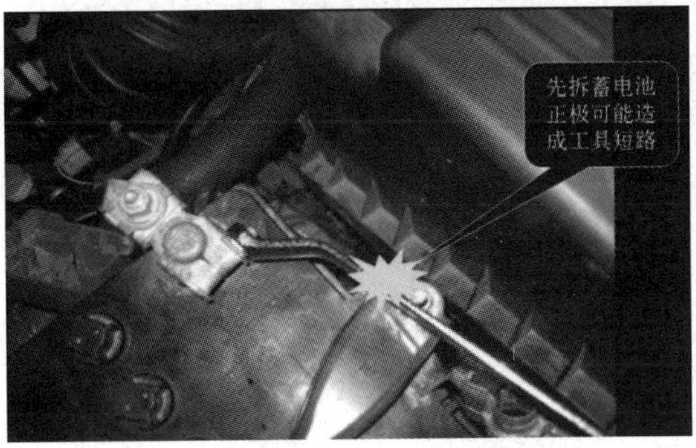

图 2-49　先拆蓄电池正极造成工具短路

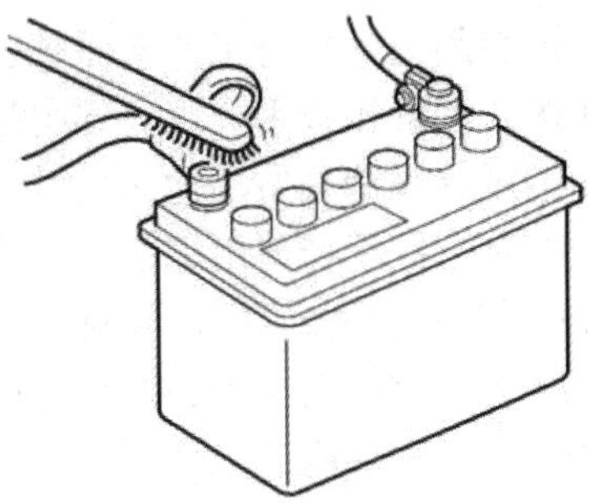

图 2-50　用铁丝刷打磨电极

10. 高压操作安全

操作高压电源时，需要穿戴绝缘手套、工作服、抗冲击绝缘鞋。切断高压的步骤如图2-51 所示，具体操作如下：

(1) 高电压电源切断前准备：混合动力切断工作必须由经过培训的专业人员操作。操作前，应将车辆放置在车间单独区域内。车辆前风挡以及两侧后车窗放置“高压危险”警示牌。

(2) 断开主蓄电池的负极接线电缆。

(3) 高电压电源切断操作完毕后，确保所有挂锁钥匙必须保存在远离车辆的指定的安全存储容器内，车辆放置适当的标志，隔离车辆，等待十分钟左右。

十分钟后电容放电完毕，使用诊断仪读取高压蓄电池电压，如果电压低于 20 V，即可进行下一步的维修。电压过高时不可操作。

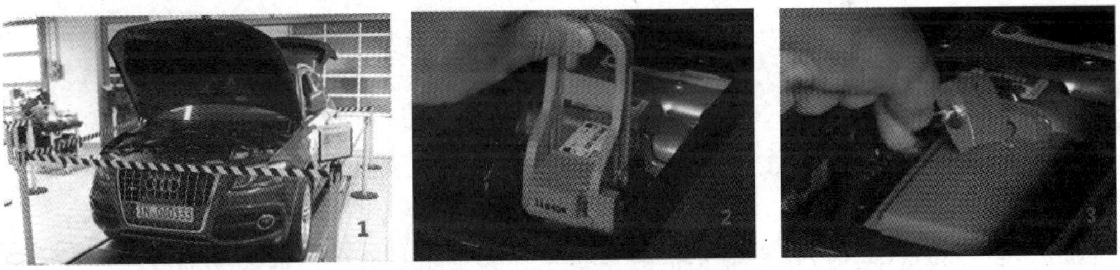

图 2-51　车辆高电压切断步骤

连接高压蓄电池时，注意事项如下。

(1) 在操作前穿戴专用防护装置，否则可能导致严重伤害。

(2) 卸下电气接头挂锁。

(3) 使用专用绝缘高压电工具，连接高压蓄电池的电气接头。

(4) 连接主蓄电池负极接线电缆。

(5) 车辆放置适当的标志，提示高压电气系统已激活。

(六) 通用工具的安全使用

1. 手动工具安全

规范学生正确地使用手动工具，普及使用注意事项。正确使用起子、扳手和榔头等普通工具可以避免不必要的受伤。使用手动工具时，应注意以下事项。

(1) 所有的手动工具表面不能有油脂，因为工具表面油腻容易打滑脱手。

(2) 使用前，检查工具表面是否有裂纹。不要使用断裂和破损的工具。

(3) 正确使用扳手，用力方向是拉向自己，而不是向外推出去。

(4) 选择正确规格尺寸的扳手。

(5) 尽可能选择使用梅花扳手或套筒扳手。

(6) 使用风炮扳手时，须对应使用冲击套筒。

(7) 不要使用老虎钳去拧紧或拧松螺母，而是应选择正确规格的扳手。

(8) 不要把尖锐的工具放进自己的口袋。

(9) 传递工具时，应把尖的一头朝向自己，手柄递给对方。

2. 动力工具安全

汽修行业的动力工具按驱动方式不同分为电力驱动、压缩空气驱动和液压驱动三种。

(1) 电动工具。使用电动工具时，要确保线路绝缘良好；插入电源插座前，确保工具的开关是在关闭位置；使用完毕后，应及时关闭开关并断开电源；在用电动工具作业小工件时，不得用手把持工件，而应用台虎钳固定工件；使用砂轮机时，使用前需确定机器的运行状态，操作时严格遵循说明要求。

(2) 气动工具。气动工具常用于充气、喷漆、风炮扳手等。气动工具的气压应当按说明书规定设置。在使用气动工具前，先检查管路和管路接头是否良好；使用气枪时，必须佩带防护眼镜，不可以将气枪对准他人，不可以用气枪吹衣服、地板和工作台上的脏物。

(3) 液压工具。举升机、千斤顶和压床是常见的汽修液压工具，各个液压工具要根据具体的使用情况定期检查和保养，且严格按照操作规程进行使用，避免事故的发生。

四、自我测试题

(一) 判断题

1. 在职业教育中，汽修专业是危险系数小、安全事故发生率低的专业。(　　)

2. 汽车维修产生的废弃物处置不当对江河的鱼、野生动物和人类都是有危害的，企业有责任管理好废弃物并防止对环境产生污染。(　　)

3. 学生未穿戴工作服和工作鞋进入车间也是可以的。(　　)

4. 铁屑如果进入眼里不可以用手揉，应立刻用水冲洗。(　　)

5. 如果可燃气体着火应该使用干粉灭火器。(　　)

6. 举升器的承载能力肯定大于汽车总重，因此了解举升器举升能力是多此一举。(　　)

(二) 单项选择题

1. 关于车间安全生产的说法正确的是(　　)。

A．车间的安全事故通常是由人为因素和环境因素造成的

B．车间安全生产对员工、经销商都有十分重要的意义，但是对厂家没有太大意义

C．车间安全生产跟客户没有关系

D．车间安全生产主要是针对员工个人

2. 在车间安全中，对操作人员的要求是(　　)。

A．提供符合安全标准的工具和设备

B．熟知机械设备与工具的操作流程和操作规范

C．使车间人员能得到足够的安全教育

D．没有必要了解《安全法》，因为它主要是针对公司的法律

3. 铅酸蓄电池的充电场所，下列(　　)标志没有放置的必要。

A．避免明火　　B．通风标志　　C．高压危险　　D．有腐蚀的危险

4. 下列行为符合车间安全意识的是(　　)。

A．车间地面上有油渍，不在自己的责任区，不予理会

B．把工具放在发动机上，方便拿取

C．为了节省时间，跑步去配件库领配件

D．拆装轮胎时，将轮胎放在轮胎架上

5. 关于车间人员的着装规范，以下说法正确的是(　　)。

A．为确保准时交车，工作时维修组长可以戴手表

B．穿长袖工作服时，应该把衣服的袖子扣紧

C．为了便于工作，员工在维修作业时一般应穿运动鞋

D．在车间工作时，允许员工佩戴少量的个人物品，如戒指

6. 下列符合车间行为规范的是(　　)。

A．两人协同工作时，互相提醒是保证安全的必要前提

B．为了提高工作效率，允许在车间内快速地跑动

C．为了提高工作效率，一些工具和零件可以放在车内座椅上

D．在作业场所内除客户外，其他人员不得吸烟

7. 关于电对人体的伤害，以下说法正确的是(　　)。

A．人体能承受的安全电压为 12 伏特，超过此电压，则会对人体的健康产生危害

B．电对人体的伤害，主要来自电压

C．电流如果通过人体，就会对人体造成伤害，这就叫触电

D．电烧伤是指电流通过人体时，使人体内部组织受到较为严重的损伤

8. 下列关于机油的说法正确的是(　　)。

A．可以使用机油燃烧来加热烤房

B．机油能够致癌

C．废旧机油在店内处理即可

D．机油可以倒入下水道中

9. 在车间进行搬运作业时，以下操作正确的是(　　)。

A．搬运重物时，不可以戴手套

B．重物搬运应使用搬运设备

C．自己觉得可以搬运的重物，没有必要使用搬运设备

D．所有物体的搬运，为了避免受伤，一定要使用搬运设备

10. 在维修发动机系统时，下列说法正确的是(　　)。

A．维修发动机燃油系统时，维修现场需要放置灭火器

B．维修发动机燃油系统时，发动机熄火后，直接操作即可

C．启动发动机前，需要检查汽油是否足够

D．由于都是自动挡车辆，没有必要检查挡位

11. 在最终紧固螺栓时，选择正确的扳手工具是(　　)。

A．套筒扳手　　B．开口扳手　　C．梅花扳手　　D．活动扳手

12. 关于气动砂轮的使用与维护，以下说法正确的是(　　)。

A．要定期对气动工具进行润滑

B．在使用气动工具时，气压应越大越好

C．操作气动工具时，可以不戴防护装置(如护眼镜)

D．为确保安全，气动砂轮在使用的时候应该佩戴手套

13. 关于尾气抽排设备的使用规范，以下操作正确的是(　　)。

A．发动机温度过高时，不允许使用尾气抽排设备

B．尾气抽排设备一般都是固定在某一个工位的

C．将尾气排放管拉至有尾气排放车辆工位后，再启动电源开关

D．尾气抽排设备只有在室外天气晴朗的时候才可以使用

(三) 简答题

1. 简述车间安全对员工的意义。
2. 车间人员的着装有什么要求？
3. 车辆安全操作的内容有哪些？

项目三

汽车运行材料的合理使用

一、项目描述

通过对发动机舱内各种油液的认识与检测以及对轮胎的认识与检查，学生应达到以下要求。

1. 知识要求

(1) 掌握汽油与柴油的特性。

(2) 掌握车用润滑油的性能。

(3) 熟悉车用齿轮油的性质。

(4) 熟悉车用润滑脂的性能。

(5) 熟悉车用冷却液的性质。

(6) 熟悉制动液的性质。

(7) 熟悉 ATF 液的性质。

(8) 了解国五和国六排放标准的不同。

(9) 掌握轮胎的特性。

2. 技能要求

(1) 能够识别发动机舱中的各种油液。

(2) 能够正确检测发动机润滑油、冷却液和制动液等油液的含量。

(3) 能够正确识别轮胎和检测轮胎的磨损情况。

3. 素质要求

(1) 掌握规范操作的理念。

(2) 重视劳动保护与安全操作。

(3) 注意环境保护。

(4) 培养团队协作精神。

二、项目实施

任务一　发动机舱油液的认识与检查

1. 训练内容

(1) 发动机舱内的油液识别(见图 3-1)。

(2) 检测发动机润滑油、冷却液、制动液和清洗液的含量。

(3) 完成并填写学习工作单的相关项目。

(4) 学习汽车运行材料的相关知识。

【发动机舱油液检测】

2. 训练目标

(1) 熟悉发动机舱内的各种元件和油液位置。

(2) 掌握发动机润滑油、冷却液、制动液和清洗液的检测方法。

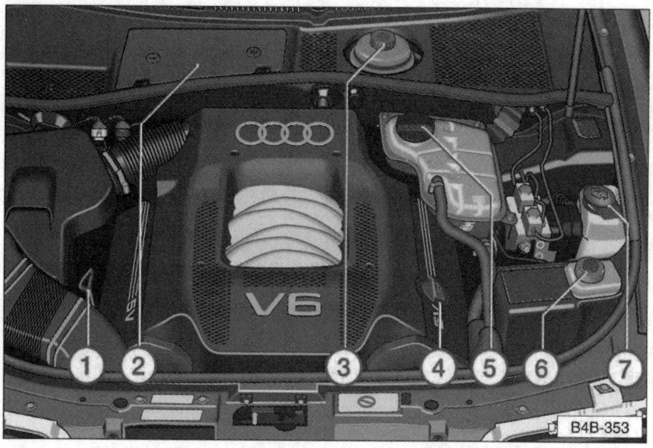

1—发动机机油尺；2—蓄电池充电接头；3—制动液储液罐；4—机油加注口；
5—冷却液加注口；6—转向助力油加注口；7—玻璃清洗液加注口

图 3-1　检查机油等油液液位

3. 训练设备

轿车、常用工具、翼子板布、前格栅布。

4. 训练步骤

(1) 打开发动机舱盖，必须牢固支承。

(2) 安装翼子板布、前格栅布。

(3) 检查机油油位时，抽出机油标尺后用干净的布擦净，再次插回油底壳，然后再抽出读数(两面都要看)。注意油尺不要上扬。

(4) 发动机冷却液、制动液及玻璃清洗液液位通过目测，不可用手摇晃储液罐。

任务二　轮胎的认识与检查

1. 训练内容

(1) 轮胎的结构、符号与轮辋的认识(见图 3-2 至图 3-6)。

(2) 备胎的检测。

(3) 完成并填写学习工作单的相关项目。

(4) 学习轮胎的相关知识。

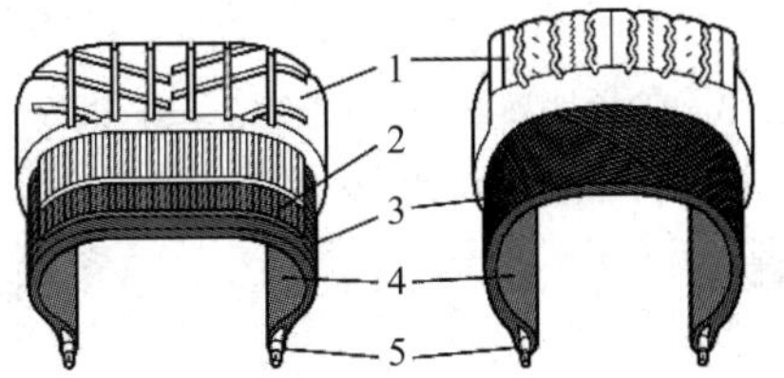

(a) 子午线胎　　(b) 斜交胎

1—胎面；2—缓冲层；3—胎体；4—内胎(子午线胎无)；5—胎圈钢丝

图 3-2　轮胎的结构

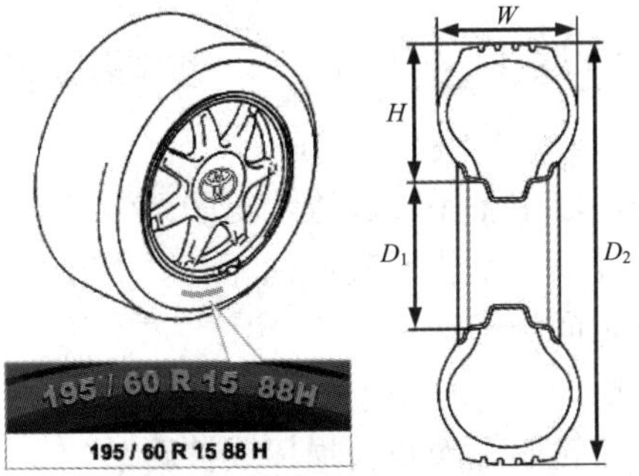

W—轮胎断面宽度；*H*—轮胎断面高度；D_1—轮辋直径；D_2—轮胎外径

图 3-3　轮胎符号的含义

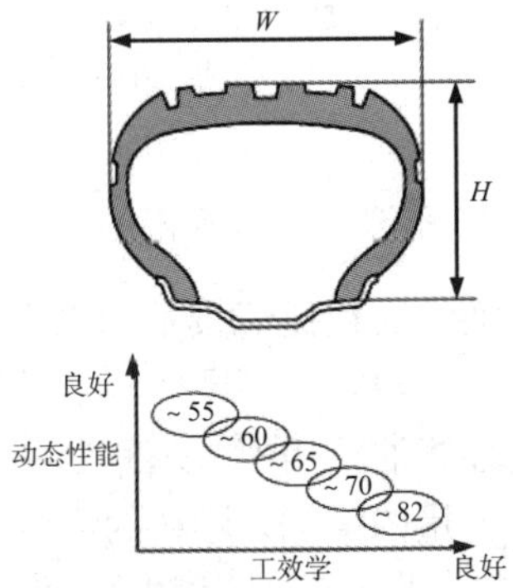

W—轮胎断面宽度；*H*—轮胎断面高度

图 3-4　轮胎高宽比的含义

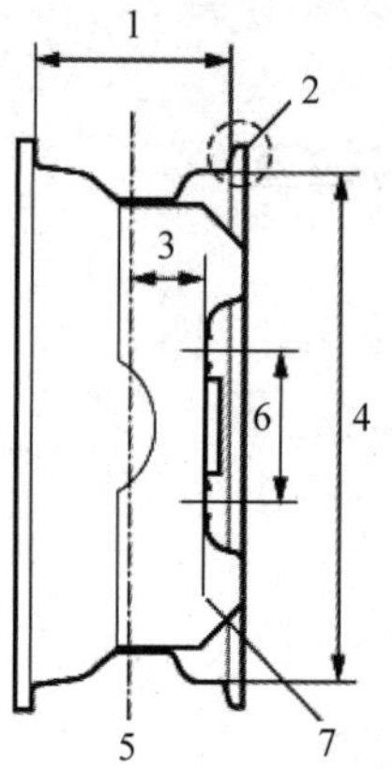

1—轮辋宽度；2—车轮轮缘形状；3—偏置距；4—轮辋直径；
5—轮辋中心；6—P.C.D (节圆直径)；7—轮毂安装表面

图 3-5　轮辋的规格编码

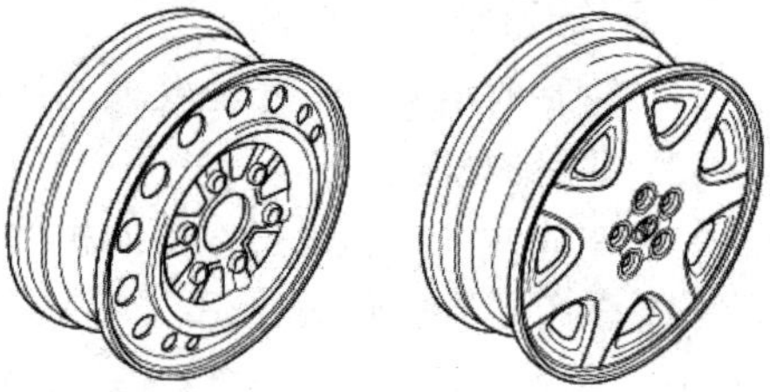

(a) 钢板压制的轮　(b) 轻合金铸造的轮辋

图 3-6　轮辋的类型

2. 训练目标

(1) 掌握轮胎的结构组成和轮胎符号的含义。

(2) 掌握正确检测轮胎的方法。

3. 训练设备

轿车、常用工具、轮胎深度规、轮胎气压表、轮胎架、肥皂水和手套。

4. 训练步骤

(1) 打开汽车后备箱盖，取出备胎，放置于轮胎架上。

(2) 检查胎面胎壁有无裂纹、割伤或其他损坏。

(3) 用轮胎深度规测量胎面沟槽深度。

(4) 用气压表测量备胎压力。

(5) 检查轮胎是否漏气和轮胎钢圈是否损坏或被腐蚀。

【备胎检查】

三、相关知识

(一) 燃料的成分

汽车所用的燃料几乎都是由石油经现代提炼技术加工而成，其主要成分是碳氢化合物C_mH_n，通常称为烃。通过对石油逐步加温，在不同的温度范围可得到不同的馏分，其主要成分依次为轻馏分(汽油)、中馏分(轻柴油)、重馏分(润滑油的原料)和沥青等石油产品。

随着燃料中C含量的减少，H含量的增加，燃料的质量变轻，并呈气态。当C含量增加，H含量减少时，则成为重质燃料，当n近似为零时，便成为煤炭。燃料中H的质量分数大，燃烧污染低；H的质量分数小，燃烧污染高。不同的燃料分子组合，确定了燃料的不同特性。汽车所用燃料中，主要含有烷烃、烯烃和芳香烃等成分。

1. 烷烃

烷烃是饱和的链式结构，分子式用 C_nH_{2n+2} 表示。正烷烃是直链式结构，异烷烃是分支结构。由于异烷烃分子结构紧凑，其着火性比正烷烃差，抗爆性比正烷烃好。异辛烷的抗爆性最好，定为100%。

2. 烯烃

烯烃是由两个或多个C原子构成，C原子间至少有一个双链连接，属于不饱和结构。烯烃也有异构体，正烯烃与正烷烃相比，具有更高的抗爆性。常温下稳定性差，易生成胶质，高温下形成过氧化物的倾向较小。

3. 环烷烃

环烷烃为环形单键相连的碳氢化合物，介于正烷烃和异烷烃之间，形成过氧化物的倾向较小。

4. 芳香烃

以双键相连的环状结构称为芳香烃，简称芳烃。其结构紧凑，性能稳定，不易着火，抗爆性强。

(二) 燃料的使用性能

1. 汽油的使用性能

汽油的使用性能包括挥发性、抗爆性、腐蚀性、清洁性和氧化安定性。

1) 挥发性

挥发性是指液体由液态转化为气态的性质。汽油是由多种碳氢化合物组合而成，因而其沸点不像单一化合物那样是确定值，而是一个范围。常用馏程来评价汽油的挥发性，即10%、50%、90%蒸发温度。

(1) 10%蒸发温度。对100 mL汽油在规定条件下蒸馏时，得到10%汽油馏分的温度叫做10%蒸发温度，它表示汽油中含轻质馏分的多少。10%蒸发温度低，启动性好，但太低了容易引起气阻，在油箱中蒸发损失增加。10%蒸发温度太高，则冷启动困难。

(2) 50%蒸发温度。这标志燃油的平均挥发性。50%蒸发温度低，对汽油机的加速性、工作稳定性及启动后迅速升温(暖机)有利；50%蒸发温度高时，当汽油机由低速骤然变为高速时，节气门突然开大，由于汽油蒸发量少，会使可燃混合气变稀，汽油机不能发出需要的功率，运转不平稳，加速时间长，加速时车辆出现抖动现象。

(3) 90%蒸发温度。这标志燃油中所含重质成分的多少。90%蒸发温度高，燃油中重质成分多，在燃烧室内易形成杂质，并稀释润滑油。

若汽油的挥发性不好，将有部分汽油以液体进入气缸，液体汽油在气缸内不能正常燃烧，并会造成点火不良、破坏润滑、增加有害排放物、发动机功率下降以及油耗增加。

反之，挥发性好，则汽油机的低温启动性能好、预热时间短、加速灵敏、运行稳定。但也有缺点，夏季燃油系统易产生气阻、存放时的挥发损失大。

2) 抗爆性

抗爆性表示汽油在气缸中燃烧时防止爆燃的能力，汽油机爆燃是一种不正常燃烧现象。

汽油机正常燃烧时，火焰以火花塞为中心，向燃烧室周围均匀传播，因此温度上升均匀，汽油机工作柔和，动力性能得到充分发挥。而爆燃是在正常的火焰前锋到达之前，火焰前锋的压缩和热辐射作用导致混合气自燃着火，因而形成多个火焰中心，使得火焰的传播速度及局部区域的瞬间压力急剧升高，高压燃气撞击气缸壁产生尖锐的敲击声，并引起发动机振动。爆燃导致发动机功率下降，油耗增加，严重时会使活塞、活塞环、气门等机件烧毁，轴承和其他零件损坏。

评定汽油抗爆性的指标是辛烷值，汽油的牌号是按辛烷值划分的。所谓辛烷值，是按不同的体积分数，将正庚烷(辛烷值为 0)和异辛烷(辛烷值为 100)混合，组成标准燃料，其中异辛烷的含量便是“标准”燃料的辛烷值。然后，在专用可变压缩比单缸试验机上，与待测燃料进行对比试验。当两者具有相同的抗爆性时，“标准”燃料的辛烷值就是待测燃料的辛烷值。辛烷值的测定方法分研究法(RON)和马达法(MON)两种。使用不同的测定方法和规范时，同一燃料的辛烷值不同。

汽油的抗爆性在很大程度上取决于碳氢燃料的结构。闭链结构比开链结构燃料的抗爆性强，不饱和结构比饱和结构燃料的抗爆性强，分支结构比直链结构燃料的抗爆性强。

3) 腐蚀性

汽油对储油容器和机件应无腐蚀。但汽油中所含的有害元素如硫、活性或非活性硫化物、水溶性酸或碱等超过一定限制时，就会对金属产生直接或间接的腐蚀作用。

汽油中的硫在燃烧后生成二氧化硫，遇到冷凝水或水汽时会形成亚硫酸和硫酸，对工作温度较高的气缸、排气管具有强烈的腐蚀作用；同时，硫的含量过高还会降低汽油的辛烷值。因此要严格控制汽油中硫的含量。

评定汽油腐蚀性的指标是硫含量、酸度、铜片腐蚀试验、水溶性酸或碱。

4) 清洁性

汽油的清洁性用汽油中含有机械杂质和水分的多少表示。

汽油在生产、运输、灌注、储存和使用过程中，受到机械杂质(锈、灰尘、各种氧化物等)和水分的污染。机械杂质会使化油器量孔、喷嘴、汽油喷射系统的喷油器和汽油滤清器堵塞。机械杂质进入燃烧室，会使燃烧室积炭增多，引起气缸壁、活塞和活塞环的加速磨损。水分在低温下易结冰，会堵塞油路，并加速汽油的氧化，加速腐蚀作用，所以车用汽油应严格控制机械杂质和水分的混入。

评定汽油清洁性的指标是机械杂质和水分。

5) 氧化安定性

汽油的氧化安定性是指热稳定性，即防止生成高温沉积物的能力。

从喷油器、进气门到燃烧室，汽油所处的温度越来越高，汽油烃类的氧化深度也随温度升高而增加，生成燃烧室沉积物和进气门沉积物等，使电喷发动机喷油器结胶堵塞，使进气门黏着关闭不严等，导致电喷系统不能正常工作，排气污染物浓度增加。

影响汽油氧化安定性的因素主要是汽油的烃组成和性质，沉积物一般随烯烃含量、芳烃含量、胶质和 90%蒸发温度的升高而增加。

汽油氧化安定性的评定指标一般是实际胶质和诱导期。

2. 车用汽油牌号、规格及选用

车用汽油牌号中的数字表示辛烷值的高低。牌号的数字越大，其辛烷值越高。汽油的质量水平主要体现在辛烷值、铅含量、硫含量、苯含量、蒸气压及烯烃、芳烃含量等各种指标上，其中铅、硫及烯烃含量是最重要的指标。

中国国家标准化委员会 2013 年年底发布第五阶段车用汽油国家标准。该标准自发布之日起开始实施，过渡期截至 2017 年年底。从 2018 年 1 月 1 日起全国范围内供应第五阶段车用汽油。

按照第五阶段汽油标准，我国车用汽油主要指标与欧洲现行标准水平相当，达到国际最高水平。从 1999 年我国制定《车用无铅汽油》(GB17930—1999)标准至 2013 年年底制定的《车用汽油》(GB17930—2013)标准，14 年间，我国车用汽油标准制定和使用经历了五个阶段。

第一阶段：2003 年 1 月 1 日起，汽油质量执行《车用无铅汽油》(GB17930—1999)国家标准(国一标准)，汽油中硫含量降低至 800 ppm 以下。ppm 是英文 parts per million 的缩写，是浓度计量单位，即表示百万分之，或称百万分率，简单地说：1ppm=1mg/kg=1mg/L，常用来表示气体浓度，或者溶液浓度。

第二阶段：2005 年 7 月 1 日起，执行修订版《车用无铅汽油》(GB17930—1999)国家标准(国二标准)，汽油中硫含量降低至 500 ppm 以下。

第三阶段：2010 年 1 月 1 日起，执行《车用汽油》(GB17930—2006)国家标准(国三标准)，汽油中硫含量降低至 150 ppm 以下。

第四阶段：2011 年 5 月 12 日起，执行《车用汽油》(GB17930—2011)国家标准(国四标准)，汽油中硫含量降低至 50 ppm 以下。第四阶段车用汽油标准过渡期截至 2013 年年底。

第五阶段：2013 年 12 月 18 日起，执行《车用汽油》(GB17930—2013)国家标准(国五标准)，第五阶段车用汽油标准过渡期截至 2017 年年底，从 2018 年 1 月 1 日起全国范围内供应第五阶段车用汽油。

第五阶段车用汽油国家标准主要有以下六方面变化。

(1) 为进一步提高汽车尾气净化系统能力，减少汽车污染物排放，将硫含量指标限值由第四阶段的 50 ppm 降为 10 ppm。

(2) 考虑到锰对人体健康不利的潜在风险和对车辆排放控制系统的不利影响，将锰含量指标限值由第四阶段的 8 mg/L 降低为 2 mg/L，禁止人为加入含锰添加剂(之前添加锰是为了提高辛烷值)。

(3) 考虑到第五阶段车用汽油由于降硫、禁锰引起的辛烷值减小，以及我国高辛烷值资源不足的情况，将第五阶段车用汽油牌号由 90 号、93 号、97 号分别调整为 89 号、92 号、95 号，同时在标准附录中增加 98 号车用汽油的指标要求。

(4) 为了防止冬季因蒸气压过低而影响汽车发动机冷启动性能，导致燃烧不充分、排放增加，冬季蒸气压下限由第四阶段的 42 kPa 提高到 45 kPa。为了进一步降低汽油中挥发性有机物质的排放，减少大气污染，夏季蒸气压上限由第四阶段的 68 kPa 降低到 65 kPa，并规定广东省、广西壮族自治区和海南省全年执行夏季蒸气压。

(5) 为进一步降低汽油蒸发排放造成的光化学污染，减少汽车发动机进气系统沉积物，烯烃含量由第四阶段的 28%降低到 24%。

(6) 为进一步保证车辆燃油经济性相对稳定，首次规定了密度指示，其值为 20℃时 (720～775) kg/m³。

目前，第五阶段车用汽油标准已正式实行。国五汽油的含硫量由国四的 50 ppm 下降到 10 ppm，相当于一吨燃油中只含硫 10 克。汽车燃油中含硫量越高就越容易在排放过程中生成硫酸盐，从而导致颗粒物排放上升。实施国五油品后，燃油中硫的含量大大下降，锰的含量也下降了 50%。硫、锰含量的大幅降低，有助于对汽车三元催化器等器件的保护，提高了三元催化器的效率，一年可减少约 10 万吨污染物，其中最直接影响的是氮氧化物的排放量，可以降低 30%左右，而空气中氮氧化物是合成 PM2.5 的重要成分。

汽油选用时，需注意以下事项。

(1) 根据汽车使用说明书的要求，按汽车的压缩比选用汽油牌号，以汽油机在正常条件下运行不发生爆燃为原则。压缩比高的发动机应选择高标号的汽油；压缩比低的发动机应选择低标号的汽油。依据压缩比选择车用汽油牌号可参照表 3-1。

表 3-1 依据压缩比选择车用汽油牌号

压 缩 比	车用无铅汽油标号		
	89 号	92 号	95 号
7.5～8.0 （低）	√		
8.0～11.0 （中）		√	
11.0～12.0（高）			√
注：√表示理想的车用无铅汽油			

(2) 在汽油的供应上，若一时不能满足需要，可以用牌号相近的汽油暂时代替，但必须对汽油机进行适当的调整。用辛烷值较低的汽油代替辛烷值较高的汽油时，应适当减小点火提前角。相反，用辛烷值较高的汽油代替辛烷值较低的汽油时，则应适当提前点火。

(3) 在高原山区条件下，由于大气压力小，空气稀薄，汽油机工作时爆震倾向减小，可以适当降低汽油的辛烷值，一般海拔每上升 100 m，汽油辛烷值可降低约 0.1 个单位。

(4) 经常在大负荷、低转速下工作的汽油机，应选择较高辛烷值汽油。

(5) 油箱要经常装满油，尽量减少油箱中的空气含量，以减少胶质的生成。同时应保持油箱盖通气阀作用良好，按要求定期清洁油箱与更换汽油滤清器。

(6) 长期存放后已变质的汽油不能使用，否则，将导致电喷发动机的喷嘴结胶堵塞。

3. 柴油的使用性能

柴油的馏分较重，柴油机混合气在气缸内形成，压燃着火，燃烧过程包括着火延迟期(滞燃期)、速燃期、缓燃期、后燃期四个阶段，不正常燃烧主要是粗暴。这些特点使柴油的使用性能与汽油有许多不同，柴油的使用性能包括低温流动性、燃烧性、雾化和蒸发性、安定性、腐蚀性、无害性和清洁性，最突出的是低温流动性和燃烧性。

1) 低温流动性

低温流动性是指柴油在低温条件下具有一定流动状态的性能。通常在柴油中含有一部分石蜡，当温度降低时，石蜡结晶析出，使流体流动阻力增加，甚至失去流动性。

评定柴油低温流动性的指标是凝点、浊点和冷滤点等。我国只采用凝点和冷滤点。

凝点是指油品在规定的试验条件下冷却，将试管倾斜 45°，保持 1 min，液面不能移动时的最高温度。我国轻柴油的牌号是按凝点划分的。

2) 燃烧性

柴油的燃烧性主要是指抗粗暴的能力。若着火延迟期过长，则在气缸内积聚并完成燃烧准备的柴油就多，以致造成大量的柴油同时燃烧，使气缸压力急剧升高，发动机运转不平稳，发出异响，这种不正常燃烧现象，叫做粗暴。柴油机工作粗暴的后果与汽油发动机爆燃一样。

要求柴油具有良好的燃烧性，柴油的燃烧性用来表示柴油自燃的能力。燃烧性好的柴油，其自燃点低，在滞燃期内，燃烧室的局部易形成高密度的过氧化物而形成火焰中心。着火延迟期短，气缸压力升高平缓，工作柔和。

评定柴油机燃烧性的指标是十六烷值。十六烷值高的柴油，其自燃性好，柴油机工作柔和；反之，十六烷值低的柴油，易使柴油机工作粗暴。十六烷值对柴油机的启动性也有一定影响。

3) 雾化和蒸发性

柴油的雾化性和蒸发性，决定了混合气形成的质量和速度。因此，要求柴油有较好的雾化和蒸发性。如果柴油的雾化和蒸发性差，可能产生的后果是：未蒸发的柴油在高温、高压条件下分解析出炭粒，使排气产生黑烟，并增加了油耗和排放污染物；未分解和燃烧的柴油经气缸壁渗入油底壳，稀释发动机油，影响正常润滑，加剧发动机零件磨损；柴油馏分重，黏度必然大，使喷雾质量低，混合气不均匀，产生后燃现象，使发动机过热，功率下降；发动机难以启动。

但是，柴油的雾化性和蒸发性过强，不仅储存和运输中蒸发损失大，而且安全性差。

评定柴油雾化和蒸发性的主要指标是运动黏度、馏程、闪点和密度。

(1) 运动黏度。运动黏度表示液体在重力作用下流动时，内摩擦力的量度。其值为相同温度下液体的动力黏度与其密度之比，单位为 m^2/s。

(2) 馏程。柴油馏程采用 50%蒸发温度、90%蒸发温度和 95%蒸发温度。

50%蒸发温度越低，说明柴油轻质馏分多，蒸发速度越快，柴油机就越易启动。

90%蒸发温度和 95%蒸发温度越低，说明柴油中重质馏分少，混合气燃烧完全，能提高柴油机动力性，减少机械磨损，还能避免过热，降低油耗。

(3) 闪点。闪点表示柴油的蒸发性，同时也能说明柴油使用的安全性。

可燃液体能挥发变成蒸气，跑入空气中。温度升高，挥发加快。当挥发的蒸气和空气的混合物与火源接触能够闪出火花时，把这种短暂的燃烧过程叫做闪燃，把发生闪燃的最低温度叫做闪点。

闪点低，说明柴油中轻质馏分多，蒸发性好。但闪点过低则蒸发过快，会造成气缸压力突然上升，引起柴油机工作粗暴，使用不安全等。

4) 安定性

柴油的安定性是指柴油在运输、贮存和使用过程中保持颜色、组成和使用性能不变的能力。柴油应有良好的安定性。

如果柴油的安定性不好，就会氧化结胶，在燃烧室内形成积炭、胶状沉积物，附着在活塞顶和气门上，甚至造成气门关闭不严；还可能堵塞燃油滤清器，在喷油器针阀上生成漆状沉积物，造成针阀黏滞，形成积炭，使喷雾恶化，甚至中断供油，干扰正常燃烧，从而使排放污染增加。

影响柴油安定性的主要因素是柴油中所含的不安定组分，如二烯烃、烯烃等不饱和烃。若柴油的馏分过重，环烷芳烃和胶质含量增加，安定性也会变差。

柴油安定性的评定指标是碘值、色度、氧化安定性、实际胶质、10%蒸余物残炭和喷油器清洁度。

5) 无害性

柴油中的芳烃含量和硫含量对柴油发动机的排放污染影响很大。特别是多环芳烃含量对柴油发动机颗粒物的排放影响最大。试验表明，柴油发动机的颗粒物排放随芳烃的增加而急剧上升。因为芳烃是以苯环为基础的牢固结合体，它不仅含碳量高，而且化学结构牢固，不易燃烧，故容易形成炭烟微粒。

4. 车用柴油的牌号、规格及选用

2013 年 6 月 8 日，国家质检总局、国家标准委批准发布了《车用柴油(Ⅴ)》国家标准，自发布之日起实施，过渡期至 2017 年 12 月 31 日，2018 年 1 月 1 日起强制实施。该标准规定了第五阶段车用柴油的硫含量不大于 10 ppm。

柴油中的硫含量对环境具有重要影响。柴油机的排放与柴油中十六烷值密度、芳烃含量、馏程和硫含量等有密切关系，其中硫含量直接影响柴油机的烟度与颗粒物排放浓度，多年来，国内车用柴油质量升级的主要工作之一就是降低车用柴油中的硫含量。降低柴油车排放需要采用先进的发动机技术和尾气后处理装置(如柴油机颗粒过滤器(DPF))，而这些措施的实施对燃料中的硫含量非常敏感，需要大幅度降低车用柴油中的硫含量，才能保证这些先进措施的有效实施。

为了控制柴油车尾气排放，我国于 2000 年 10 月 27 日发布了 GB 252—2000《轻柴油》国家标准(国一标准)，规定的硫含量不大于 2000 ppm；2003 年 5 月 23 日发布的《车用柴油》国家标准(国二标准)，规定的硫含量不大于 500 ppm；2009 年 6 月 12 日发布的 GB 19147—2009《车用柴油》国家标准(国三标准)，规定的硫含量不大于 350 ppm，自 2010 年 1 月 1 日起实施；2013 年 2 月 7 日实施 GB 19147—2013《车用柴油(Ⅳ)》国家标准，规定的硫含量不大于 50 ppm；2013 年 6 月 8 日实施 GB 19147—2013《车用柴油(Ⅴ)》国家标准，规定的硫含量不大于 10 ppm。这 13 年间我国的车用柴油国家标准硫含量的指标由 2000 ppm 降至 10 ppm，达到了目前欧盟标准的水平。

2000 年，中国石化集团发布了《城市车用柴油技术要求》Q/SHR 006—2000(见表 3-2)，并规定从 2000 年 4 月 1 日起执行。该标准要求硫含量控制为不大于 0.05%，氧化安定性总不溶物不大于 2.5 mg/100 mL，十六烷值不低于 48。该标准按凝点分为 10 号、5 号、0 号、−5 号、−10 号、−20 号 6 个牌号城市车用柴油。

柴油机的排放与柴油中十六烷值密度、芳烃含量、馏程和硫含量等有密切关系，其中硫含量直接影响柴油机的烟度与颗粒物排放浓度，也影响柴油机颗粒过滤器(DPF)的过滤效果。目前国内市场销售的柴油与标准要求有很大的差距。国家标准委发布第五阶段车用柴油(国五柴油)国家标准，规定每千克柴油硫含量不超过 10 mg，于 2018 年 1 月 1 日起强制实施。

表 3-2　城市车用柴油技术要求(Q/SHR 006—2000)

项　　目		质量指标						试验方法
		10 号	5 号	0 号	−5 号	−10 号	−20 号	
色度/号		≤3.5						GB/T 6540
氧化安定性/(mg/100mL)		≤2.5						SH/T 0175
硫含量(质量百分数)/%		≤0.05						GB/T 380
酸度(以 KOH 计)/(mg/100mL)		≤7						GB/T 258
10%蒸余物残炭(质量百分数)/%		≤0.3						GB/T 268
灰分量百分数/%		≤0.01						GB/T 506
铜片腐蚀(50℃，3 h)/级		≤1						GB/T 5096
水分(体积分数)/%		≤痕迹						GB/T 260
机械杂质		无						GB/T 511
运动黏度(20℃)/(mm^2/s)		3.0～8.0				2.5～8.0		GB/T 265
凝点/℃	不高于	10	5	0	−5	−10	−20	GB/T 510
冷滤点/℃	不高于	12	8	4	−1	−5	−14	SH/T 0248
闪点(闭口)/℃	不低于	55						GB/T 261
十六烷值	不小于	48						GB/T 386
馏程： 50%回收温度/℃ 90%回收温度/℃ 95%回收温度/℃		 ≤300 ≤355 ≤365						GB/T 6536
密度(20℃)/kg·m^{-3}		实测						GB/T 1884 GB/T 1885

轻柴油的选择就是按照风险率为 10%的最低气温进行牌号的选择。

各地区风险率为 10%的最低气温如表 3-3 所示。某月风险率为 10%的最低气温值，表示该月中最低气温低于该值的概率为 0.1，或者说该月中最低气温高于该值的概率为 0.9。掌握本地区风险率为 10%的最低气温不仅是选择轻柴油牌号的依据，也是选择发动机油、车辆齿轮油和制动液的依据。

表 3-3　部分地区风险率为 10%的最低气温

单位：℃

	1月	2月	3月	4月	5月	6月	7月	8月	9月	10月	11月	12月
河北	−14	−13	−5	1	8	14	19	17	9	1	−6	−22
山西	−17	16	−8	−1	5	11	15	13	6	−2	−9	−16
内蒙古	−43	−42	−35	−21	−7	−1	1	1	−8	−19	−32	−41
黑龙江	−44	−42	−35	−20	−6	1	7	1	−6	−20	−35	−43
	1月	2月	3月	4月	5月	6月	7月	8月	9月	10月	11月	12月
吉林	−29	−27	−17	−6	1	8	14	12	2	−6	−17	−26
辽宁	−23	−21	−12	−1	6	12	18	15	6	2	−12	−20
山东	−12	−12	−5	2	8	14	19	18	11	4	−4	−10
江苏	−10	−9	−3	3	11	15	20	20	12	5	−2	−8
安徽	−7	−7	−1	5	12	18	20	20	14	7	0	−6
浙江	−4	−3	1	6	13	17	22	21	15	8	2	−3
江西	−2	−2	3	9	15	20	23	23	18	12	4	0
福建	−1	−2	3	8	14	18	21	20	15	8	1	−3
台湾	3	0	2	8	10	16	19	19	13	10	1	2
广东	1	2	7	12	18	21	23	23	20	13	7	2
广西	3	3	8	12	18	21	23	23	19	15	19	4
湖南	−2	−2	3	9	14	18	22	21	16	10	4	−1
湖北	−6	−4	0	6	12	17	21	20	14	8	1	−4
河南	−10	−9	−2	4	10	15	20	18	11	4	−3	−8
四川	−21	−17	−11	−7	−2	1	2	1	0	−7	−14	−9
贵州	−6	−6	−1	3	7	9	12	11	8	4	−1	−4
云南	−9	−8	−6	−3	1	5	7	7	5	1	−5	−8
西藏	−29	−25	−21	−15	−9	−3	−1	0	−6	−14	−22	−29
新疆	−40	−38	−28	−12	−5	−2	0	−2	−6	−14	−25	−34
青海	−33	−30	−25	−18	−10	−6	−3	−4	−6	−16	−28	−33
甘肃	−23	−23	−16	−9	−1	3	5	5	0	−8	−16	−22
陕西	−17	−15	−6	−1	5	10	15	12	6	−1	−9	−15
宁夏	−21	−20	−10	−4	2	6	9	8	−3	−4	−12	−19

轻柴油牌号的选择一般应使最低使用温度等于或略高于轻柴油的冷滤点。

10 号轻柴油：适用于有预热设备的柴油机；

5 号轻柴油：适用于风险率为 10%的最低气温在 8℃以上的地区使用；

0 号轻柴油：适用于风险率为 10%的最低气温在 4℃以上的地区使用；

−10 号轻柴油：适用于风险率为 10%的最低气温在−5℃以上的地区使用；
−20 号轻柴油：适用于风险率为 10%的最低气温在−14℃以上的地区使用；
−35 号轻柴油：适用于风险率为 10%的最低气温在−29℃以上的地区使用；
−50 号轻柴油：适用于风险率为 10%的最低气温在−44℃以上的地区使用。
轻柴油使用前要进行沉淀和滤清。

5. 国五、国六排放标准比较

2017 年 7 月 1 日开始全国范围内实施国五排放标准，国五标准排放控制水平相当于欧洲正在实施的第五阶段排放标准。国六标准实施时间是 2020 年 1 月 1 日。目前国家将“国六标准”分为“国六 A”和“国六 B”两个阶段，并计划分别于 2020 年和 2023 年在全国统一实施。国六标准即“国家第六阶段机动车污染物排放标准”，是为了贯彻环境保护相关法律，减少并防止汽车排气对环境的污染，保护生态环境，保证人体健康而制定的。

国六标准由环境保护部、国家质检总局分别于 2016 年 12 月 23 日、2018 年 6 月 22 日发布的。《重型柴油车污染物排放限值及测量方法(中国第六阶段)》自 2019 年 7 月 1 日起实施。国六标准的实施对排放物一氧化碳、氮氧化物、碳氢化物要求将更加严格。

国六排放标准分两个阶段实施：第一阶段，从 2020 年 7 月 1 日起，所有销售和注册登记的汽车都必须符合国六 A 标准；第二阶段，从 2023 年 7 月 1 日起，所有销售和注册登记的汽车都必须符合国六 B 标准。部分城市在 2019 年 1 月 1 日就已经实施轻型汽车国六排放标准了。国六 B 标准相对于国六 A 标准更加严苛，污染物限值下降了 1/3 左右，部分污染物限值甚至下降超过 50%。国五和国六排放标准比较见表 3-4。

表 3-4　最新国五和国六排放标准比较

排放物	国五	国六 A	国六 B
一氧化碳	1000(mg/km)	700(mg/km)	500(mg/km)
非甲烷烃	230(mg/km)	68(mg/km)	35(mg/km)
氮氧化物	180(mg/km)	60(mg/km)	35(mg/km)
PM 细颗粒物	4.5(mg/km)	4.5(mg/km)	3(mg/km)
PN 颗粒物	6×10^{11} 颗/km	6×10^{11} 颗/km	6×10^{11} 颗/km

(三) 发动机润滑油

发动机润滑油简称“机油”，是保证发动机正常运行的重要材料，具有润滑、冷却、密封、清洗、防腐、降噪、减磨等功能。

1. 发动机润滑油的使用性能

发动机润滑油的工作条件很恶劣，因此对其使用性能也有很高的要求，具体有以下一些要求。

1) 润滑性

在各种条件下，发动机油降低摩擦、减缓磨损和防止金属烧结的能力，叫作发动机油的润滑性。发动机油应具有良好的润滑性。

机油是通过吸附在零件的表面形成一定强度的油膜来减少摩擦面相对运动的阻力和防止摩擦面金属靠近。黏度大的机油其油膜强度较好。润滑油的黏度性能和化学性质对发动机零件在不同润滑状态下的润滑作用有重要影响。

黏度是评定润滑性的重要指标。

2) 低温操作性

发动机润滑油能够保证发动机在低温条件下容易启动和可靠供油的性能，叫作发动机油的低温操作性。发动机油应具有良好的低温操作性。

机油黏度随气温降低而增加，使得发动机低温启动时转动曲轴的阻力矩增加，曲轴转速下降，从而造成发动机启动困难。

发动机润滑油低温操作性的评定指标主要有低温动力黏度、边界泵送温度和倾点等。

3) 黏温性

温度对油品黏度的影响很大。温度升高，黏度降低；温度降低，黏度升高。润滑油这种由于温度升降而改变黏度的性质称为黏温性。发动机油应具有良好的黏温性，即黏度随温度的变化程度要小。

黏温性的评定指标是黏度指数。

4) 清净分散性

发动机润滑油能抑制积炭、漆膜和油泥生成或将这些沉积物清除的性能，叫作发动机油的清净分散性。发动机润滑油应具有良好的清净分散性。

清净分散性良好的机油能使各种沉积物悬浮在油中，通过机油滤清器将其滤出，从而减少发动机气缸壁、活塞及活塞环等部件上的沉积物，防止出现由于机件过热烧坏活塞环而引起气缸密封不严，发动机功率下降、油耗增加等异常情况。

5) 抗氧性

发动机油与氧相互反应生成氧化产物的过程，叫做发动机油氧化。发动机油抵抗氧化的能力叫做发动机油抗氧性。发动机油应具有良好的抗氧性。

机油在使用和储备过程中，一旦与空气接触，在条件适当的情况下会发生化学反应，产生诸如酸类、胶质等氧化物。氧化物聚集在机油中会使其颜色变暗、黏度增加、酸性增大。机油抗氧性不好，在使用中容易变质、生成沉积物，对零件造成腐蚀和破坏。

6) 抗腐性

发动机油抵抗腐蚀性物质对金属腐蚀的能力，叫作发动机油的抗腐性。

发动机油抗腐性的评定指标是中和值，其通过相应的发动机试验来评定。

7) 抗泡沫性

发动机油消除泡沫的性质，叫作发动机油的抗泡沫性。

当发动机油受到激烈搅动，将空气混入油中时，就会产生泡沫。泡沫如果不及时消除，会产生气阻、供油不足等故障。因此，要求发动机油有良好的抗泡沫性，在出现泡沫后能及时消除，以保证正常工作。

评定发动机油抗泡沫性的指标见《润滑油泡沫性测定方法》(GB/T 12579—2002)。

2. 发动机润滑油的主要性能指标

1) 低温动力黏度

发动机油的低温动力黏度也称为表观黏度。机油的黏度在低温条件下与剪切速率有关，低温条件下机油的低温动力黏度随剪切速率升高而减小。低温动力黏度是划分冬季发动机润滑油黏度级号的依据之一。

2) 边界泵送温度

能将机油连续地、充分地供给发动机机油泵入口的最低温度，叫作边界泵送温度。它是衡量在启动阶段发动机油是否易于流到机油泵入口并提供足够压力的性能。边界泵送温度也是划分冬用发动机润滑油黏度级号的依据之一。

3) 倾点

机油在规定条件下冷却时，能够流动的最低温度，叫作机油的倾点。发动机润滑油规格均采用倾点作为评定机油低温操作性的指标之一。

4) 黏度指数

将试验油的黏温性与标准油的黏温性进行比较所得出的相对数值，叫作黏度指数。黏度指数越高，黏温特性越好。

5) 中和值

中和 1 g 试验油中含有的酸性或碱性组分所需的碱量，叫作中和值。

6) 残炭

油品在试验条件下，受热蒸发和燃烧后残余的炭渣，叫作残炭。根据残炭量的大小可以大致判断机油在发动机中结炭的倾向。

7) 泡沫性

泡沫性是指油品生成泡沫的倾向和生成泡沫的稳定性能。泡沫性的表示与其测定方法有关。泡沫性的测定方法是：在 1000 mL 量筒中注入试验油 190 mL，以(94±5)mL/min 的流量用特制的气体扩散头将空气通入试验油中；经过 5 min 后，记下量筒中泡沫的体积，即为泡沫倾向；量筒静置 5 min 后，再记下泡沫体积，即为泡沫稳定性；泡沫性用分数的形式表示，分子是泡沫倾向，分母是泡沫稳定性。

3. 发动机润滑油的分类、规格和牌号

发动机油的分类，包括使用性能分类和黏度分类两个方面。

发动机油的使用性能分类，是根据发动机油在发动机台架试验中所得到的润滑性、清净分散性、抗氧性及抗腐性等确定其等级的。目前发动机油使用性能分类的方法很多，有美国石油学会(API)分类法，国际润滑油标准化和认可委员会(ILSAC)分类法，欧洲汽车制造商协会(ACEA)及日本汽车标准组织(JASO)的发动机油使用性能分类法。

世界上的黏度分类则广泛采用美国汽车工程师学会(SAE)的发动机油黏度分类法。

我国发动机润滑油采用 API 使用性能分类法和 SAE 黏度分类法。2012 年 11 月 5 日，我国发布了《内燃机油分类》(GB/T 28722—2012)国家标准，该标准参考了美国石油协会 API 1509:2007《发动机油认证体系》及其技术公告 1(英文版)和美国汽车工程师协会(SAE)J300:1991《发动机油性能及发动机使用分类》(英文版)。该标准 2013 年 3 月 1 日起

实施，代替《内燃机油分类》(GB/T 7631.3—1995)。

1) API使用性能分类

《内燃机油分类》(GB/T 28772—2012)规定了车用内燃机油的代号说明和详细分类，内燃机油的详细分类是根据产品的特性、使用场合和使用对象划分的。第一个品种由两个大写字母及数字组成代号表示，当第一个字母为“S”时代表汽油机油，“GF”代表以汽油为燃料的具有燃料经济性要求的乘用车发动机油，第一个字母与第二个字母或第一个字母与第二个字母及其后的数字相结合代表质量等级。当第一个字母为“C”时代表柴油机油。其中SA、SB、SC、SD等四个汽油机油，CA、CB、CD-Ⅱ、CE等四个柴油机油从2013年3月1日起废除，不再生产和使用。我国内燃机油分类见表3-5。

表3-5　我国发动机润滑油API性能分级法

应用范围	品种代号	特性和使用场合
汽油机油	SE	用于轿车和某些货车的汽油机以及要求使用APISE级油的汽油机
	SF	用于轿车和某些货车的汽油机以及要求使用API SF、SE级油的汽油机。抗氧化性和抗耐磨性优于SE，同时还具有控制汽油机的沉积、锈蚀和腐蚀的性能，并可代替SE
	SG	用于轿车和货车的汽油机以及要求使用APISG级油的汽油机。SG质量还包含CC级的性能。此油品改进了SF级油品控制发动机沉淀物、磨损和油的氧化性能，同时还具有抗锈蚀和腐蚀的性能，并可代替SF、SF/CD、SE或SE/CC
	SH、GF-1	用于轿车和货车的汽油机以及要求使用APISH级油的汽油机。此油品在控制发动机沉淀物、油的氧化、磨损、锈蚀和腐蚀等方面性能优于SG，并可代替SG。GF-1与SH相比，增加了对燃料经济性的要求
	SJ、GF-2	用于轿车、运动型多用途汽车、货车的汽油机以及要求使用APISJ级油的汽油机。此油品在挥发性、过滤性、高温泡沫性和高温沉淀物控制等方面优于SH,并可在SH以前的“S”系列等级中使用。 GF-2与SJ相比，增加了对燃料经济性的要求，GF-2可代替GF-1
	SL、GF-3	用于轿车、运动型多用途汽车、货车的汽油机以及要求使用APISL级油的汽油机。此油品在挥发性、过滤性、高温泡沫性和高温沉淀物控制等方面优于SJ，可代替SJ，并可在SJ以前的“S”系列等级中使用。GF-3与SJ相比，增加了对燃料经济性的要求，GF-3可代替GF-2
	SM、GF-4	用于轿车、运动型多用途汽车、货车的汽油机以及要求使用APISM级油的汽油机。此油品在高温氧化和清静性能、高温磨损性能以及高温沉淀物控制等方面优于SL，可代替SL，并可在SL以前的“S”系列等级中使用。GF-4与SM相比，增加了对燃料经济性的要求，GF-4可代替GF-3
	SN、GF-5	用于轿车、运动型多用途汽车、货车的汽油机以及要求使用APISN级油的汽油机。此油品在高温氧化和清静性能、低温油泥以及高温沉淀物控制等方面优于SM，可代替SM，并可在SM以前的“S”系列等级中使用。 对于资源节约型的SN油品，除了具备上述性能外，强调燃料经济性，对排放系统和涡轮增压器的保护以及含乙醇最高达85%的燃料的兼容性能。GF-5与SN相比，性能基本一致，GF-5可代替GF-4

续表

应用范围	品种代号	特性和使用场合
柴油机油	CC	用于中负荷及重负荷下的自然吸气，涡轮增压和机械增压式柴油机以及一些重负荷汽油机。对于柴油机具有控制高温沉淀物和轴瓦腐蚀的性能，对于汽油机具有控锈蚀和高温沉积物的性能
	CD	用于需要高效控制磨损及沉淀物或使用包括高硫燃料自然吸气、涡轮增压和机械增压式柴油机以及一些重负荷汽油机以及要求使用 APICD 级油的柴油机。具有控制高温沉淀物和轴瓦腐蚀的性能，并可代替 CC
	CF	用于非道路间接喷射式柴油发动机和其他柴油发动机，也可用于需有效控制活塞沉积物、磨损和含铜轴瓦腐蚀的自然吸气、涡轮增压和机械增压式柴油机。能够使用硫的质量分数大于 0.5%的高硫柴油燃料，并可代替 CD
	CF-2	用于高效控制气缸、环表面胶合和沉积物的二冲程柴油发动机
	CF-4	用于高速、四冲程柴油发动机以及要求使用 APICF-4 级油的柴油机。特别适用于高速公路行驶的重负荷柴油货车。此种油品在机油消耗和活塞沉积物控制等方面的性能优于 CF，并可代替 CF、CD 和 CC
	CG-4	用于可在高速公路和非道路使用的高速四冲程柴油发动机，能够使用硫的质量分数小于 0.05%～0.5%的柴油燃料。此种油品可有效控制高温活塞沉积物、磨损、腐蚀、泡沫、烟炱的积累，并可代替 CF-4、CF、CD 和 CC
	CH-4	用于高速四冲程柴油发动机。能够使用硫的质量分数不大于 0.5%的高硫柴油燃料。即使在不利的应用场合，此种油品可凭借其在磨损控制，高温稳定性和烟炱控制方面的特性有效地保持发动机的耐久性；对于非金属的腐蚀、氧化和不溶的增稠、泡沫性以及由于剪切所造成的黏度损失可提供最佳的保护，其性能优于 CG-4 并可代替 CG-4、CF-4、CF、CD 和 CC
	CI-4	用于高速四冲程柴油发动机。能够使用硫的质量分数不大于 0.5%的高硫柴油燃料。此种油品在装有废气再循环装置的系统里使用可保持发动机的耐久性。对于腐蚀性和烟炱有关的磨损倾向、活塞沉淀物以及由于烟炱积累引起的黏温性变差、氧化增稠、机油消耗、泡沫性、密封材料的适应性降低和由于剪切造成的黏度损失提供最佳的保护。其性能优于 CH-4，并可代替 CH-4、CG-4、CF-4、CF、CD 和 CC
	CJ-4	用于高速四冲程柴油发动机。能够使用硫的质量分数不大于 0.5%的高硫柴油燃料。对于使用废气后处理系统的发动机如使用硫的质量分数大于 0.0015%的燃料，可能会影响废气后处理系统的耐久性和/或机油的换油期。此种油品在装有微粒过滤器和其他后处理系统里使用可特别有效地保持排放控制系统的耐久性。对于催化剂中毒的控制，微粒过滤器的堵塞，发动机磨损、活塞沉积物、高低温稳定性、烟炱处理特性、氧化增稠、泡沫性和由于剪切造成的黏度损失可提供最佳的保护。其性能优于 CI-4 并可代替 CI-4、CH-4、CG-4、CF-4、CF、CD 和 CC
农用柴油机油	--	用于以单缸发动机为动力的三轮汽车(原三轮农用运输车)、手扶变形运输机、小型拖拉机，还可用于其他以单缸发动机为动力的小型农机具，如抽水机、发电机等，具有一定抗氧性、抗磨性能和清静分散性能

2) SAE 黏度分类

按照 SAE 黏度分类，冬季用发动机润滑油包括 0W、5W、10W、15W、20W 和 25W 六个黏度等级；春、秋及夏季用发动机润滑油包括 20、30、40、50 和 60 五个黏度等级。一个完整的发动机润滑油牌号应当标明机油的质量等级和黏度等级，例如，SF10W/30、CD15W/40 等。

该分类标准采用含字母 W(冬季用油，W-winter)和不含字母 W 的两组黏度等级系列，前者黏度等级号以最大低温黏度、最高边界泵送温度以及 100℃时的最小运动黏度划分，后者仅以 100℃时运动黏度划分，具体见表 3-6。

黏度牌号有单级油和多级油之分。发动机润滑油的低温性能指标和 100℃运动黏度仅满足冬用润滑油或夏用润滑油黏度分级之一者，称为单级油；如果它的低温性能指标和 100℃运动黏度能同时满足冬、夏两种黏度分级要求，则称为多级油。

在单级冬季油中，符号 W 前的数字越小，说明其低温黏度越小，低温流动性越好，适用的最低气温越低。在单级夏季用油中，数字越大，其黏度越大，适用的最高气温越高。对多级油来讲，其代表冬季用部分的数字越小，代表夏季用部分的数字越大，说明其黏温特性越好，适用的气温范围越大，如 5W/50。

表 3-6　发动机油 SAE 黏度分级法

SAE 黏度等级	最大低温黏度		最高边界泵送温度/℃	最大稳定倾点/℃	100℃运动黏度/(mm^2/s)	
	MPa · s	℃			最　小	最　大
0W	3250	−30	−35		3.8	
5W	3500	−25	−30	−35	3.8	
10W	3500	−20	−25	−30	4.1	
15W	3500	−15	−20		5.6	
20W	4500	−10	−15		5.6	
25W	6000	−5	−10		9.3	
20					5.6	≤9.3
30					9.3	≤12.5
40					12.5	≤16.3
50					16.3	≤21.9
60					21.9	≤26.1

4. 发动机润滑油使用注意事项

发动机润滑油的选择应兼顾使用性能级别和黏度级别两个方面。

1) 汽油机润滑油的选择

汽油机润滑油主要依据发动机的结构特点、使用条件、气候条件等选择质量等级和黏度级别。

先根据发动机的结构性能和使用条件选择相应的润滑油质量等级，再根据使用地区的气温选择润滑油黏度级别。有汽车使用说明书的用户，依据说明书要求选取；无使用说明书时，汽油车可以按照发动机设计年代、发动机的压缩比、曲轴箱是否安装正压通风装置(PCV)、是否安装废气循环装置(EGR)和催化转化器等因素选取润滑油。

一般情况下，发动机装有 PCV 阀时，可选用 SD 以上的汽油机润滑油；安装了 EGR 时可选用 SE 级润滑油；发动机装有催化转化器时，可选用 SF 级润滑油。例如，新奥迪 A6L 轿车发动机润滑油必须使用 API 标号为 SM 级的润滑油，如图 3-7 所示，不可使用低级别的机油，也不可混合使用不同牌号的机油。现在已出现 SN 级润滑油，这种润滑油中锌和磷的含量大大降低，更加环保；润滑油中添加锌和磷是为了达到更好的磨损防护效果。

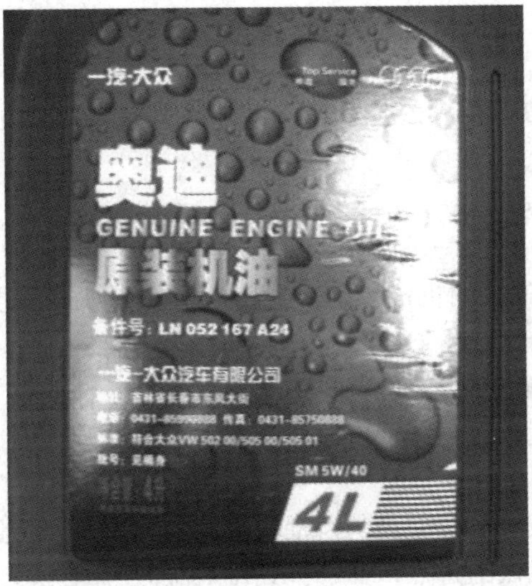

图 3-7　新奥迪 A6L 所用 SM 5W/40 发动机润滑油

选择汽油机润滑油的黏度等级主要根据发动机工作的环境温度。一般根据汽车使用地区的年最高、最低气温选择润滑油的黏度等级。如我国北方温度不低于−15℃的地区，冬季用 SAE 20，夏季用 SAE30 或全年通用 SAE 20W/30；低于−15℃的地区，全年通用 SAE 15W/30 或 SAE 10W/30；严寒地区用 SAE 5W/20；南方最低气温高于−5℃的地区全年通用 SAE 30，广东、广西、海南、可用 SAE 40。表 3-7 列出了发动机润滑油黏度等级与使用环境温度范围的参考值。

表 3-7　发动机润滑油黏度等级与使用环境温度范围

黏度等级	使用温度/℃	黏度等级	使用温度/℃
5W	−30～−10	5W/30	−30～30
10W	−25～−5	10W/30	−25～30
20W	−10～30	10W/40	−25～40
30W	0～30	15W/40	−20～40
40W	10～50	20W/40	−15～40

2) 柴油机润滑油的选择

柴油机润滑油的选择同样依据汽车使用说明书，在没有使用说明书时，也可根据柴油机的强化系数来确定柴油机润滑油的质量等级，然后根据汽车使用地区的气候确定润滑油的黏度级别。

柴油机强化系数代表其热负荷和机械负荷，强化系数越大，表明发动机的热负荷和机械负荷越高，而且对油品的质量要求也越高。柴油机的强化系数用 K 表示：

$$K=P_{me}C_{m}Z$$

式中：P_{me} 为气缸平均有效压力(MPa)；C_m 为活塞平均速度(m/s)；Z 为冲程系数(四冲程取 0.5)。

其中

$$P_{me}=\frac{30P_{e}Z}{V\bullet n}$$

式中：P_e 为发动机有效功率(kW)；V 为发动机排量(L)；n 为发动机转速(r/min)。

$$C_{m}=\frac{S\bullet n}{30}$$

式中：S——活塞行程(m)。

强化系数为 30～50 的柴油机，选 CC 级柴油润滑油；强化系数大于 50 时选择 CD 级、CF、CF4、CG-4、CH-4、CI-4、CJ-4 柴油润滑油。

选好润滑油的质量等级后，还应根据汽车实际工作条件的苛刻程度，适当升降润滑油的质量等级。工作条件缓和时可降低一级质量；反之，可升高一级质量，在无级别可提高时，应缩短换油周期。

柴油机润滑油黏度级别选择原则与汽油机润滑油相同，考虑到柴油机工作压力比汽油机大、但转速又较汽油机低的特点，在选择黏度等级时应略比汽油机高一些。

3) 发动机润滑油的使用

选择了合适的润滑油质量等级和黏度级别后，还要注意正确的使用方法，如果使用不恰当，同样会造成发动机磨损加剧，甚至出现拉缸、烧轴瓦的故障，因此，润滑油使用应注意以下几点。

(1) 在选用润滑油时最好选择汽车生产厂家指定的品牌，比如新奥迪 A6L 轿车所用润滑油级别是 SM 5W/40，宝马轿车所用润滑油级别是 SM 5W//50，均是目前国产最高品质的润滑油，当然价格也较高，如奥迪专用润滑油 4 升一桶，价格四百多元。

(2) 级别低的润滑油不能用于高性能发动机，以防润滑不足，造成磨损加剧；级别高的润滑油可以用于稍低性能的发动机，但不可降挡太多。

(3) 在保证润滑条件下，优选黏度低的润滑油，可以减少机件的摩擦损失，提高功率，降低燃料消耗。如果发现所用润滑油黏度太高，切不可自行稀释，正确的方法是放掉发动机内所有润滑油(包括滤清器内的润滑油)，换用黏度适当的润滑油。

(4) 保持正常油位，常检查，勤加油。正常油位应位于油尺的满刻度标志和 1/2 刻度标志之间，不可过多或过少。

(5) 不同牌号的润滑油不可混用，同一牌号不同生产厂家的润滑油也尽量不混用。

(6) 注意识别伪劣润滑油，不要迷信国外品牌润滑油。选取润滑油时，切勿一味相信广告和维修人员的推荐，应检查润滑油是否经权威检测单位检测，问清检测结果。买油时应到信誉好的大中型汽配商店选购。

(7) 定期更换润滑油并及时更换润滑油滤芯。换油一定要在热车时进行，油温高不仅油容易从放油孔流出，而且油中的杂质可随旧油一起排出。加入新油后应着车数分钟、停机 3 分钟后，再检查油面。在无分析手段，不能实行按质换油时，可实行定期换油。

(四) 车辆齿轮油

车辆齿轮油是指汽车驱动桥、变速器、转向器等齿轮传动机构用的润滑油。齿轮油的作用为：降低齿轮及其他运动部件的磨损，延长使用寿命；降低摩擦，减小功率损失；分散热量，起冷却作用；防止腐蚀和生锈；降低工作噪声，减小振动及齿轮间的冲击；冲洗污物，特别是冲去齿面间污物，减轻磨损。

齿轮油的使用性能应满足如下要求。

(1) 良好的润滑性及极压抗磨性。润滑性指齿轮油能有效地使润滑油膜吸附于运动着的润滑表面；抗磨性则指齿轮油保持运动部件润滑表面油膜的能力。有些齿轮传动经常在苛刻的极压润滑条件下工作，所承受的压力高达 2.5～4.0 GPa，滑动速度和局部温度也很高，润滑油膜容易破裂，造成齿轮严重磨损，因此要求在齿轮油中加入极压添加剂，以有效防止在高负荷条件下的齿面擦伤及咬合。

(2) 适宜的黏度和良好的黏温特性。黏度也是齿轮油的重要使用性能之一，对油膜形成的影响很大。一般而言，高黏度齿轮油可有效防止齿轮及轴承损伤，减小机械运转的噪声并减少漏油；低黏度齿轮油在提高机械效率、加强冷却和清洗作用等方面有明显优点。各种润滑油的黏度均随温度升高而下降，下降幅度越小，则润滑油的黏温特性越好。汽车齿轮油的工作温度变化范围很大，因此应具有良好的黏温特性。

(3) 良好的低温流动性。齿轮油在低温下应能保持必要的流动性，若齿轮油在低温下有蜡析出，黏度急剧上升，就不能确保有效的润滑。为使齿轮油能适应冬季低温条件下的使用要求，齿轮油中应加入倾点降低剂，以改善其低温流动性。

(4) 良好的热氧化安定性和防锈防腐蚀性。热氧化安定性指润滑油在空气、水分、金属的催化作用和热的作用下抵抗氧化变质的能力；防锈性指保护齿轮不受锈蚀，保证齿轮的使用性能和延长齿轮使用寿命的能力；防腐性指在金属表面形成保护膜，以防止腐蚀性物质侵蚀金属的能力。

(5) 良好的抗泡沫性。齿轮油应具有良好的抗泡沫性，以保证在齿轮剧烈搅拌过程中产生的泡沫少并易于消失。

1. 车辆齿轮油的分类

1) 国产车辆齿轮油的分类

我国 2012 年发布了《车辆齿轮油分类》(GB/T 28767—2012)和《汽车齿轮润滑剂黏度分类》(GB/T 17477—2012)，把车辆齿轮油相应分为普通车辆齿轮油、中负荷车辆齿轮油、重负荷车辆齿轮油三类，它们与 API 使用分类的对应关系见表 3-8。

表 3-8　我国车辆齿轮油分类与 API 对应关系

名　称	API	特性和使用说明	使用部位
普通车辆齿轮油	GL-3	适用于中等速度、负荷比较苛刻的手动变速器和螺旋锥齿轮的驱动桥	手动变速器、螺旋锥齿轮的驱动桥
中负荷车辆齿轮油	GL-4	适用于在低速高扭矩、高速低扭矩下操作的各种齿轮，特别是客车和其他各种车辆用的准双曲面齿轮	手动变速器、螺旋锥齿轮和使用条件不太苛刻的准双曲面齿轮的驱动桥
重负荷车辆齿轮油	GL-5	适用于在高速冲击负荷、高速低扭矩和低速高扭矩下操作的各种齿轮，特别是客车和其他各种车辆用的准双曲面齿轮	操作条件缓和或苛刻的准双曲面齿轮及其他各种齿轮的驱动桥，也可用于手动变速器

参照 SAE 黏度分类，我国车辆齿轮油按黏度为 150 Pa·s 时的最高温度和 100℃时的运动黏度划分为 7 个黏度牌号(见表 3-9)，其中包括 4 个低温黏度牌号(冬季用油)和 3 个高温黏度牌号(春、夏、秋季用油)。凡满足冬季用油要求又符合春、夏、秋季用油要求的润滑油，称为多级油，常用的有 80W/90、85W/90 等。

表 3-9　SAE 车辆齿轮油黏度分类

SAE 黏度级号	黏度达到 150 Pa·s 时的最高温度/℃	100℃时的运动黏度/(mm^2/s)	
		最　低	最　高
70W	−55	4.1	—
75W	−40	4.1	—
80W	−26	7.0	—
85W	−12	11.0	—
90	—	13.5	24.0
140	—	24.0	41.0
250	—	41.0	—

2) 国外车辆齿轮油的分类

国外车辆齿轮油的分类广泛采用 API(美国石油学会)使用性能分类法和 SAE 黏度分类法。按齿轮油承载能力和使用场合不同，API 齿轮油使用分类共有 6 个级别，见表 3-10。SAE 黏度分类见表 3-9。黏度值随牌号递增而增大。

表 3-10　车辆齿轮油 API 使用性能分类

分类	使 用 说 明	用　途
GL-1	低齿面压力、低滑动速度下的汽车螺旋锥齿轮的驱动桥以及各种手动变速器规定用 GL-1 级齿轮油。直馏矿油能满足这类情况的要求，可加入抗氧剂、防锈剂和消泡剂改善其性能，但不加摩擦改进剂和极压剂	汽车手动变速器(包括牵引车和卡车)
GL-2	汽车蜗轮式驱动桥，由于其负荷、温度和滑动速度的状况，用 GL-1 齿轮油不能满足要求，规定用 GL-2 级齿轮油。通常都加有脂肪添加剂	蜗轮蜗杆传动装置

续表

分类	使用说明	用　途
GL-3	适用于滑动速度和负荷比较苛刻的汽车手动变速器和螺旋锥齿轮的驱动桥，规定用 GL-3 级油。这种使用条件要求润滑油的负荷能力比 GL-1 和 GL-2 级油高，但比 GL-4 级油要低	苛刻条件下手动变速器和螺旋锥齿轮的驱动桥
GL-4	在低速高扭矩、高速低扭矩下操作的各种齿轮，特别是客车和其他各种车辆用的准双曲面齿轮，规定用 GL-4 级齿轮油	手动变速器、螺旋锥齿轮和使用条件不太苛刻的双曲面齿轮
GL-5	在高速冲击负荷、高速低扭矩、低速高扭矩下操作的各种齿轮，特别是客车和其他车用的准双曲面齿轮，规定用 GL-5 级齿轮油	苛刻使用条件下的双曲线齿轮及其他各种齿轮，也可用于手动变速箱
GL-6		这个分类已被废除

2. 车辆齿轮油的选择

车辆齿轮油的选择包含使用性能级别和黏度等级的选择两个步骤。

在选用齿轮油的使用级别时，要严格按照汽车使用说明书中规定的齿轮油使用级别选用，或根据传动机构工作条件的苛刻程度选择齿轮油。工作条件主要考虑传动齿轮的接触压力和滑动速度。近年来进口和中外合资车厂生产的轿车及部分载货汽车、工程车辆的主传动器准双曲面齿轮，轮齿间接触压力达 3000 MPa 以上，滑动速度超过 10 m/s，油温高达 120℃～130℃，工作条件苛刻，必须使用 CLE(GL-5)级齿轮油；主传动器采用准双曲面齿轮，但齿面接触压力在 3000 MPa 以下，滑动速度在 1.5～8 m/s 之间，工作条件不太苛刻，可选用 CLD(GL-4)级齿轮油。有些载货汽车虽然后桥主传动装置采用普通螺旋锥齿轮，但负荷较重，工作条件苛刻，也要求使用 CLD(GL-4)级齿轮油。变速器及转向器一般负荷较轻，为使用方便，一般采用与主传动器相同的齿轮油。

齿轮油的黏度等级主要根据使用地区的环境温度选择，车辆齿轮油最高工作温度下的运动黏度不应低于 10～15 mm^2/s。根据汽车使用环境温度选择齿轮油黏度时，可参照表 3-11。

表 3-11　汽车齿轮油黏度等级的选择

黏度等级	使用气温范围/℃	黏度等级	使用气温范围/℃
75W/90	−40℃以上地区全年通用	90	−10℃以上地区全年通用
80W/90	−30℃以上地区全年通用	140	重负荷、炎热夏季
85W/90	−20℃以上地区全年通用		

应当注意的是，不能将使用级别较低的齿轮油用在要求较高的车辆上，否则会使磨损加剧。例如，将普通齿轮油加在双曲面齿轮驱动桥中，将使齿轮很快地磨损和损坏；性能级别较高的齿轮油可以用在要求较低的车辆上，但过多使用经济上不合算；各级别的齿轮油不能相互混用；润滑油黏度应适宜，不要误认为高黏度齿轮油的润滑性能好，应尽可能使用适当的多级润滑油。

(五) 汽车润滑脂

润滑脂俗称黄油，是一种稠化了的润滑油。它是将一种(或多种)稠化剂掺入液体润滑剂中制成的一种稳定的固体或半固体润滑产品。在不宜用液体润滑剂的部位使用润滑脂，可起到润滑抗磨、密封防护等作用。例如，汽车的轮毂轴承、各拉杆球头、传动轴万向节等处，均使用润滑脂。

1. 润滑脂的分类及选用

润滑脂的种类有：钙基润滑脂、钠基润滑脂、钙钠基润滑脂、复合钙基润滑脂、通用锂基润滑脂、汽车通用锂基润滑脂、极压锂基润滑脂和石墨钙基润滑脂等。各种润滑脂的特性及适用范围见表 3-12。

表 3-12　各种润滑脂的特性及适用范围

品　种	特　性	适用范围
钙基润滑脂	抗水性好，耐热性差，使用寿命短	最高使用温度范围为-10℃～60℃，适用于汽车轮毂轴承、底盘拉杆球节、水泵轴承等部位
钠基润滑脂	耐热性好，抗水性差，有较好的极压减磨性能	使用温度可达 120℃，只适用于低速高负荷轴承，不能用在潮湿环境或水接触部位
钙钠基润滑脂	耐热性、抗水性介于钙基和钠基润滑脂之间	使用温度不高于 100℃，不宜在低温下使用，适用于不太潮湿条件下的滚动轴承，如底盘、轮毂等处的轴承
复合钙基润滑脂	较好的机械稳定性和胶体稳定性，耐热性好	适用于较高温度及潮湿条件下润滑大负荷工作的部件，如汽车轮毂轴承等处的润滑，使用温度可达150℃左右
通用锂基润滑脂	良好的抗水性、机械稳定性、防锈性和氧化安定性	适用于-20℃～120℃温度范围内各种机械设备的滚动和滑动轴承及其他摩擦部位的润滑，是一种长寿命通用润滑脂
汽车通用润滑脂	良好的抗水性、机械稳定性、胶体稳定性、防锈性和氧化安定性	适用于-30℃～120℃温度范围内汽车轮毂轴承、水泵、发电机等各摩擦部位润滑，国产和进口车辆普遍推荐使用
极压锂基润滑脂	有极高的极压抗磨性	适用于-20℃～120℃下高负荷机械设备的齿轮和轴承的润滑，部分国产和进口车型推荐使用
石墨钙基润滑脂	良好的抗水性和抗碾压性能	适用于重负荷、低转速和粗糙的机械润滑，可用于汽车钢板弹簧、半挂车铰接盘、起重机齿轮转盘等承压部位

2. 润滑脂的使用特点

润滑脂具有以下特点。

(1) 与相似黏度的润滑油相比，润滑脂有较高的承受负荷能力和较好的阻尼性；

(2) 由于稠化剂的吸附作用，润滑脂的蒸发损失小，高温、高速下的润滑性好；

(3) 润滑脂易附着在金属表面，保护表面不锈蚀，并可避免滴油、溅油污染产品；

(4) 由于稠化剂的毛细作用，润滑脂可在较宽温度范围和较长时间内逐步放出液体润滑油，起到润滑作用；

(5) 在轴承润滑中，润滑脂还可起到密封作用。

使用润滑脂的缺点是冷却散热作用差，启动摩擦力矩大以及更换润滑脂比较复杂。

3. 润滑脂的主要性能

1) 稠度

稠度是指润滑脂在受力的作用时抵抗变形的能力。稠度过大会增加机械运动阻力，稠度过小会因转速过高而被甩掉，因此，润滑脂应具有适当的稠度。

润滑脂稠度的大小取决于稠化剂的含量，稠化剂的含量越多，润滑脂的稠度越大。稠度的评价指标是锥入度。锥入度表示在规定的负荷、时间和温度的条件下，锥体刺入试料的深度，其单位以 0.1 mm 表示。锥入度值愈大，稠度愈小；反之，稠度愈大。

按《润滑脂锥入度测定法》(GB 7631—2008)的规定，我国润滑脂稠度等级和相应锥入度范围的对应关系见表 3-13。

表 3-13　润滑脂的稠度等级和相应锥入度范围

稠度等级	000	00	0	1	2	3	4	5	6
锥入度 (25℃，0.1 mm)	445～475	400～430	355～385	310～340	265～295	220～250	175～205	130～160	85～115

2) 胶体安定性

胶体安定性指润滑脂抵抗温度和压力的影响而保持胶体结构的能力，即基础油和稠化剂结合的稳定性。

胶体安定性的评定指标是滴点，滴点是指在规定的条件下加热使润滑脂达到一定流动性时的温度。

3) 抗水性

抗水性指润滑脂遇水后抵抗结构和稠度等改变的性能，润滑脂的抗水性主要取决于稠化剂的抗水性。

4) 氧化安定性

氧化安定性是指润滑脂在储存和使用中抵抗氧化的能力。氧化安定性差，易生成有机酸，对金属构成腐蚀，同时会破坏润滑脂的结构和使用性能，因此润滑脂要求具有良好的氧化安定性。

4. 润滑脂选用注意事项

选用润滑脂时，其性能指标除了应具备适当的稠度、良好的高低温性能以及抗磨性、抗水性、防锈性、防腐性和安定性等基本条件外，还应注意以下几点。

(1) 尽量使用汽车通用锂基润滑脂。

汽车通用锂基润滑脂外观发亮，呈奶油状，滴点高，使用温度范围广，并具有良好的低温性、抗剪磨性、抗水性、抗腐蚀性和热氧化稳定性等，是目前汽车最常用的一种多效能的润滑脂。

(2) 清理润滑部位，保证油脂清洁。

加注润滑脂时应特别注意，通过油嘴注入的应擦净油嘴，从油脂枪中先挤出少许润滑脂并抹掉；更换油脂的在涂脂前必须用有机溶剂洗净零部件表面并吹干，然后重新加注润滑脂。在更换润滑脂时，要注意不同种类的润滑脂不能混用，即使是同类的润滑脂也不可新旧混合使用。因为旧润滑脂含有大量的有机酸和机械杂质，将会加速新润滑脂的氧化，所以在换润滑脂时，一定要把旧润滑脂清洗干净，才能加入新润滑脂。

(3) 用量适当，不宜过多。

轮毂轴承的润滑是汽车上最为重要的润滑作业。更换轮毂轴承润滑脂时，应只在轴承的滚珠或滚柱之间塞满润滑脂，而轮毂内腔采用“空毂润滑”，即在轮毂内腔表面仅涂上薄薄一层润滑脂起到防锈作用即可。这样利于散热，并可降低润滑脂的工作温度，防止润滑脂稀化流淌。不要采用“满毂润滑”，即把润滑脂填满整个轮毂内腔，这样既不科学，又很浪费，甚至在汽车频繁制动和制动时间过长的情况下，可能会因轮毂过热而使润滑脂流淌到制动摩擦片表面导致打滑，使制动失灵而造成车毁人亡。

(六) 汽车用其他工作液体

1. 汽车制动液

汽车制动液(也叫刹车油)如图 3-8 所示，是汽车液压制动系统中传递压力的工作介质，其性能对汽车的行驶安全性有很大的影响。

图 3-8　制动液(呈淡琥珀色)

1) 汽车制动液的技术要求

汽车制动液工作时应保持不可压缩性和良好的流动状态。具体的技术要求如下。

(1) 高沸点。现代高速汽车制动强度大，在制动过程中，由于摩擦发热可使摩擦片温度高达 250°C 左右，其热量有一部分传给制动液，使其工作温度达 70°C～90°C，在下长坡等路况行驶需频繁制动时，其工作温度可达 110°C 甚至更高，如制动液沸点太低，高温时蒸发成气体，会使制动系统管路产生气阻，导致制动失效。

(2) 吸湿性小。吸湿性指制动液具有较强的吸水性，制动液吸水后会导致其沸点下降，在温度过高时可能出现“气阻”现象而影响行车安全，因此制动液吸湿性要小。

(3) 适宜的黏度。黏度合适可保持制动液具有良好的流动性和一定的润滑能力，使系统能顺畅工作。同时，要求制动液在很宽的温度范围内(−40℃～150℃)保持适当的黏度，使制动液能四季通用。

(4) 安定性好。制动液在高温条件下长期使用不应产生热分解和缩合使黏度增加，也不允许生成胶质和油泥沉积物。

(5) 皮碗膨胀率小。制动液对橡胶零件有溶胀作用，将使皮碗的体积增加，导致制动失效。因此，制动液的皮碗膨胀率要小。

(6) 腐蚀性要小。制动液具有一定的腐蚀性，要避免直接接触皮肤，从而保护工作人员的人身安全；同时避免接触车辆而造成车辆出现腐蚀现象。

2) 国产制动液的品种和牌号

制动液按原料不同分为醇型、合成型和矿物型三种。

(1) 醇型制动液。醇型制动液是用精制的蓖麻油与醇类按一定的比例调和，经沉淀和过滤而制得的制动液，外观为浅绿或浅黄透明体。该类制动液适用的温度条件低，且易分层，性能不稳定，故逐步被合成型制动液取代。

(2) 合成型制动液。合成型制动液是以合成油为基础油，加入润滑剂和抗氧、防腐、防锈等添加剂制成的制动液，具有性能稳定的特点，适合高速、重负荷的汽车使用。

根据美国联邦机动车辆安全标准(FMVSS)，合成型制动液分为DOT-3、DOT-4、DOT-5三个规格，美国汽车工程师协会也制定了合成型制动液标准。

DOT是美国交通部(U.S. Department of Transportation)的简称。DOT标准以制动液的最低沸点为标准，对制动液的级别进行了划分，这是世界公认的通用标准。目前DOT标准将合成型的制动液分为三种，即：DOT3、DOT4、DOT5。其中，DOT3和DOT4制动液通常为无色或淡琥珀色，并且具有吸收水分的特性。DOT5制动液呈紫色，不易吸水，但是与空气的亲和力很好，与DOT3和DOT4不相溶。

2012年5月，我国实施与国际通用标准接轨的国家标准《机动车辆制动液》(GB 12981—2012)，将制动液分为HZY3、HZY4、HZY5、HZY6，分别对应国际标准ISO4925：2005中的Class3、Class4、Class5.1、Class6；另外，HZY3、HZY4、HZY5分别对应美国交通部制动液类型的DOT-3、DOT-4、DOT-5。HZY3、HZY4、HZY5吸湿后的沸点分别达到140℃、155℃、165℃以上，各方面指标已接近和达到了DOT-3、DOT-4、DOT-5的技术要求。

(3) 矿物型制动液。矿物型制动液以精制的轻柴油馏分为原料，经深度精制后加入黏度指数改进剂、抗氧剂、防锈剂等调和制成，具有良好的润滑性，对金属无腐蚀作用，但对天然橡胶有较强的溶胀作用，使用时必须换用耐矿物油的丁腈橡胶。符合该标准的车用制动液主要有7号矿油制动液。

3) 制动液的选择

一般推广使用合成型制动液，它适合用于高速、重负荷和制动频繁的轿车和货车。醇型制动液可用于车速较低、负荷不大的轻型货车。矿油制动液可在各种汽车上使用，但制动系统必须换用耐油橡胶。

4) 制动液的使用

各种制动液不能混用，否则会因制动液分层导致制动失效。更换制动液时必须将制动系统清洗干净，防止混入水分或其他杂质。制动液在行车40000 km或两年时应更换，但在车辆检查换主泵和皮碗时，最好也更换制动液。制动液长期储存或更换时应注意隔绝空气。当制动液由于吸湿导致沸点下降而影响行车安全时，应及时更换制动液。更换制动液的过程请扫码观看。

【更换制动液】

5) 制动液的干湿沸点

制动液的湿沸点是指使用 2 年后或含水 3.5%的制动液的沸点；干沸点是指新制动液(不含水分)的沸点。制动液的类型与干湿沸点对应关系见表 3-14。

表 3-14　制动液的干湿沸点

制动液分类	沸点/℃	
	干	湿
DOT3	205	140
DOT4	230	155
DOT5	260	180

2. 液力传动油

液力传动油也称自动变速器油(Automatic Transmission Fluid)，简称 ATF 油，如图 3-9 所示，是指专门用于自动变速器(AT)和无级变速器(CVT)等的集润滑、液力传递、液压控制功能于一身的特殊油液。ATF 油对自动变速器的工作、使用性能以及使用寿命都有着非常重要的影响。汽车自动变速器维护保养的主要内容就是对 ATF 油的检查和更换。

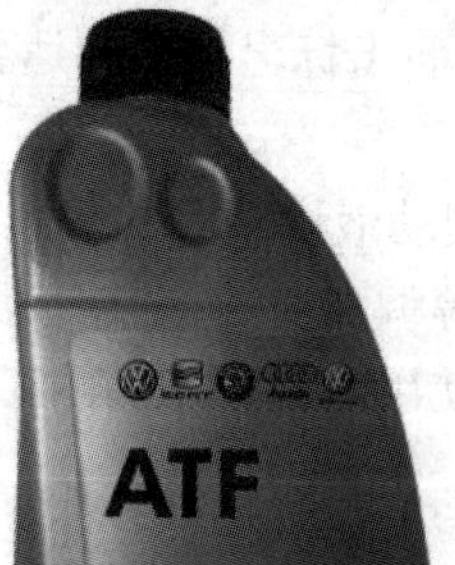

图 3-9　瓶装 ATF 液

1) 液力传动油的分类

(1) 国外液力传动油的分类多采用美国 ASTM 和 API 共同提出的 PTF(Power Transmission Fluid)分类法，将液力传动油分为 PTF-1、PTF-2 和 PTF-3 等三类，其规格及适用范围见表 3-15。

表 3-15 液力传动油分类

分 类	符合的规格	适用范围
PTF-1	通用汽车公司 GM DEXRON Ⅱ，福特汽车公司 FORD M2C33-F，克莱斯勒 CHRYSLER MS-4228	轿车和轻型货车
PTF-2	通用汽车公司 GM Track、Coach，阿里林 AllisonC-2 C-3	重型货车和越野汽车
PTF-3	约翰迪尔 John Deer J-20A，福特 FORD ，玛赛-费格森 Mqssey-Ferguson M-1135	农业和建筑机械

(2) 国产液力传动油的分类按 100℃运动黏度分为 6 号和 8 号两种，其与国外液力传动油的基本对应关系见表 3-16。

表 3-16 液力传动油的分类对应

国外分类	国内分类	应用范围
PTF-1	8	轿车和轻型货车
PTF-2	6	越野汽车、载货汽车、工程机械
PTF-3		农业和建筑野外机械

2) *液力传动油的选择与使用*

液力传动油要按车辆使用说明书的规定选择使用。轿车和轻型货车应选用 8 号油，进口轿车要求用 GMA 型、A-A 型或 Dexron 型自动变速器油的均可用 8 号油代替。重型货车、工程机械的液力传动系统则应选用 6 号油。

液力传动油的使用应注意以下事项。

(1) 注意保持 ATF 油的正常工作温度。油温过高易变稀、变质，使油压降低，使自动变速器打滑；油温过低则油压变高，时滞过长，使自动变速器换挡不及时。

(2) 应经常检查 ATF 油的液面高度。ATF 油的液面高度检查分为冷态检查(不行车、不走挡)和热态检查(行车后或停车走挡)两种。检查时要求车辆停在平地上，发动机达到正常工作温度后进行。此时油平面应分别在自动变速器油标尺的冷态上、下两刻线或热态上、下两刻线之间，油液不足时要及时添加。若油面过低，则油压不足而打滑；若油面过高产生气泡，则同样打滑。

(3) 按车辆使用说明书的规定更换 ATF 油。通常每行驶 10000 km 应检查油面一次，丰田、福特轿车每行驶 40000 km、奥迪轿车每行驶 60000 km 应更换 ATF 油。奥迪轿车更换 ATF 油视频请扫码观看。

【更换 ATF 油】

(4) 注意观察 ATF 油的品质情况。在检查油面和换油时，在手指上蘸少许油液，检查油质、颜色、气味和杂质等情况，确认 ATF 油是否因打滑或过热等原因变质。现在常用的 GM 系列 DexronⅡ ATF 油一般染成红色，油质清澈纯净，如颜色变黑、有烧焦味且含有杂质等时，则应予以更换。

注意：美国自动变速器协会曾对 13000 辆装有自动变速器的车辆做过调查，发现 90% 以上的变速器故障是由于不及时更换 ATF 油引起的。

3. 发动机冷却液

发动机在工作时，气缸内部要产生高温高压气体，为保证发动机正常工作，就应对其进行冷却；同时，为防止发动机在严寒季节发生缸体、散热器和冷却系统管道的冻裂，还应对发动机冷却系统防冻；另外，还要求冷却液防腐蚀、防水垢等；冷却液有毒时一般呈粉红色。冷却液如图 3-10 所示。

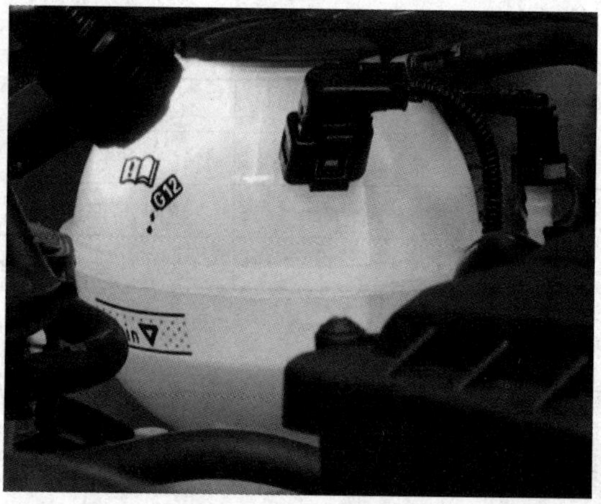

图 3-10　冷却液

1) 发动机冷却液的使用性能

为了保证汽车发动机正常工作和延长发动机使用寿命，要求汽车发动机冷却液应具备以下性能。

(1) 低温黏度小，流动性好。汽车发动机冷却液的低温黏度越小，说明冷却液流动性越好，其散热效果越好。

(2) 冰点低。冰点是指液体冷却时所形成的结晶在升温时，其结晶消失一瞬间的温度，以℃表示。若汽车在低温条件下停放时间较长，而发动机冷却液的冰点达不到应有温度时，则发动机冷却系统就会被冻裂。因此，要求发动机冷却液的冰点要低。

(3) 沸点高。沸点就是发动机冷却系统的压力与外界大气压力相平衡的条件下，冷却液开始沸腾的温度，以℃表示。发动机冷却液在较高温度下不沸腾，可保证汽车在满载、高负荷等苛刻工作条件下工作时正常运行。同时，沸点高则蒸发损失也少。特别是对现代电控燃油喷射系统及电子控制点火的发动机来说，因为其燃烧温度高，所以对沸点的要求更高。

(4) 防腐性好。发动机冷却液在工作中，要接触多种金属材料，如果它对金属有腐蚀性，就会影响发动机正常工作，甚至造成事故。为使发动机冷却液有良好的防腐性，要保持冷却液呈碱性状态，冷却液 pH 在 7.5～11.0 为好，超出该范围将对金属材料产生不利影响。

(5) 不产生水垢，不起泡沫。水垢对发动机冷却系统的散热效果影响很大，试验表明，水垢的导热性比铸铁差得多，比铝就差得更多。所以，冷却液在工作中，应不产生水垢。

(6) 与橡胶密封件和橡胶水管相匹配。冷却液对橡胶密封件及橡胶水管应无溶胀和侵蚀等副作用。

发动机冷却液如果产生气泡，不仅会降低传热性，加剧气蚀，同时还会造成冷却液溢流而损失。另外，还要求汽车冷却液传热效果好，热化学安定性好；蒸发损失少；热容量大；价廉、无毒。

2) 发动机冷却液的类型

发动机冷却液的种类主要有酒精-水型、甘油-水型及乙二醇-水型等。冷却液的冷却效果主要与酒精、甘油及乙二醇的性质及配制比例有关。冷却液的冰点与其成分比例关系见表 3-17。

表 3-17　冷却液的冰点与其成分比例关系

冰点/℃	酒精-水	甘油-水	乙二醇-水
	酒精含量/%	甘油含量/%	乙二醇含量/%
−5	11.27	21	—
−10	19.54	32	28.4
−15	25.46	43	32.8
−20	30.65	51	38.5
−25	35.09	58	45.3
−30	40.56	64	47.8
−35	48.15	69	50.9
−40	55.11	73	54.7
−5	62.39	76	57.0
−50	70.06	—	59.0

酒精-水型冷却液的优点是流动性好，价格便宜，配制简单；缺点是酒精的沸点低(78.4℃)，蒸发损失大，易燃，蒸发后冰点升高了。该冷却液目前已被淘汰。甘油-水型冷却液的沸点高，蒸发损失小，甘油的冰点为−17℃，而与水混合后冰点更低，最低可达−46.5℃，因为甘油使冰点下降的效率低，不够经济，且甘油吸水性很强，使保存密封要求很严等，也被淘汰。

乙二醇-水型冷却液因为具有冰点低、沸点高，在腐蚀抑制剂存在下能长期防腐防垢，其性能远优于水、乙醇和甘油型冷却液而被广泛使用。乙二醇是一种无色黏稠液体，能与水以一定比例混合，其沸点为 197.4℃，相对密度为 1.113，冰点为−11.5℃，但与水混合后，其冰点可显著降低，最低可达−68℃。缺点是乙二醇有毒，配制时需注意。乙二醇在使用中易氧化生成酸性物质，对冷却系统有腐蚀作用。因此在配制时必须加入一定量的防腐蚀添加剂。图 3-10 中的 G12 表示冷却液是乙二醇-水型，因其有毒所以染成粉红色。

2013 年 9 月 18 日，我国发布了《机动车发动机冷却液》(GB 29743—2013)标准，已于 2014 年 5 月 1 日实施。该标准规定了汽车和轻负荷发动机用乙二醇冷却液及其浓缩液的技术要求。乙二醇-水型冷却液按冰点分为−25 号、−30 号、−35 号、−40 号、−45 号和

−50号六种牌号，具有防腐、防冻、防沸及防垢等性能，属长效冷却液，四季通用。

目前还有一种环保型丙二醇冷却液，其在热传导、冰点防护及橡胶相溶性方面的性能毫不逊色，而在抗腐蚀、毒性及生物降解方面则有着乙二醇型冷却液无法比拟的优势。最引人注目的是无水型丙二醇冷却液，其冰点低达−68℃，而沸点高达 187℃，具有名副其实的抗沸、抗冻性能，具备重负荷冷却液的性能特征。

我国于 2010 年发布了《乙二醇型和丙二醇型发动机冷却液》(NB/SH/T 0521—2010)标准。该标准所属产品适用于轻负荷或重负荷内燃机冷却系统，包括乙二醇型轻负荷和重负荷、丙二醇型轻负荷和重负荷发动机冷却液四种类型。轻负荷发动机一般用于轿车、轻型货车、有篷货车、体育运动用车和农用拖拉机、草坪维护机械；重负荷发动机一般用于道路货车、公交车、土石运输车、牵引车和船舶等。

每种类型发动机冷却液又分为浓缩液和−25 号、−30 号、−35 号、−40 号、−45 号和−50 号六个不同牌号的冷却液。产品标志为：

牌号　乙二醇型/丙二醇型　轻负荷/重负荷　发动机冷却液

乙二醇型和丙二醇型发动机冷却液与冰点的对应关系见表 3-18。

表 3-18　乙二醇型和丙二醇型发动机冷却液与冰点的对应关系

规格	浓缩液	−25 号	−30 号	−35 号	−40 号	−45 号	−50 号
冰点(℃)不高于	−37	−25	−30	−35	−40	−45	−50

3) *发动机冷却液的选用*

在选用冷却液时，选取冰点要比车辆运行地区的最低气温低 10℃左右。

关于乙二醇冷却液的最低和最高使用浓度，一般规定最低使用浓度为 33.3%(V/V)，此时冰点不高于−18℃，低于此浓度时则冷却液的防腐蚀性不够，最高使用浓度为 69%(V/V)，此时冰点为−68℃，高于此浓度时则冰点反而会上升。全年使用冷却液的车辆其最低使用浓度以 50%(V/V)左右为宜。

除选好冷却液外，使用时应特别注意以下几点。

(1) 加注冷却液前应对发动机冷却系统进行清洗，最简单的方法是打开散热器放水阀，用自来水从加水口冲洗。

(2) 冲洗后，加注冷却液，并检查冷却液的密度(在散热器加水口就可以)。

(3) 乙二醇-水型冷却液在使用中蒸发的一般是水，应及时添加适量的水。但时间长了以后(如每年入冬前)应检查冷却液的密度，如密度变小，说明乙二醇含量不足，冰点高，应及时加充冷却液(或浓缩型冷却液)。

(4) 在使用乙二醇型冷却液时，应注意乙二醇有毒，切勿用口吸。

(5) 冷却液在使用一定时间后应更换。因为使用过程中要消耗冷却液中的添加剂。一般规定 2～3 年，或按照冷却液使用说明执行。

(6) 不同牌号冷却液不可混用。

4. 动力转向传动液和减振器液压油

1) *常用的动力转向传动液及使用注意事项*

(1) 常用的动力转向传动液品牌及规格。

现代越来越多的轿车采用电动助力转向系统，省去了液压系统，结构简单，保养维修也方便，但一些大型SUV车辆还是采用液压助力转向系统(因为液压系统的助力大)，此类车型多选用ATF液力传动油或合成液力传动油作为动力转向液，这些油品的使用性能好，寿命也长。动力转向液的选择和更换，用户一般还是应根据汽车厂商的车辆保养手册中的规定进行。如丰田公司针对卡罗拉、花冠系列轿车的动力转向系统规定：每10000 km检查转向液液面，液体有无发白、起泡现象。奥迪售后服务规定：每行驶40000～60000 km需要清洗保养一次动力转向系统。若遇转向困难、系统渗漏，则在更换动力转向机有关配件后，还须清洗保养一次动力转向系统。

(2) 动力转向传动液使用注意事项。

① 油液品质应符合规定。液压动力转向系统所使用的油液牌号应符合原厂规定。油液应具备良好的黏温特性、耐磨性、抗氧化性和润滑性等，并无杂质和沉淀物等。

② 定期检查转向油罐的液面高度。结合维护周期检查转向油罐液面高度是否在规定刻线之间，不足时应添加油液，添加的油液要经过滤清，品种要与原油液相同。

③ 应适时换油。因液压动力转向系统的油液是在高温高压下工作的，易变质，所以，要定期更换，一般一年更换一次，或按原厂规定进行更换。

④ 应及时排除系统内的空气。在转向系统加油时或转向系统混入空气时，需要将空气排出。排气的方法是先将油液加注到油罐规定的液面高度，然后启动发动机，在怠速状态下左、右打转向盘到极限位置(在极限位置停留不得超过5 s，以防油泵发热而被烧坏)，反复几次，并不断往油罐补充油液。同时，松开系统中的放气螺钉，直到油液充满整个系统，放气口没有气泡冒出，油罐内油面不再下降为止，然后拧紧放气螺钉即可。

2) 常用的减振器液压油及使用注意事项

(1) 常用品牌及规格。汽车减振器油一般是用深度精制的矿物油作为基础油料，再加入油性剂等功能添加剂调制而成的。如上海产的190型汽车减振器油，以深度精制的不同黏度的低凝点矿物油和合成油为基础油，加入各类质量稳定的能提高油品性能的添加剂配制而成，具有优良的抗剪切稳定性、低温性能、抗磨性和低蒸发性等，而且与橡胶等密封件有较好的配伍性，适用于各类中高级轿车、面包车、大型货车的减振器。该产品按黏度指数分为三个等级，用户可根据使用说明来选用。表3-19所示为190型汽车典型技术数据，选用时可作为参考依据。

表3-19　190型汽车减振器油典型技术数据

项　　目	典型数据	试验方法
外观	黄色透明液体	目测
运动黏度(40℃)/(mm^2/s)	10.68	GB/T 265
黏度指数	132	GB/T 1995
闪点(开口)/℃	163	GB/T 3536
凝点/℃	−48	GB/T 510
腐蚀试验(100℃，3h，T2)级	1b	GB/T 5096

(2) 使用注意事项。应保持减振器密封良好，无渗漏现象，不要放置于严寒或温度超

过 60℃的地方，要防止水分、机械杂质混入。

5. 汽车空调制冷剂

汽车空调制冷剂是空调装置的工作介质，通过压缩和膨胀蒸发吸收热量，从而产生制冷效应。

1) 汽车空调制冷剂的技术要求

汽车空调制冷剂的技术要求如下。

(1) 对人体无毒无害，泄露时能发出使人觉察的气味；

(2) 不易燃，不爆炸；

(3) 蒸发潜热大，且易于液化；

(4) 化学性质稳定，无腐蚀性，对金属零件、橡胶密封元件无侵蚀作用；

(5) 与润滑油无亲和作用，可与冷冻机油以任意比例相溶；

(6) 有利于环境保护。

2) 制冷剂的品种

目前我国车用制冷剂尚无专门的分类。从环保无公害的角度看，汽车空调制冷剂主要分为两类，一类是对大气臭氧层有破坏作用的 R-12(CFC-12)，另一类是环保无公害的汽车制冷剂，主要有 R-134a(HFC-134a)。其中的 R 是制冷剂(Refrigerant)的第一个字母。

R-12 和 R-134a 都是氟利昂(CFCs)制冷剂。各自的特性如下。

(1) R12 制冷剂是早期广泛使用的制冷剂，具有制冷能力强、化学性质稳定、与冷冻机油相容性好及安全性好等优点，但是，研究表明 R-12 的组成元素氯与大气中的臭氧(O_3)反应，导致大气中臭氧层被破坏，太阳紫外线辐射得不到节制，强度过高，对人类和生物带来危害，严重危害地球生态环境。

(2) R-134a 是 R-12 的替代产品，其分子组成中不含元素氯，是一种不破坏臭氧层的绿色环保的制冷剂。

在使用 R-134a 时应注意：制冷剂容器避免日光直射、火炉烘烤，以防意外；避免与人的皮肤直接接触，以防冻伤，尤其避免误入眼睛，以防造成失明；尽管 R-134a 无毒性，但与火焰接触时会产生毒气，因此操作现场应通风良好。

在使用 R-134a 时，除了要注意上述问题外，还应注意：干燥剂应使用 XH-7，并增加用量；冷冻机油应用适于 R-134a 的专用油；制冷系统密封材料应用专用材料。

在进行维修或加注制冷剂时，要特别注意避免 R-12 与 R-134a 混用。在使用 R-134a 制冷剂的汽车发动机和压缩机上必须以醒目的标记加以提示。

我国有关部门对汽车空调制冷剂替代工作有明确规定，2010 年以后必须以制冷剂 R-134a 全面替代 R-12 制冷剂。汽车空调装置制冷剂 R-134a 的加注接口采用不同规格的螺纹。R-134a 制冷剂空调装置及其配件应采用绿色标志。

虽说 R134a 制冷剂使用了这么多年，但因其 GWP(全球变暖的潜能值)高达 1400，在愈来愈严的环境保护法规的约束下，最终还是会成为历史，被新型制冷剂(如 R1234yf、R744(CO_2)制冷剂)所取代。欧盟委员会决定自 2017 年 1 月 1 日起不再允许采用 R134a 制冷剂的车辆上市销售。例如，目前最新的第五代奥迪 A8 轿车已采用 R744(CO2 制冷剂)来取代 R134a。

(七) 汽车轮胎

轮胎是汽车行驶系统的主要组成部分之一，轮胎的合理使用关系到汽车安全、能源节约和汽车运输成本的降低。轮胎的技术状况可使汽车油耗在10%～15%内变化，轮胎费用约占汽车运输成本的10%以上。

1. 轮胎的分类及规格

1) 轮胎的分类

轮胎按用途可分为轿车轮胎、货车轮胎、大客车轮胎和越野汽车轮胎；按轮胎的胎体结构可分为实心轮胎、充气轮胎和特种轮胎。

现代汽车广泛采用充气轮胎，按不同的分类方法，又有很多类型的充气轮胎。

(1) 按照充气轮胎结构不同，可分为有内胎轮胎和无内胎轮胎。

(2) 按充气压力的大小可分为高压胎(气压为 0.5～0.7 MPa)，低压胎(气压为 0.2～0.5 MPa)和超低压胎(气压为0.2 MPa 以下)。

目前，轿车、载货汽车多采用低压胎，因为低压胎弹性好，断面宽，与道路接触面大，壁薄而散热性良好。这些特点可提高汽车行驶平顺性和操纵稳定性。此外，还可以延长轮胎和道路的使用寿命。超低压胎适用于在坏路条件下行驶的越野汽车，能提高汽车的通过性。

(3) 按照胎面花纹可分为普通花纹轮胎、混合花纹轮胎和越野花纹轮胎。

(4) 按照胎体中帘线的排列方向，可分为普通斜交轮胎和子午线轮胎。

子午线轮胎结构如图3-11所示，由胎圈、帘布层、带束层、胎冠和胎肩组成，并以带束层箍紧胎体。胎体帘布层帘线相对胎面中心线呈垂直方向排列，即 90°角(或接近90°角)。它的结构特点是：胎冠角为0°，这种帘线排列方向与受力方向一致，使帘线强度能得到充分利用，帘布层数比普通斜交轮胎减少 40%～50%；设有带束层，带束层的帘线与胎面中心线交角很小，一般在20°以内，对帘布起箍紧约束作用，并使胎面强度显著提高。

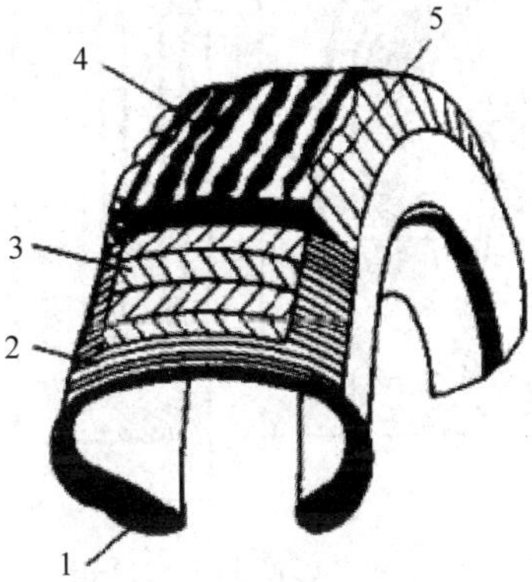

1—胎圈；2—帘布层；3—带束层；4—胎冠；5—胎肩

图3-11　子午线轮胎结构

子午线轮胎和普通斜交轮胎骨架的区别如图3-12所示。

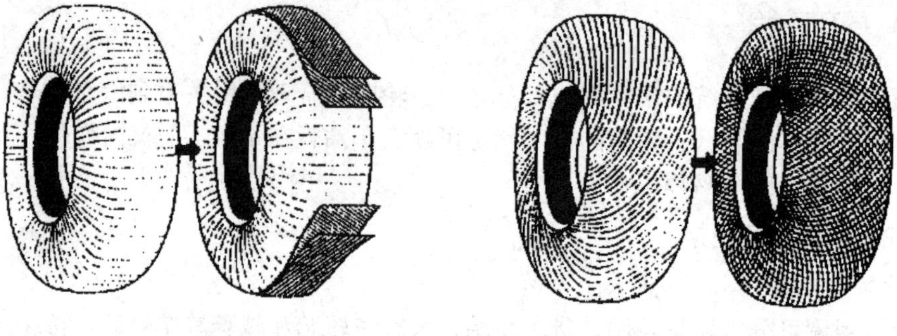

(a) 子午线轮胎　(b) 普通斜交轮胎

图 3-12　子午线轮胎和普通斜交轮胎骨架的区别

子午线轮胎与普通斜交轮胎相比，子午线轮胎的优点如下。

(1) 使用寿命长。子午线轮胎耐磨性好，比普通斜交轮胎使用寿命可延长 30%～50%。

(2) 滚动阻力小，节约燃料。由于胎冠具有强度较高的带束层，胎面的刚性大，轮胎滚动时弹性变形小，波动阻力比普通斜交轮胎可减小 25%～30%，油耗可降低 8%左右。

(3) 承载能力大。由于子午线轮胎的帘线强度能得到充分利用，故承载能力大，比普通斜交轮胎提高约 14%。

(4) 缓冲能力强，附着性能好。由于胎侧部分比较柔软，胎体弹性好，能吸收冲击能量，故缓冲能力强；附着性好，是由于轮胎接地面积大、胎面滑移小的缘故。

子午线轮胎的缺点是：胎侧易裂口、制造技术要求高、成本高、翻新困难。

由于子午线轮胎的综合性能明显优越于普通斜交轮胎，因此其应用越来越广阔。

2) 轮胎的规格及表示方法

轮胎的主要尺寸(见图 3-13)是轮胎断面宽度 B、轮辋名义直径 d、轮胎断面高度 H、轮胎外直径 D、负荷下静半径、轮胎滚动半径和轮胎高宽比等。

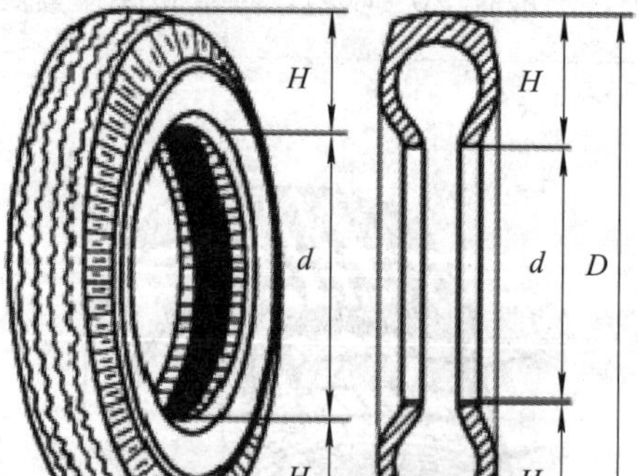

图 3-13　轮胎的主要尺寸

(1) 轮胎面宽度 B：指轮胎按规定气压充气后，轮胎外侧面间的距离。

(2) 轮辋名义直径 d：指轮辋规格中直径大小的代号，与轮胎规格中相对应的直径一致。

(3) 轮胎断面高度 H：指轮胎按规定气压充气后，轮胎外直径与轮辋名义直径之差的一半。

(4) 轮胎外直径 D：指轮胎按规定气压充气后，在无负荷状态下胎面最外表的直径。

(5) 负荷下静半径：指轮胎在静止状态下只承受法向负荷作用时，由轮轴中心到支承平面的垂直距离。

(6) 轮胎滚动半径：指车轮旋转运动与平移运动的折算半径。滚动半径 r 按下式计算：

$$r = \frac{S}{2\pi n_{\mathrm{w}}}$$

式中：S—— 车轮移动的距离(mm)；

n_{W}—— 车轮转过的圈数。

(7) 轮胎的高宽比：指轮胎的断面高度 H 与轮胎断面宽度 B 的百分比，表示为 H/B(%)。轮胎系列就是用轮胎的高宽比的名义值大小(不带%)表示的，例如，“80”系列、“75”系列和“70”系列等。

以载货汽车普通断面子午线轮胎符号“9.00 R20”为例，解释如下：9.00 表示轮胎名义断面宽度(9 英寸，1 英寸=2.54 cm)，R 表示子午线轮胎代号(Radial 缩写)，20 表示轮辋名义直径(20 英寸)。

以丰田花冠普利斯通轮胎为例解释轿车轮胎规格最新含义：195/60 R15 88H。其中 195 表示轮胎名义断面宽度(195 mm)，60 表示轮胎系列(高宽比)，R 表示子午线轮胎代号，15 表示轮辋名义直径(15 英寸)，88 表示负荷指数(最大承载质量为 530 kg)，H 表示速度级别(最高行驶速度为 210 km/h)。

轮胎负荷指数是指在规定条件(轮胎最高速度、最大充气压等)下轮胎负荷能力的数字符号。轮胎负荷指数用 LI 表示，轮胎负荷能力用 TLCC 表示。轮胎负荷指数目前有 0，1，2，…，279 共 280 个，表 3-20 摘录了一部分轮胎负荷指数(LI)与轮胎负荷能力(TLCC)的对应关系。

表 3-20　轮胎负荷指数(LI)与轮胎负荷能力(TLCC)的对应关系

轮胎负荷指数	轮胎负荷能力/kg	轮胎负荷指数 LI	轮胎负荷能力/kg
85	515	94	670
86	530	95	690
87	545	96	710
88	560	97	730
89	580	98	750
90	600	99	775
91	615	100	800
92	630	101	825
93	650	102	850

轮胎的速度级别是指将轮胎最高速度(km/h)分为若干级，用字母表示。我国轿车轮胎的速度级别符号及对应的最高行驶速度如表 3-21 所示。

表 3-21　轮胎速度符号标志

速度标志	速度/(km/h)	速度标志	速度/(km/h)	速度标志	速度/(km/h)	速度标志	速度/(km/h)
A1	5	B	50	L	120	U	200
A2	10	C	60	M	130	H	210
A3	15	D	65	N	140	V	240
A4	20	E	70	P	150	W	270
A5	25	F	80	Q	160	Y	300
A6	30	G	90	R	170	Z	300 以上
A7	35	J	100	S	180		
A8	40	K	110	T	190		

(8) 轮胎的生产日期。轮胎的生产日期由四位数字“AABB”组成，“AA”表示一年中的第几周，“BB”表示年份，图 3-14 表示的轮胎生产日期为 2014 年第 15 周。

图 3-14　轮胎的生产日期

(9) 轮胎上的其他标记。

如图 3-15 所示，图中圆圈部分的三角形标记，对应轮胎上箭头所示的凸台，这些是轮胎的磨损标志。当轮胎磨损接近该标志时，需要对轮胎进行更换。凸台和三角尖所对应的高度均为 1.6 毫米，即轮胎磨损极限为 1.6 毫米，这是轿车轮胎的磨损极限。

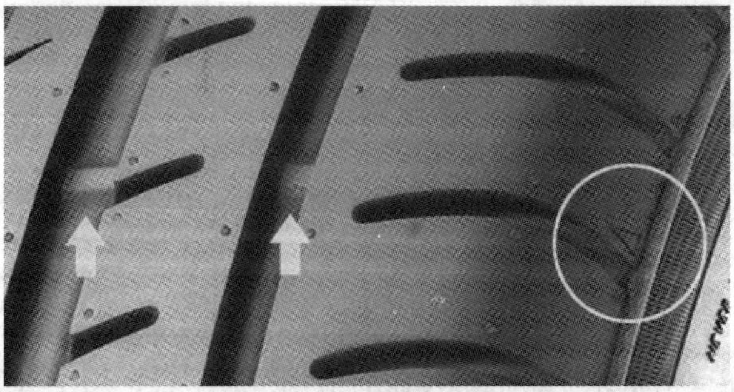

图 3-15　轮胎磨损标记

如图 3-16 所示，如果轮胎上出现 M+S+雪花标记，表示这是冬季用轮胎，其磨损极限为 4 毫米。

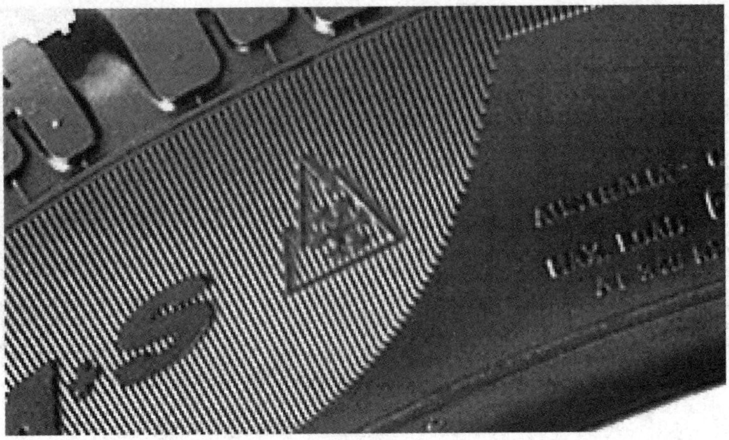

图 3-16　冬季轮胎标记

在轿车轮胎的胎侧还可以看到 3T 标识，所谓 3“T”，就是指 Treadwear(耐磨指数)、Traction(牵引性能)和 Temperature(温度级别)这三种标识。如图 3-17 所示，TREADWEAR 300 表示轮胎的耐磨指数为 300，耐磨指数反映轮胎耐磨程度，数值越大越耐磨，而且橡胶越硬，舒适度越差；反之数值越小耐磨度越低，橡胶越软，舒适度越好。一般耐磨指数在 280～320 是比较适中的。TRACTION A 表示抓地力，A 级证明抓地力比较强。抓地力从高到底依次是 AA，A，B，C 四级。TEMPERATURE　A 表示轮胎的温度级别，A 级表示轮胎耐高温的级数比较高。轿车轮胎的温度级别由高到低依次是 A，B，C。

图 3-17　轮胎上的 3“T”和“CCC”标识

除了要注意 3T 标识外还应该注意轿车轮胎胎侧的 CCC 标志，如图 3-17 中所示。如果没有这个标识那么意味着没有获得国家的强制认证，不适合国内路况，尤其是我们购买进口轿车轮胎的时候应该特别注意这个标识，否则会严重影响车辆的正常使用。

有的轮胎侧面有环保标识，如图 3-18 所示，从左到右的标志分别表示节油、低排放、寿命长和低噪音。

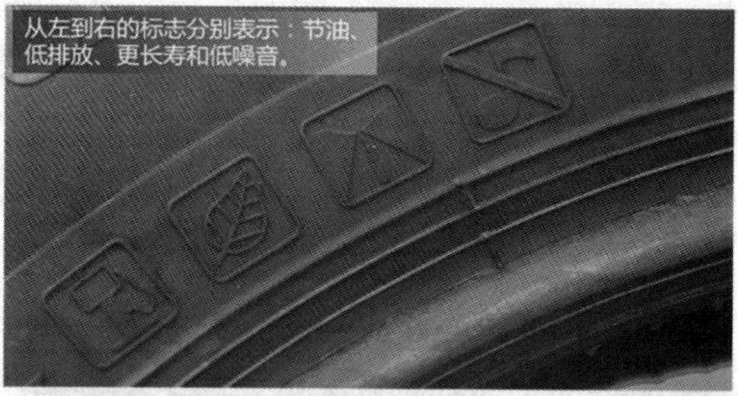

图 3-18　轮胎上的环保标志

如果是非对称轮胎则要求正确的安装方向，才能提供最佳性能。通常用“outside”或“inside”来标识，“outside”表示外侧，“inside”表示内侧，如图 3-19 所示。

图 3-19　轮胎上的内外标识

有些品牌的轮胎采用单一方向旋转的轮胎，称之为单向胎，通常在轮胎的侧壁上用箭头来进行标注，如图 3-20 所示，箭头方向应与车辆前进时轮胎的旋转方向一致，由此可确保轮胎具有防止出现滑水现象、提高附着能力、减少行驶噪音和延长耐磨寿命等方面最佳的行驶性能。如果逆规定的转动方向安装某个轮胎，则务必谨慎驾驶，因为此轮胎不能再按规定使用，尤其在湿滑的道路上行驶要格外注意，必须尽快更换此轮胎，或按正确的转动方向安装此轮胎。

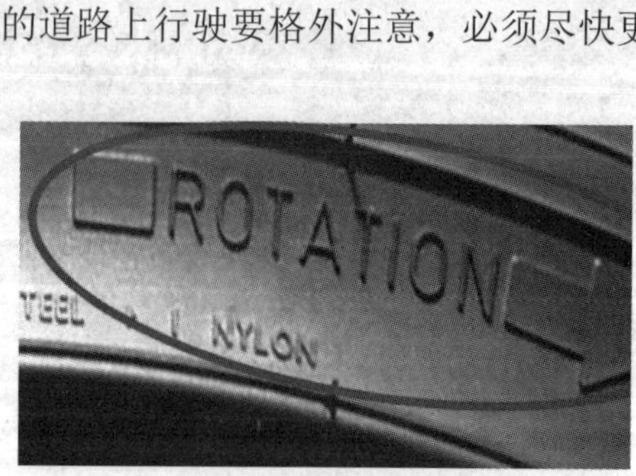

图 3-20　轮胎上的旋向标识

(10) 备胎。汽车的备胎分为全尺寸和非全尺寸两种，各自的特点如下：① 如图 3-21 所示为非全尺寸备胎，能节省行李箱空间，减轻重量，但是不能高速长距离行驶(≤200 km)，最高车速 80 km/h(50 mph)，胎压也较高，如德系轿车胎压高达 4.2 bar；② 全尺寸备胎如图 3-22 所示，它大小性能和正常车轮一样，能随时替换损坏的轮胎，但是占有空间大，重量也大。

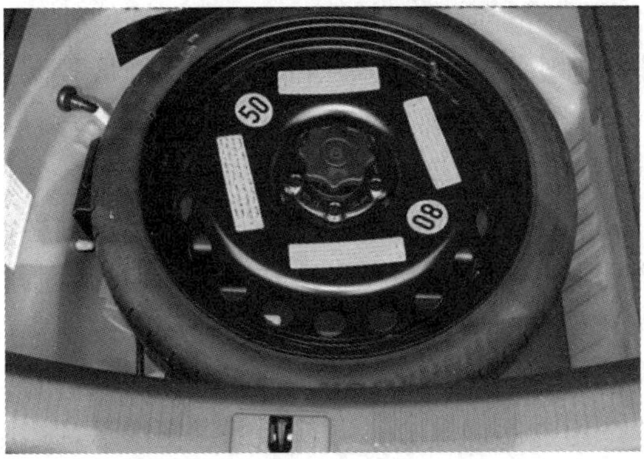

图 3-21　非全尺寸备胎

图 3-22　全尺寸备胎

2. 轮胎的使用与维护

1) 影响轮胎使用寿命的因素

轮胎气压、负荷、汽车行驶速度和气温、道路条件、汽车技术状况、驾驶方法、维修质量和管理水平等因素对轮胎的使用寿命影响很大。

(1) 轮胎气压的影响。“气压是轮胎的生命”，轮胎气压不同，所承受的负荷就不同。轮胎气压偏离标准是轮胎早期损坏的主要原因，尤以气压不足对轮胎的危害最大。

轮胎气压越低，胎侧变形越大，使胎体帘线产生较大的交变应力。由于帘线能承受较大的伸张变形，而承受压缩变形的能力较差，故周期性的压缩变形会加速帘线的疲劳破坏。轮胎以低压状态滚动时，除增大胎体的应力外，还因摩擦加剧而使轮胎温度升高，降低了橡胶和帘线的抗拉强度。

试验表明，轮胎气压降低 20%，轮胎使用寿命降低 15%以上。

当轮胎气压过高时，造成轮胎接地面积小，增大了单位面积上的负荷；同时轮胎弹性小，因胎体帘线过于伸张，应力增大，由此造成胎冠磨损增加。如汽车在不良路面上行驶时，由于车轮承受的动负荷大，则易使胎面剥离或爆胎。气压过高对轮胎的磨损强度虽比气压不足时要小，但爆破的可能性却增大了。

常用气压单位换算公式如下：

1 kg(压力) =1 bar=1(个大气压) =1 kg/cm^2 = 0.1 MPa = 10^{-4} GPa = 10^5 Pa = 14.5 psi

1 psi = 6.895 kPa，psi 即 pounds per square inch(磅/英寸^2)。如丰田威驰轿车前轮胎标准气压是 2.3 bar，后轮胎是 2.1 bar。

(2) 轮胎负荷的影响。轮胎所承受的最大负荷设计时已经限定。超载时，外胎损坏特点与气压低时类似，胎侧弯曲变形大。但轮胎超载时受力和变形状态比气压低时更恶化，轮胎的损坏就更加严重。

(3) 汽车行驶速度和气温的影响。汽车行驶速度过高，轮胎使用寿命缩短。原因是高速行驶时轮胎面与路面摩擦频繁，滑移量大，使胎体温度升高，结果导致轮胎气压增高；汽车高速行驶时动负荷大，会造成轮胎的损伤。

气温对轮胎使用寿命的影响也很大，尤其在气温和车速均高时，轮胎使用寿命会明显缩短，其根本原因是都造成了轮胎气压急剧升高。

(4) 道路条件的影响。影响轮胎使用寿命的道路因素主要是路面材料和平坦度。它们关系到摩擦力和动负荷的大小，由此影响轮胎的使用寿命。

(5) 汽车技术状况的影响。汽车底盘(尤其是行驶系统)的技术状况不良，会造成轮胎的异常磨损。如轮辋变形、轮毂轴承松旷、车轮不平衡，会造成轮胎磨损成多边形或波浪形，轮辋偏心、轮毂与转向节轴偏心会造成轮胎一侧局部磨损等。

(6) 驾驶方法的影响。轮胎的使用寿命与汽车驾驶方法紧密相关，例如，起步过猛使驱动轮上的负荷骤然增加，轮胎与地面发生强烈的摩擦，并易发生滑转现象，增加轮胎磨损。紧急制动时轮胎由滚动变为滑移，局部胎面受到剧烈摩擦产生高温，使胎面胶软化而加剧磨损。同时在缓冲层和帘布层中产生较大的剪切应力，会使胎面花纹发生崩裂，胎面脱胶或胎体脱层。转弯过急则使车轮侧向滑移，增加胎面磨损，并使胎侧过度变形，在胎圈部位产生很大应力，可使胎圈破裂、胎体脱层，甚至爆破。行驶中轮胎碰撞障碍物，使轮胎受到强烈冲击，引起过度变形，损坏帘布层。

(7) 轮胎维护质量的影响。不认真执行轮胎强制维护的原则，就不能保持轮胎的良好技术状况，也会影响轮胎的使用寿命。

(8) 轮胎管理水平的影响。不执行轮胎装运技术要求，轮胎保管条件不良或方法不当，也将引起轮胎早期损坏；若轮胎与矿物油、酸类物质和化学药品接触，会使橡胶、帘布层遭受腐蚀；保管期间受阳光照射，室温过度或空气过分干燥，会加速轮胎老化；空气中水分过多，轮胎受潮会使帘布层霉烂变质。

2) 汽车轮胎的正确使用

轮胎的合理使用是延长其使用寿命的根本途径，使用中应注意以下问题。

(1) 保持轮胎气压正常。

(2) 防止轮胎超载。

(3) 合理搭配轮胎。合理搭配轮胎的目的是使整个汽车上的几条轮胎尽量磨损一致，使其同等寿命。搭配轮胎的原则如下：装用新轮胎时，同一车轴上装配同一规格、结构、层级和花纹的轮胎；货车双胎并装的后轮，还需同一品牌；装用成色不同的轮胎时，前轮尽量使用最好的轮胎，备用轮胎使用较好的轮胎，直径较大的轮胎应该装在双胎并装的后轮外挡；翻新轮胎不得用于转向轮。

(4) 精心驾驶车辆。驾驶操作的要领是：起步平稳，避免轮胎滑转；均匀加速，中速行驶，避免急加速和急减速；选择路面，避免在不良路面上行驶；转弯减速，避免高速转弯引起的轮胎横向滑移；以滑代制，避免紧急制动造成的轮胎拖磨。

(5) 保持良好的底盘技术状况。轮胎的异常磨损与底盘技术状况有关，如前轮定位中的前轮外倾与前轮前束配合不当、轮毂轴承松旷、转向传动机构间隙过大、车轮不平衡、轮辋变形、悬架与车架变形或制动技术状况不良等。

前轮外倾与前轮前束配合不当将产生侧向力，使轮胎横向滑移而引起磨损。

轮毂轴承松旷、转向传动机构间隙过大、车轮不平衡、轮辋变形等，会使汽车行驶中轮胎发生纵向的跳动或横向的摆动，使车轮非正常磨损加剧。

悬架与车架变形将使车轮定位发生变化，使车轮着地位置发生变化或产生侧向力，引起轮胎的磨损。

当车轮制动器调整不当时，各轮制动力不均匀或制动力不易解除，造成胎面磨损加剧。

(6) 做好日常维护。日常维护包括出车前、行车中和收车后的检视。主要是检视轮胎气压是否符合规定；检查轮胎螺母有无松动；清理轮胎夹石和有无不正常的磨损和损伤，并及时消除造成不正常磨损和损伤的因素。检查轮胎的重要性如图3-23所示。

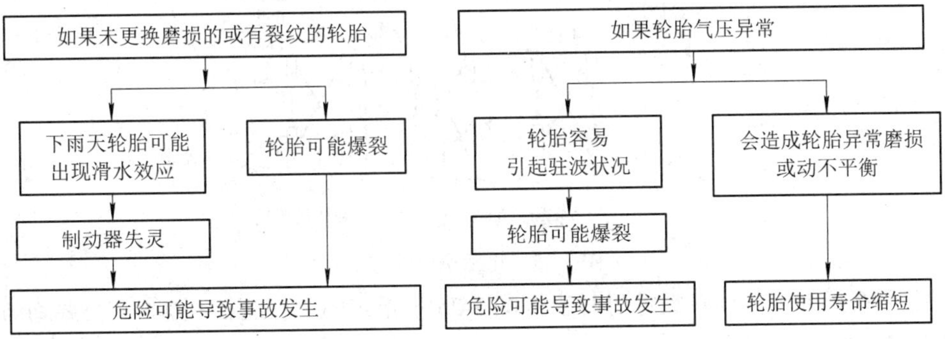

图3-23　检查轮胎的重要性

3) 汽车轮胎的维护

(1) 一级维护。检查轮胎螺母是否紧闭，气门嘴是否漏气，气门帽是否齐全，如发现损坏立即修理补齐；挖出轮胎花纹中的石子、杂物；检查轮胎气压，按标准补足，如果轮胎气压不正常，则会导致形成如图3-24所示的轮胎异常磨损结果；检查轮胎有无与其他机件刮碰现象，备胎架是否完好、紧固，如不符合要求应予排除，完成上述操作后应填写维护记录。

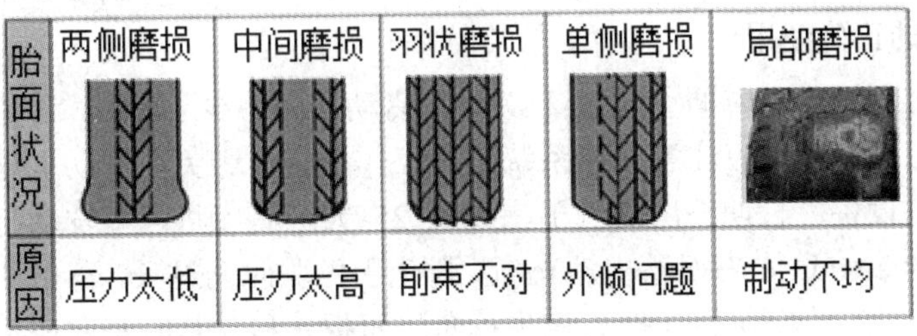

图3-24　轮胎磨损指示

(2) 二级维护。二级维护除执行一级维护的各项作业外，还应拆卸轮胎，按轮胎标准测量胎面花纹磨耗、周长及断面宽的变比，作为换位和拆卸的依据；进行轮胎解体检查：检查胎冠、胎肩、胎侧及轮胎内有无内伤、脱层、起鼓和变形等现象，检查内胎、垫带有无咬伤、折皱现象，气门嘴、气门芯是否充好，检查轮辋、挡圈和锁圈有无变形、锈蚀，根据情况进行涂漆处理；检查轮辋螺栓孔有无过度磨损或损裂现象；排除解体检查所发现的故障后，进行装合和充气；高速车应进行轮胎的动平衡试验，并按图3-25所示方法进行轮胎换位；若发现轮胎有不正常的磨损或损坏，应查明原因，予以排除，完成后填写相应的维护记录。

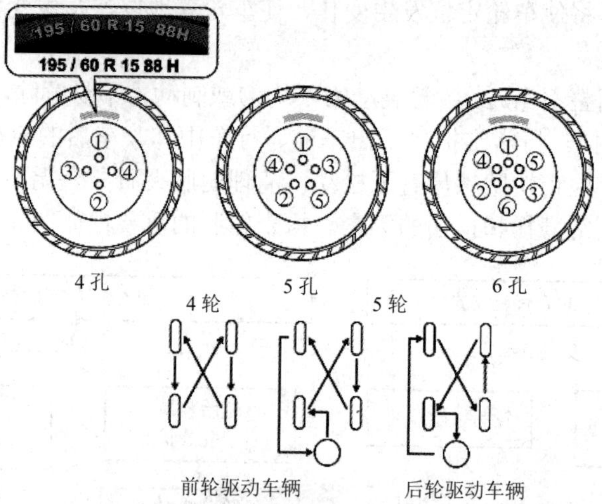

图 3-25　轮胎换位的方法

注意：在拆卸或紧固轮毂螺母时应按图 3-25 中指定的顺序进行，因为有必要均匀地进行紧固或拆卸。

(八) 车用蓄电池

蓄电池是一种将化学能转变为电能的装置，在发动机启动时向启动机供给 200～600A 启动电流(柴油机达 1000A)，同时向点火系统供电。在发电机不发电或电压较低时可向用电设备供电；发电机超载时，蓄电池协助发电机供电。当发电机端电压高于蓄电池电压时，将发电机的电能转变为蓄电池的化学能储存起来。蓄电池还可吸收发电机的过电压，保护车用电子元件，同时也是 ECU 内存的不间断电源。

1. 蓄电池的正确使用

启动汽车时每次启动时间不超过 3 s，再次启动间隔不少于 15 s，避免长时间连续使用启动机。汽车运行过程中应注意充电系统是否工作正常。避免在发动机熄火状态下长时间使用音响等用电设备。长期不用的汽车，每隔 25 天左右应将汽车发动起来，控制发动机以中等转速运转 20 min 左右对蓄电池充电，避免因停驶时间过长，蓄电池亏电导致汽车无法启动。将蓄电池从汽车上拆下时，应先拆负极再拆正极，装时与此相反。不要随便给汽车更换比原蓄电池容量大的蓄电池，因为汽车上的发电机发电量是固定的，发电量不会增大，如果换了容量大的蓄电池，会使新蓄电池充不足电，蓄电池长期亏电会损坏得更快。应注意保持蓄电池清洁和牢靠。

2. 蓄电池电极螺栓连接的注意事项

如果未正确固定蓄电池，可能导致其损坏，因为使用中的震荡损伤会缩短蓄电池的使用寿命，并存在爆炸危险。如果蓄电池电极接线端未正确插入并拧紧，就可能导致烧坏线路，造成严重的电气设备故障从而无法确保汽车的安全运行。检查蓄电池安装是否牢固，必须用手晃动电极连接端，必要时以规定的拧紧力矩拧紧紧固螺栓。

只允许用手插上蓄电池电极连接端，且不能用力过度；蓄电池电极上不能有油脂；在安装蓄电池电极接线端后，蓄电池电极应与接线端平齐或者从接线端中露出电极。用规定的拧紧力矩拧紧蓄电池接线端后不允许对此螺栓连接再拧紧。

3. 蓄电池静态电压低的原因

蓄电池静态电压与充电程度和蓄电池状态的关系如表 3-22 所示。造成蓄电池静态电压过低的可能原因有驾驶习惯(如经常短距离驾驶车辆，频繁启动发动机)，或长期停放没有断开蓄电池连接造成蓄电池过度放电，或车辆本身存在隐秘的耗电器，造成静态放电电流过大或者是蓄电池本身损坏等。

表 3-22　蓄电池静态电压与充电程度关系

静态电压/V	充电程度	蓄电池状态
11.70	0%	放电，已用尽所有电量
12.20	50%	逐渐形成固体状的硫酸盐晶体，硫酸盐晶体只能通过较多的能量供给才能再次溶解。同时活化的块状物迅速膨胀，产生裂纹，并由此导致正极栅格腐蚀加剧
12.35	65%	对于带指示孔的蓄电池，显示会从绿色变成黑色；对于新车或库存车，应给蓄电池充电
12.70	100%	全电量

4. 蓄电池电眼颜色的含义

目前汽车上普遍装用免维护蓄电池。该类电池与传统蓄电池相比，具有无需添加任何液体，对接线桩头、电线和和车身腐蚀轻，抗过充电能力强，启动电流大，电量储存时间长等优点。免维护蓄电池虽然称之为“免维护”，但也并非完全放任不管。厂商建议每 3 万公里检查一次蓄电池，每 8 万公里进行一次保养。免维护蓄电池上一般装有温度补偿型密度计，可以指示蓄电池的存放电状态和电解液液位的高度，密度计的指示孔俗称电眼，如图 3-26 所示。当电眼呈现绿色时，表明充电已足，蓄电池正常；当电眼呈现绿色很少或为黑色时，表明蓄电池必须充电；当电眼呈现淡黄色或无色时，表明蓄电池已报废，需要进行更换。

注意：严禁检测或者充电淡黄色显示的蓄电池，严禁进行辅助启动！在进行检测、充电或辅助启动时存在爆炸危险，因此必须更换此类蓄电池。有些蓄电池指示孔的颜色含义是不同的，例如蓝色表示电量充足，黑色表示必须充电，白色表示报废，因此具体颜色看说明书。另外当蓄电池使用超过五年或指示孔颜色消失时，需要更换蓄电池。

【大众迈腾轿车蓄电池检查】

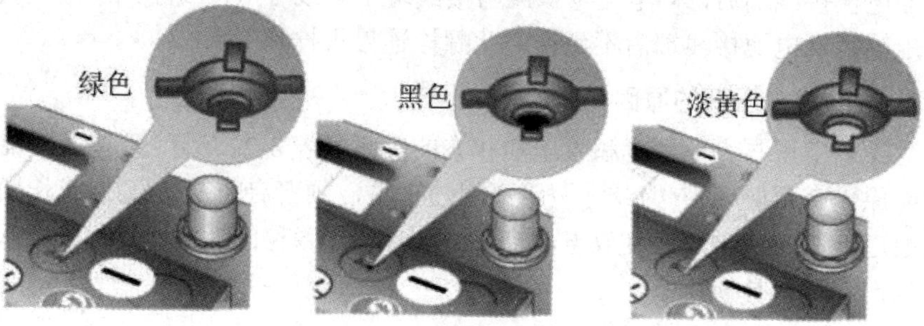

图 3-26　蓄电池密度计指示孔颜色

对于普通干荷式蓄电池而言，应保持电解液的液位在规定刻度线范围。日常行车中应经常检查盖上的小孔是否通气，倘若蓄电池盖小孔被堵，产生的氢气和氧气排不出去，电解液膨胀时，会把蓄电池外壳撑破，壳体受损可能会导致电解液流出。流出的蓄电池电解液可能会对车辆造成严重损坏，应迅速用电解液中和剂或肥皂液处理电解液接触到的所有部件。

5. 蓄电池识别码

对于日本标准的蓄电池而言，其上有识别码如“3 4 B 1 9 R”，其中 34 表示蓄电池的容量参数，数字越大，表示蓄电池可以存储的电量就越多；B 表示蓄电池的宽度和高度代号，蓄电池的宽度和高度组合是由 A～H 8 个字母中的一个表示的，字符越接近 H，表示蓄电池的宽度和高度值越大；19 表示蓄电池的长度约为 19 cm；R 表示正极端子的位置，从远离蓄电池极柱看过去，正极端子在右端的标 R，正极端子在左端的标 L。在给蓄电池充电的过程中如果发现以下情况，请立即停止充电：蓄电池充电中电压和比重没有变化；没有产生气体，并且温度急速上升。

6. AGM 蓄电池

AGM 蓄电池是指隔板采用的是超细玻璃棉材料的蓄电池，多用于带自动启停功能的车辆。当今车辆的电气设备因其日益增长的能量需求，要求蓄电池提供更强大的电力，即使车辆停止不动，能量消耗也是巨大的，AGM 蓄电池就满足了这种需求。AGM 蓄电池是密封的，电池盖上有排气阀，也属于免维护蓄电池，但它没有电眼，需要用专用的蓄电池检测仪来检测电压、容量、温度和状态等参数。与普通蓄电池相比，其价格较高，但具有以下优点：

(1) 循环充电能力比铅酸蓄电池高三倍，具有更长的使用寿命。

(2) 在整个使用寿命周期内具有更高的电容量稳定性。

(3) 低温启动更加可靠。

(4) 降低事故风险，减少环境污染风险(由于酸液 100%密封装)。

7. 蓄电池辅助启动

当借用蓄电池进行辅助启动时，如图 3-27 所示，操作步骤如下。

(1) 关闭两车点火开关；

(2) 将红色电缆的一端连接到缺电蓄电池 A 汽车的正极接线柱上；

(3) 将红色电缆的另一端连接到供电蓄电池 B 的正极接线柱上；

(4) 将黑色电缆的一端连接到供电蓄电池 B 的负极接线柱上；

(5) 将黑色电缆的另一端连接到缺电蓄电池 A 汽车的合适接地点上，例如，可连接到发动机缸体上或与发动机缸体牢固连接的实心金属部件上，连接点必须尽可能远离汽车蓄电池。

(6) 妥善安置跨接电缆，注意勿使电缆与发动机舱内的运动部件接触。

(7) 启动供电蓄电池汽车的发动机，中速运转。

(8) 启动缺电蓄电池汽车的发动机，等一至两分钟，直至发动机平稳运转。

(9) 发动机运转状态下按上述相反顺序拆卸跨接电缆。

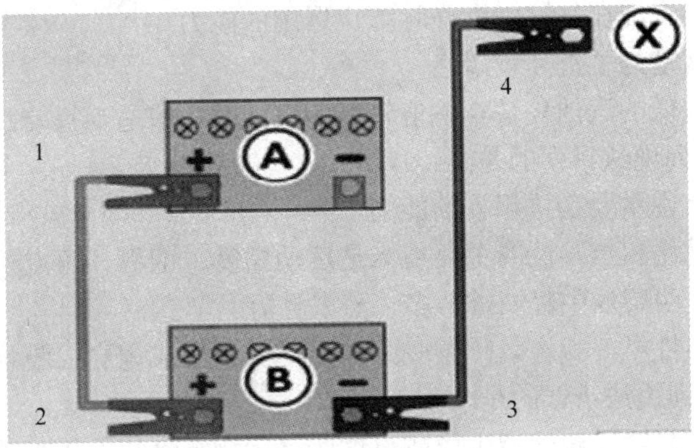

图 3-27　蓄电池辅助启动

四、自我测试题

(一) 判断题

1. 汽油的抗爆性在很大程度上取决于碳氢燃料的结构，其中闭链结构比开链结构燃料的抗爆性强，饱和结构比不饱和结构燃料的抗爆性强。(　　)

2. 按汽车的压缩比选用汽油牌号，以汽油机在正常条件下运行不发生爆燃为原则。(　　)

3. 评定柴油机燃烧性的指标是十六烷值，十六烷值低的柴油，柴油机工作柔和。(　　)

4. 机油的黏度指数越高，黏温特性越差。(　　)

5. 机油牌号中第一个字母 S 表示汽油机机油，D 表示柴油机机油。(　　)

6. 对多级油来讲，其代表冬季用部分的数字越小，代表夏季用部分的数字越大，说明其黏温特性越好。(　　)

7. 保持正常油位，常检查，勤加油。正常油位应位于油尺的满刻度标志和 1/2 刻度标志之间，不可过多或过少。(　　)

8. 使用润滑脂的缺点是冷却作用差、启动摩擦力矩大及不能起到密封作用。(　　)

9. 锥入度值愈大，稠度愈大；反之，稠度愈小。(　　)

10. 不要采用“满毂润滑”，即把润滑脂填满整个轮毂内腔，这样不科学，又浪费。(　　)

11. 制动液沸点如果太低，易使制动系统管路产生气阻，导致制动失效。(　　)

12. 在选用冷却液时，选用冰点要比车辆运行地区的最低气温低20℃左右。(　　)

13. 在使用乙二醇型冷却液时，应注意乙二醇有毒，切勿用口吸。(　　)

14. 动力转向油可以替代制动液来使用。(　　)

15. 轿车、载货汽车多采用低压胎，高压胎适用于坏路条件下行驶的越野汽车。(　　)

(二) 单项选择题

1. 关于汽油下列说法错误的是(　　)。

A．汽车所用的燃料都是由石油经现代提炼技术加工而成的

B．抗爆性表示汽油在气缸中燃烧时防止爆燃的能力

C．汽油中加锰是为了提高抗爆性

D．用辛烷值较低的汽油代替辛烷值较高的汽油时，应适当提前点火

2. 关于柴油下列说法错误的是(　　)。

A．柴油的燃烧性主要是抗粗暴的能力

B．评定柴油雾化和蒸发性的主要指标是运动黏度、馏程、闪点和密度

C．闪点高，说明柴油中轻质馏分多，蒸发性好

D．柴油的安定性不好就会氧化结胶，在燃烧室内生成积炭、胶状沉积物

3. 关于机油下列说法错误的是(　　)。

A．能抑制积炭、漆膜和油泥生成或将这些沉积物清除的性能叫做机油的清净分散性

B．我国发动机润滑油采用API使用性能分类法和SAE黏度分类法

C．机油在规定条件下冷却时，能够流动的最低温度，叫做机油的倾点

D．多级油代表冬季用部分的数字越大，代表夏季用部分的数字越小，说明黏温特性越好

4. 常用馏程来评价汽油的挥发性，错误的是(　　)。

A．10%蒸发温度　　B．50%蒸发温度　　C．75%蒸发温度　　D．90%蒸发温度

5. 下列(　　)项不是评定柴油雾化和蒸发性的主要指标。

A．十六烷值　　B．馏程　　C．闪点　　D．运动黏度

6. 关于车辆齿轮油下列说法错误的是(　　)。

A．车辆齿轮油是指汽车驱动桥、变速器、转向器等齿轮传动机构用的润滑油

B．有些齿轮传动所承受的压力高达2.5～4.0 GPa，要求齿轮油具有良好的极压抗磨性

C．齿轮油在低温下应能保持必要的流动性

D．汽车齿轮油的工作温度变化范围很大，因此应具有良好的黏温特性

7. 关于润滑脂的使用特点下列说法错误的是(　　)。

A．与相似黏度的润滑油相比，润滑脂有较高的承受负荷能力和较好的阻尼性

B．润滑脂易附着在金属表面，保护表面不锈蚀，并可防止滴油、溅油污染产品

C．润滑脂冷却散热性能好、启动摩擦力矩小并且更换方便

D．轴承润滑中，润滑脂还可起到密封作用

8. 关于制动液下列说法错误的是(　　)。

A．如果制动液沸点太高，高温时蒸发成蒸气，使制动系统管路产生气阻

B．黏度合适可保持制动液具有良好的流动性和一定的润滑能力

C．制动液对橡胶零件有溶胀作用，将使皮碗的体积增加，导致制动失效

D．要求制动液不腐蚀金属

9. 关于发动机冷却液的使用，下列说法错误的是(　　)。

A．在选用冷却液时，选用冰点要比车辆运行地区的最低气温低 10℃左右

B．加注冷却液前应对发动机冷却系统进行清洗

C．在使用乙二醇型冷却液时，应注意乙二醇有毒，切勿用口吸

D．不同牌号的冷却液可以相互兼用

10. 关于轮胎符号 195/60 R15 88H，下列说法错误的是(　　)。

A．195 是指轮胎断面宽度 195 mm

B．60 是指轮胎的高宽比，R 表示子午线轮胎

C．15 表示轮胎的直径是 15 英寸

D．88 表示轮胎的负荷指数

(三) 简答题

1. 发动机润滑油的作用是什么？我国发动机润滑油采用什么分类法？SF 10W/30 的含义是什么？

2. 液力传动油的使用注意事项有哪些？

3. 92 号汽油的含义是什么？

4. 空毂润滑的含义是什么？

5. 制动液的技术要求是什么？制动液分哪些类型？

6. 冷却液应具有什么样的使用性能？

7. 动力转向液的使用注意事项是什么？

8. 国六排放标准与国五排放标准有何不同？

9. 汽车轮胎如何正确使用？

10. 车用蓄电池如何正确使用？

项目四 汽车保养作业中的基本功能检查

一、项目描述

通过对车辆在顶起位置1(顶起位置的含义如图4-24所示)时的油液、灯光、喷洗、制动、转向、喇叭、车身螺栓和螺母、减振器和球节的检查，学生应达到以下要求。

1. 知识要求

(1) 了解汽车保养作业时的顶起位置的含义。

(2) 熟悉汽车保养中的基本维修操作。

(3) 理解5S的含义。

2. 技能要求

(1) 能够正确着装与摆放工具。

(2) 能够使用车辆保护套与正确检测机油等油液的含量。

(3) 能够使用车内外各种照明灯开关并检查喷洗器的压力与喷洒区。

(4) 能够检查制动功能、转向盘和喇叭。

(5) 能够检查车身螺母及螺栓的紧固情况。

(6) 能够检查减振器的阻尼状态与备胎的使用状况。

(7) 能够检查球节。

(8) 能够使用举升器。

3. 素质要求

(1) 掌握5S理念。

(2) 重视劳动保护与安全操作。

(3) 注意环境保护。

(4) 培养团队协作精神。

二、项目实施

任务一　车内部检查

1. 训练内容

(1) 在驾驶员位置处完成相关的检查工作。

(2) 完成并填写学习工作单的相关项目。

(3) 学习汽车二级维护的相关知识。

【车内部检查】

2. 训练目标

(1) 掌握车辆在驾驶员位置处的工作内容。

(2) 熟悉轿车常用功能的检查方法。

3. 训练设备

轿车及维修手册、常用工具、车辆保护套、车轮挡块和举升器。

4. 训练步骤

1) 准备工作

开始工作前准备好翼子板布、前格栅布、方向盘套、座椅套、脚垫和车轮挡块，作业位置顺序按图4-1所示进行。

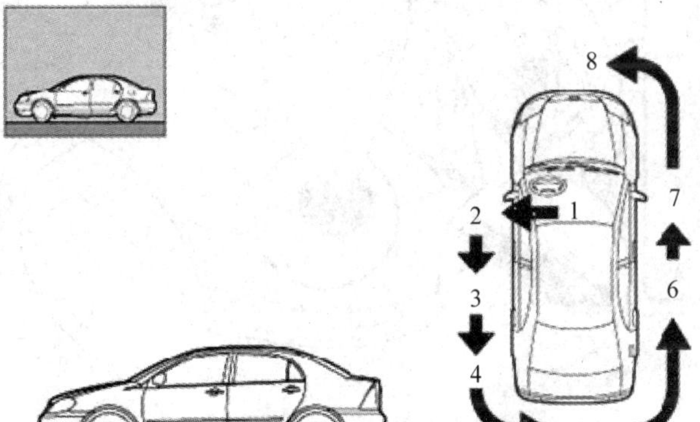

1—驾驶员座位；2—左侧前门；3—左侧后门；4—燃油箱盖；5—车后部；
6—右侧后门；7—右侧前门；8—车前部

图4-1　工作顺序图

2) 预检工作

如图4-2所示，在驾驶员座椅处放上座椅套、脚垫、方向盘套，并打开发动机盖，在车辆前部放上翼子板布和前格栅布，并用车轮挡块挡住车轮。

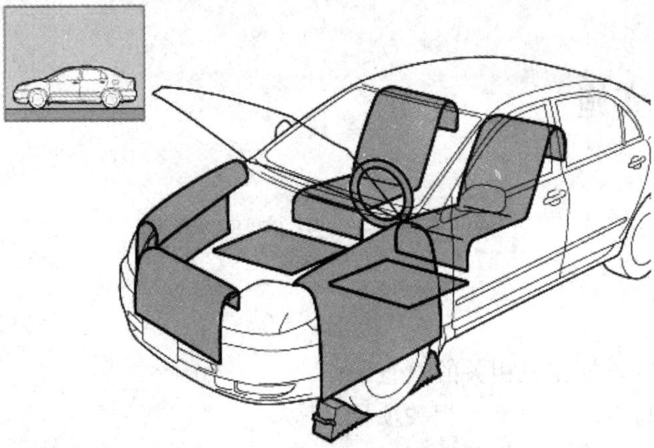

图 4-2　安装车辆保护套

3) 发动机室油液检查

如图 4-3 所示，检查机油油位时，抽出机油标尺 2 后用干净的布擦净，再次插回油底壳，然后再抽出读数，注意油尺不要上扬；发动机冷却液液位、制动液液位通过目测储液罐检查，不可用手摇晃；喷洗液液位检查时，标尺 4 拉出到能看见标记状态即可；拆卸机油加注口盖 5，以便排放发动机机油。

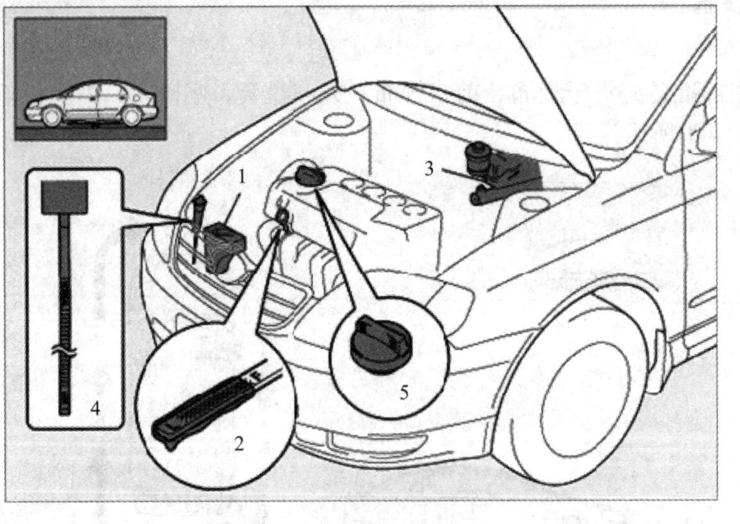

1—冷却液储液罐；2—机油标尺；3—制动液储液罐；4—标尺；5—机油加注口盖

图 4-3　发动机室油液检查

4) 灯光检查

如图 4-4 所示，两位学生互相配合，一人在车内依次打开灯光，包括大灯近光和指示灯点亮、大灯远光和指示灯点亮、大灯闪光和指示灯点亮、转向信号灯和指示灯点亮、危险警告灯和指示灯点亮、前雾灯和指示灯点亮、后雾灯和指示灯点亮、制动灯点亮、倒车灯点亮、示宽灯点亮、牌照灯点亮、尾灯点亮、仪表板照明灯点亮、顶灯点亮和组合仪表警告灯点亮，另一人在车前方和后方示意车灯点亮情况。

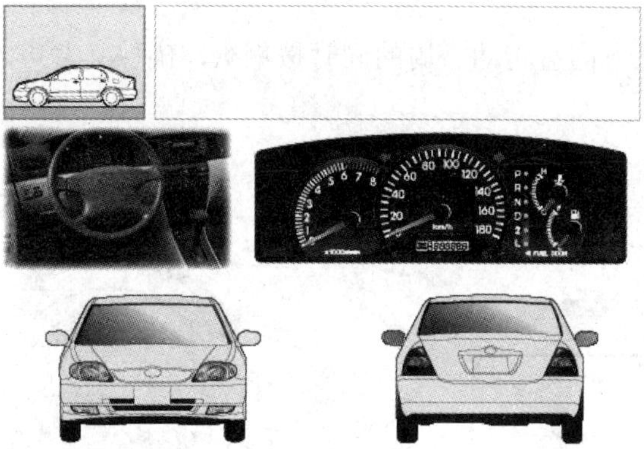

图 4-4　灯光检查

5) 检查喷洗器的压力和喷洒区位置以及刮水效果

如图 4-5 所示，启动发动机，检查挡风玻璃喷洗器喷洒压力是否足够，如果车辆配备有挡风玻璃喷洗联动刮水器功能，需检查刮水器是否协同工作；检查喷洒区是否集中在刮水器工作范围内，必要时进行调整。

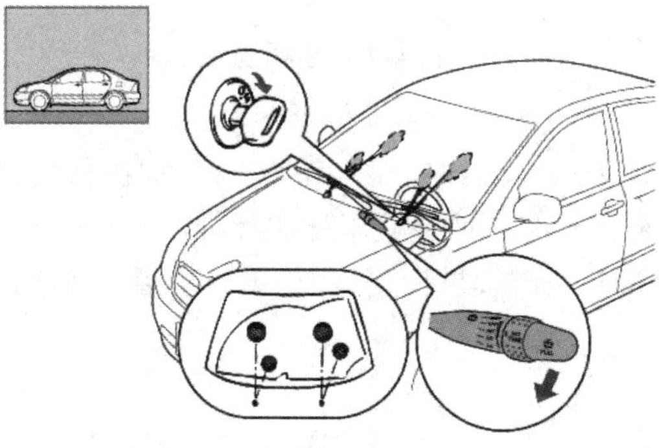

图 4-5　喷洗器压力和喷洒区检查

检查刮水器各挡位的工作情况是否正常；检查刮水效果，不要出现如图 4-6 中(a)或(b)所示的刮水痕迹；关闭刮水器后，其摆臂的停留位置应在前挡风玻璃的下沿。如果车辆带有天窗，还要清洁天窗导轨并涂油脂润滑。

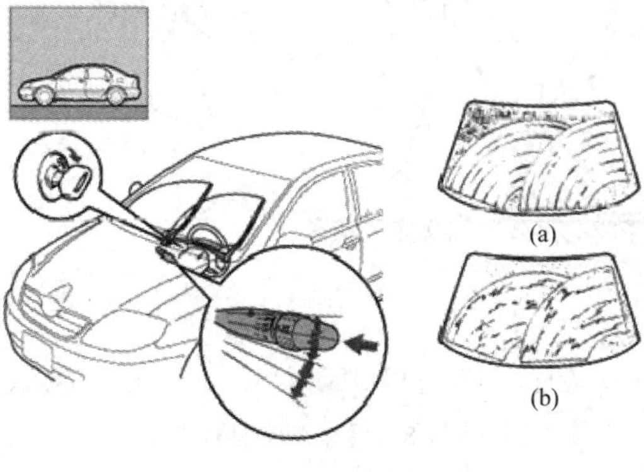

图 4-6　刮水效果检查

6) 检查喇叭

如图 4-7 所示，在方向盘转动一周的同时按喇叭，确保其发声，检查喇叭的音量和音调是否稳定。

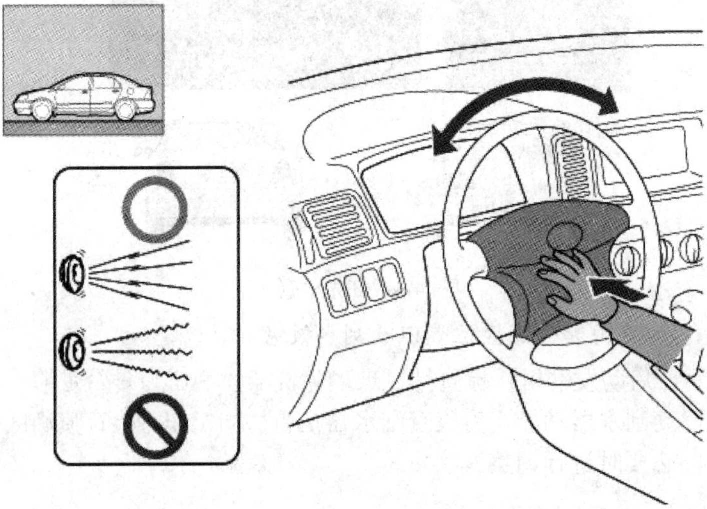

图 4-7　喇叭检查

7) 检查驻车制动杆

如图 4-8 所示，拉动驻车制动杆时，驻车制动杆行程在预定的槽数内，拉动时可以听到“咔嗒”声。如果不符合标准，调整驻车杆的行程。在点火开关位于“ON”时，检查以确保当驻车制动杆操作时，在拉动驻车杆到达第一个槽口前，指示灯就已经发光。

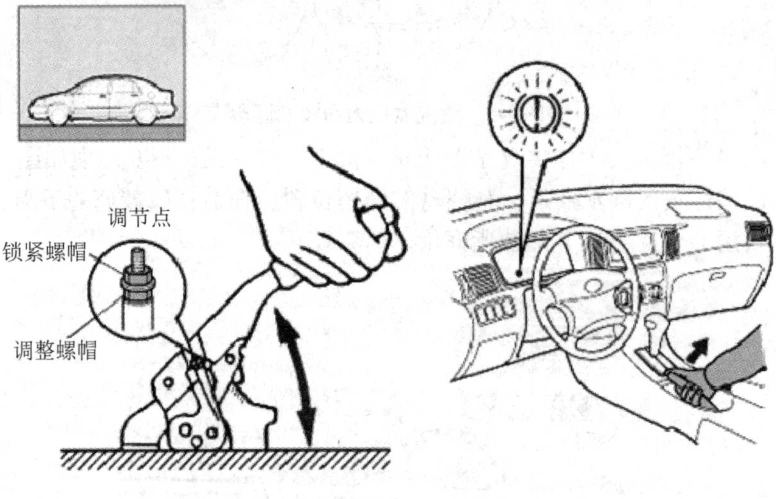

(a) 检查制动杆行程　　(b) 检查指示灯点亮

图 4-8　驻车制动杆检查

如图 4-9 所示，对于带有电动机械式驻车制动器(EPB)的车辆，要检查驻车制动器开关是否正常，开关上的指示灯是否能点亮和熄灭。

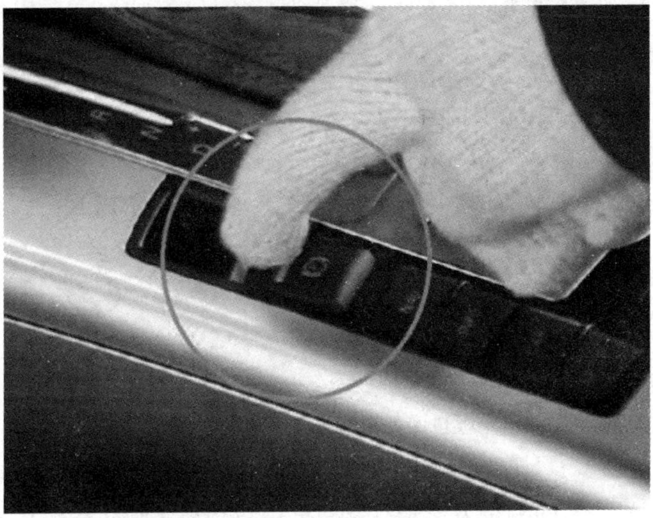

图 4-9　电动机械式驻车制动器开关检查

8) 检查制动器踏板的高度和自由行程

在踩下制动器踏板的过程中应无异常噪声或过度松动的现象；制动器踏板应踩不到底，每次返回的高度无变化，如图 4-10(a)所示；使用一把直尺测量制动器踏板高度，如图 4-10(b)所示，如果超出规定范围，调整踏板高度。注意：测量从地面到制动器踏板上表面的距离。如果必须要从地毯表面开始测量，则从标准值中扣除地毯的厚度。

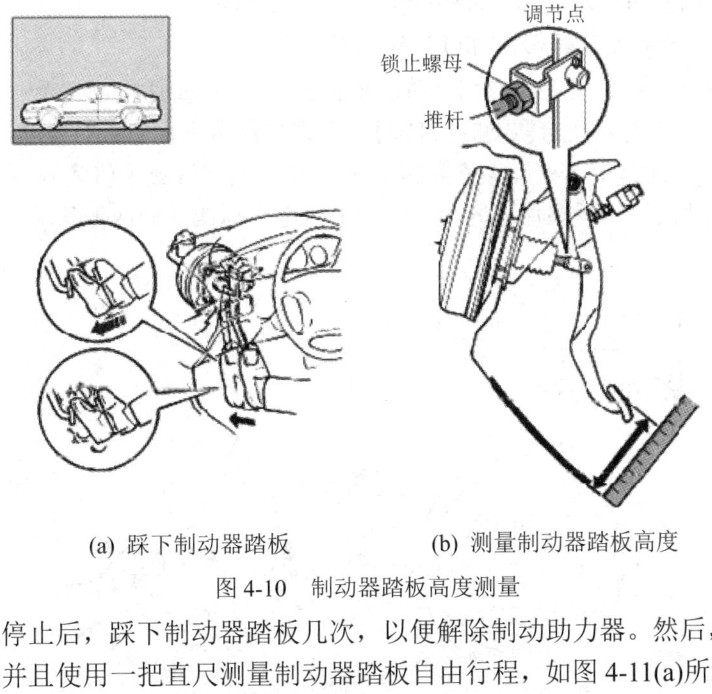

(a) 踩下制动器踏板　(b) 测量制动器踏板高度

图 4-10　制动器踏板高度测量

当发动机停止后，踩下制动器踏板几次，以便解除制动助力器。然后，用手指轻轻按压制动器踏板并且使用一把直尺测量制动器踏板自由行程，如图 4-11(a)所示。注意：对于配备了液压制动助力器的车辆，至少要踩下制动器踏板 40 次。

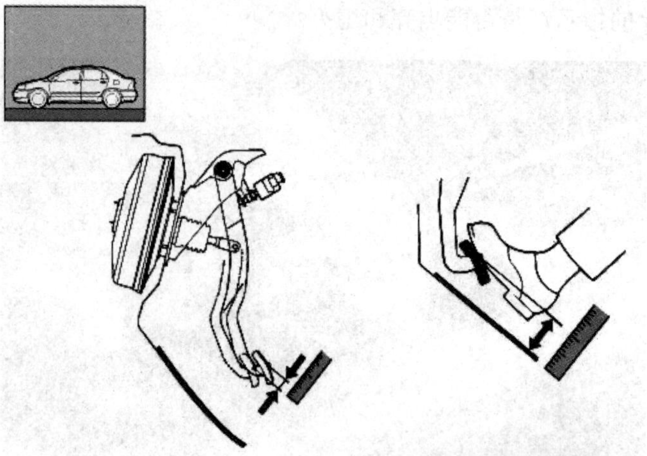

(a) 制动器踏板自由行程　(b) 制动器踏板行程余量

图 4-11　制动器踏板自由行程测量

制动器踏板行程余量的测量方法是：发动机运转和驻车制动器松开时，使用 490 N 的力踩下制动器踏板，然后使用一把标尺测量踏板高度(即行程余量)，以便检查其是否处于规定的范围内，如图 4-11(b)所示。

9) 制动助力器检查

不启动发动机时，用力踩住制动器踏板，然后启动发动机，制动器踏板应持续下沉，发动机运行一两分钟后，用力踩住制动器踏板，关闭发动机，保持踩住 30 s，30 s 内制动器踏板应无上抬现象，说明真空助力器中真空压力无泄漏；然后松开制动器踏板，再踩几次应越踩越高，最后高度无变化，说明制动助力器气密性良好。

10) 检查转向盘和测量转向盘自由行程

如图 4-12 所示，在配备动力转向系统的车辆上，启动发动机，使车辆笔直向前。轻轻移动方向盘，在车轮就要开始转动时，使用一把直尺测量方向盘的移动量(单方向自由行程)，一般轿车单方向自由行程最大值为 30 mm，总自由行程最大值为 60 mm，该项检查必须双人配合。然后用两手握住方向盘，轴向地、垂直地或者向两侧移动方向盘，确保其没有松动或者摆动。

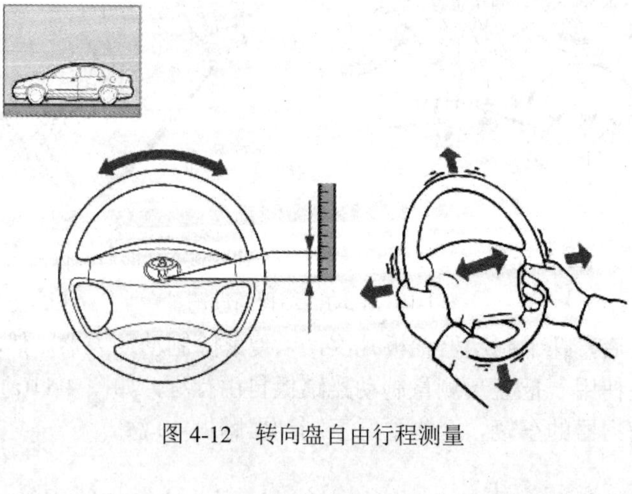

图 4-12　转向盘自由行程测量

任务二　车外部检查

1. 训练内容

(1) 在顶起位置 1(见图 4-24)完成车外部检查工作。

(2) 完成并填写学习工作单的相关项目。

(3) 学习汽车二级维护的相关知识。

2. 训练目标

(1) 掌握车辆在顶起位置 1 的车外部检查内容。

(2) 熟悉轿车车外部检查的方法。

3. 训练设备

轿车及维修手册、常用工具、车辆保护套、车轮挡块和举升器。

4. 训练步骤

1) 外部检查准备

如图 4-13 所示，打开行李厢门、发动机舱盖和油箱盖，将顶灯开关转动至“门”，将换挡杆设置为空挡，释放驻车制动杆以便外部检查能够顺利进行。

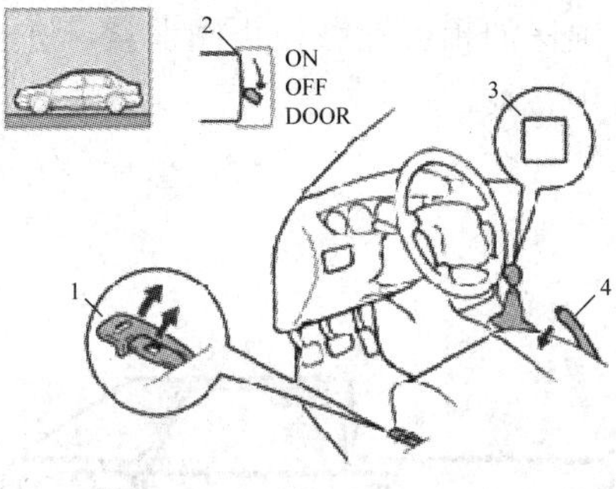

1—行李厢和油盖开关；2—顶灯开关；3—换挡杆；4—驻车制动杆

图 4-13　外部检查准备工作

2) 顶灯检查

如图 4-14 所示，检查当打开一扇车门时顶灯变亮，而所有车门关闭时顶灯熄灭则正常。

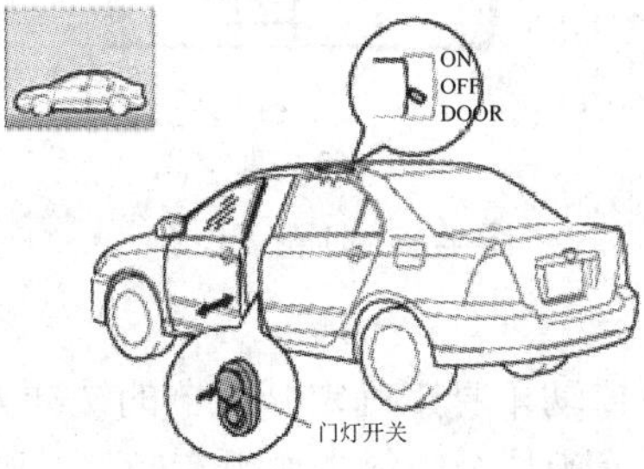

图 4-14　顶灯检查

3) 螺栓和螺母的紧固检查

如图 4-15 所示，按左前、左后、行李厢、右后、右前、前部的顺序，检查座椅安全带的螺栓和螺母是否松动，检查座椅的螺栓和螺母是否松动，检查车门的螺栓和螺母是否松动，检查行李箱门的螺栓和螺母是否松动，检查发动机舱盖的螺栓和螺母是否松动。

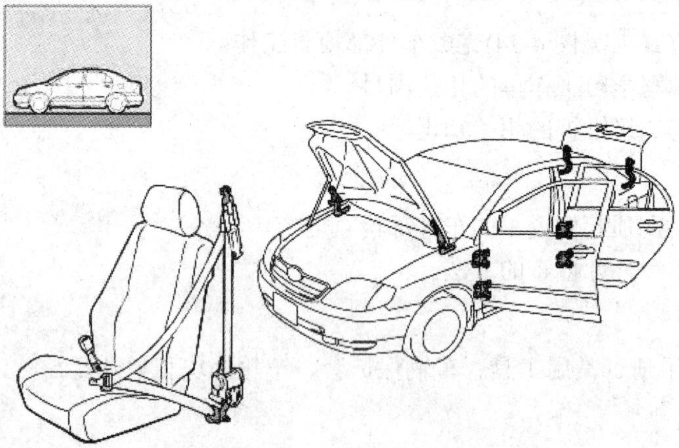

图 4-15　螺栓和螺母的紧固检查

4) 油箱盖检查

如图 4-16 所示，通过检查确保油箱盖或者垫片都没有变形或者损坏，同时检查真空阀是否锈蚀或者粘住；通过检查确保油箱盖能够被正确上紧，进一步上紧油箱盖，确保油箱盖发出“咔嗒”声而且能够自由转动。

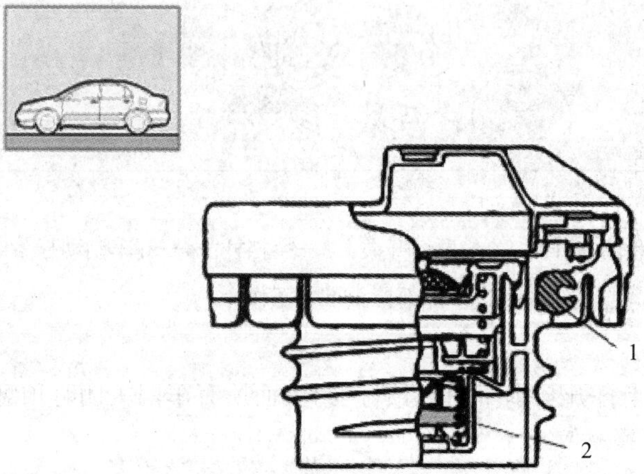

1—垫片；2—真空阀

图 4-16　油箱盖检查

5) 悬架检查

如图 4-17 所示，通过上下摇动车身来确定减振器的缓冲力大小，并且检查车身停止摇动需要花多长时间；目测检查车辆是否倾斜，如果有倾斜，则要检查轮胎气压、左右轮胎或车轮尺寸的偏差、不均匀的车辆负荷分配。

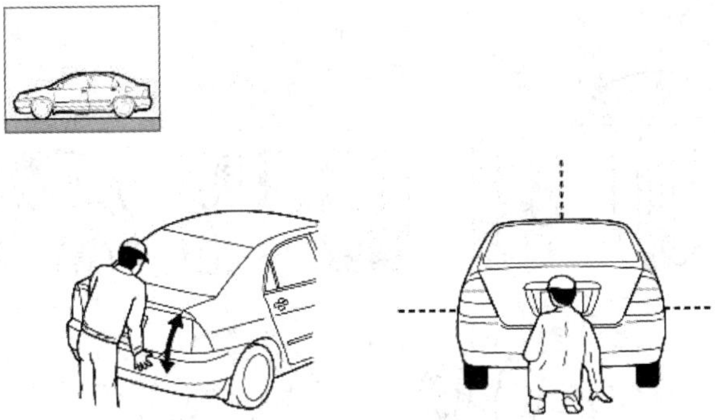

(a) 检查减振力　　(b) 检查车辆倾斜

图 4-17　悬架检查

6) 车灯安装检查

如图 4-18 所示，用手检查车灯安装是否松动；目测检查确保各灯的灯罩和反光镜没有褪色或者因为碰撞而损坏。同时，检查灯内是否有污物或者有水进入。

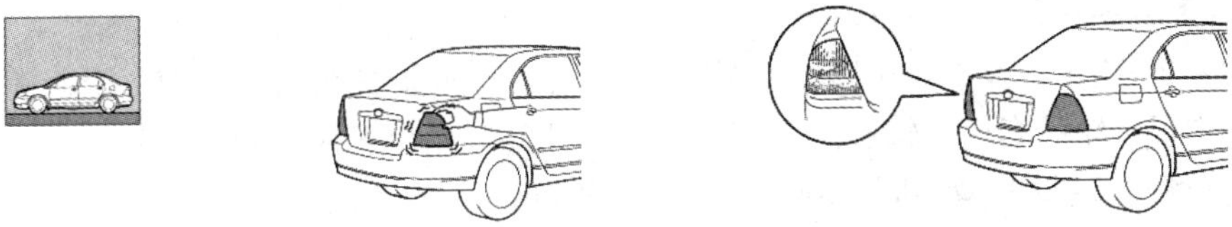

(a) 用手轻推车检查车灯　　(b) 目测检查车灯

图 4-18　车灯安装检查

7) 备胎和轮胎检查

打开汽车行李箱盖，取出备胎，放置于轮胎架上；检查胎面胎壁有无裂纹、割伤或其他损坏，如图 4-19(a)所示；检查胎面有无异物嵌入，如图 4-19(b)所示；如有异物要清除，用轮胎深度规测量胎面沟槽深度，如图 4-19(c)所示；检查胎面有无异常磨损，如图 4-20(a)所示；用气压表测量备胎压力，如图 4-20(b)所示；检查是否漏气和检查轮辋是否损坏或腐蚀，如图 4-20(c)所示。还要检查四个车轮的轮胎胎压是否正常，必要时补气。

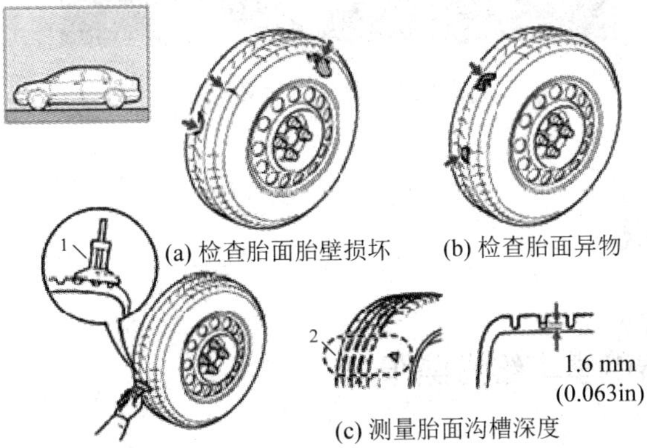

(a) 检查胎面胎壁损坏　　(b) 检查胎面异物

(c) 测量胎面沟槽深度

1—轮胎深度规；2—胎面磨损指示标记

图 4-19　备胎检查(一)

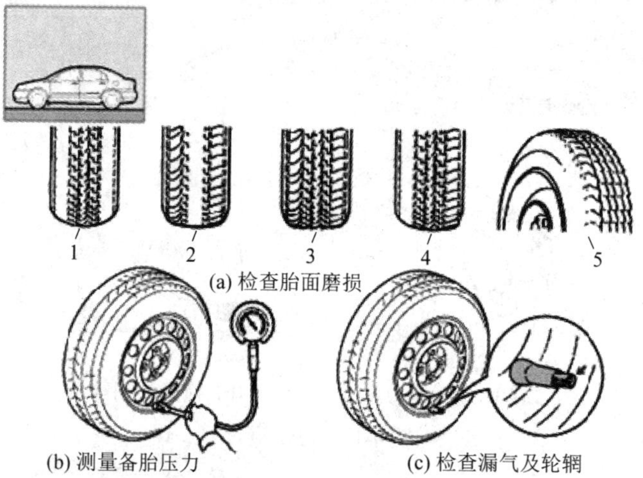

1—双肩磨损；2—中间磨损；3—薄边磨损；4—单肩磨损；5—跟部磨损

图 4-20　备胎检查(二)

8) 随车工具检查

如图 4-21 所示，检查轿车随车工具(如拖车环、可换工具头的螺丝刀、轮辋锁适配器、千斤顶、钩子、轮胎套筒、轮胎防盗螺栓适配接头、三角警示牌等)是否齐全，工具的使用功能是否正常。注意车型不同，随车工具也会不同。

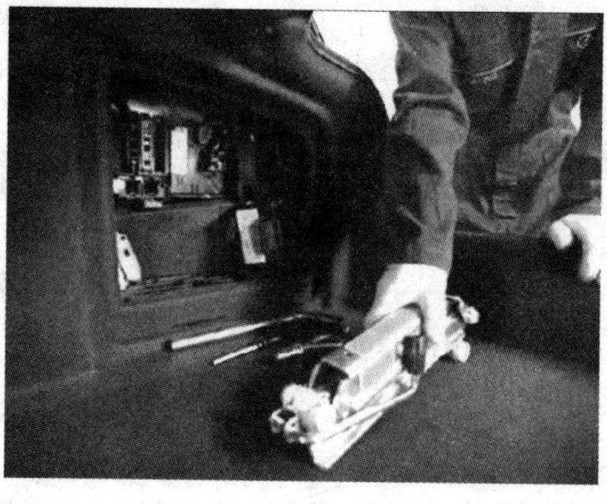

图 4-21　随车工具检查

三、相关知识

(一) 维护与保养的基本维修操作

1. 概述

维护与保养时，技术员(即车辆维护人员)主要检查保证车辆安全运行所必需的功能。检查按图 4-22 所示内容进行。

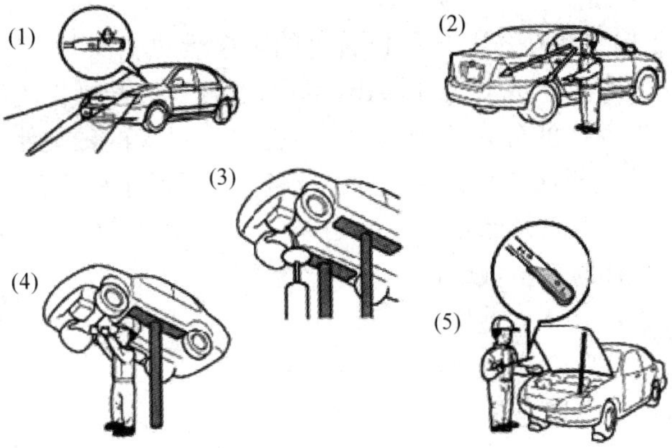

图 4-22　汽车定期保养基本方法

(1) 工作检查：灯、发动机、刮水器、转向机构等；

(2) 目视检查：轮胎、外观等；

(3) 定期更换零件：发动机机油、发动机机油滤清器等；

(4) 紧固检查：悬架、排气管等；

(5) 机油和液位检查：发动机机油、动力转向液、防冻冷却液、制动液等。

注意：必须选用合适的运行材料，并及时正确地添加或更换各种油液。

2. 工作效率

为了有效地进行工作，我们可以通过缩短行程距离，减少走动次数，减少不合理的工作地点，减少吊升操作的次数，限制空闲时间来提高工作效率，如图 4-23 所示。

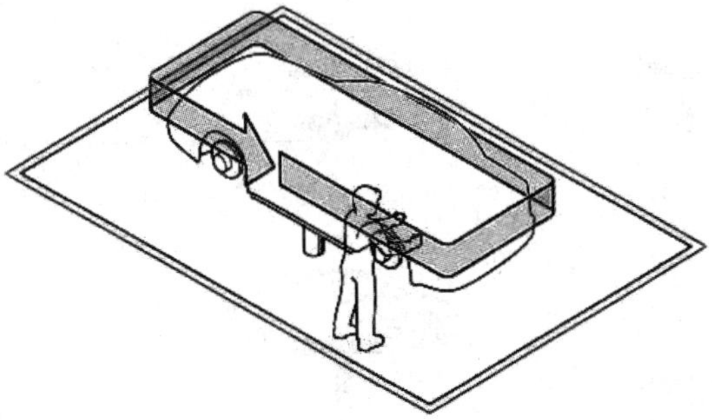

图 4-23　汽车定期保养的工作路线

(1) 将尽可能多的工作集中在同一地点，并一次做完。

(2) 车辆周围的运动路线应该始于驾驶员的座位，终于技术员围绕车辆工作一次的结束地点。

(3) 工具、仪器和更换部件应该提前准备好并置于易于拿取的地方。

(4) 站式的姿势是操作的基础，所以要努力尽可能地减少蹲式或弯腰。

(5) 限制空闲时间，把事情组合起来做，如油的排放和发动机加热。

(6) 通过合理安排工作时的位置和集中工作来提高工作效率，这样在相同位置做的所有工作可以同时进行。

3. 顶升位置及路径

图 4-24 所示是丰田轿车在各个顶起位置上的工作活动路线图。作为规律，这里概述的 9 个顶起位置已可使技术员完成其全部操作，是通过减少抬升操作的次数来完成高效的检查工作的。丰田轿车保养作业分为 9 个顶起位置是划分最细的，其他品牌车辆保养作业一般为 4 个顶起位置，分别对应丰田的位置 1、位置 3、位置 4 和位置 7。

(1) 顶起位置 1(举升器未升起)；
(2) 顶起位置 2(举升器升至低位)；
(3) 顶起位置 3(举升器升至高位)；
(4) 顶起位置 4(举升器降至中位)；
(5) 顶起位置 5(举升器降至低位)；
(6) 顶起位置 6(举升器升至中位)；
(7) 顶起位置 7(举升器降至低位，轮胎触及地面)；
(8) 顶起位置 8(举升器升至高位)；
(9) 顶起位置 9(举升器未升起)。

【丰田花冠轿车顶起位置含义】

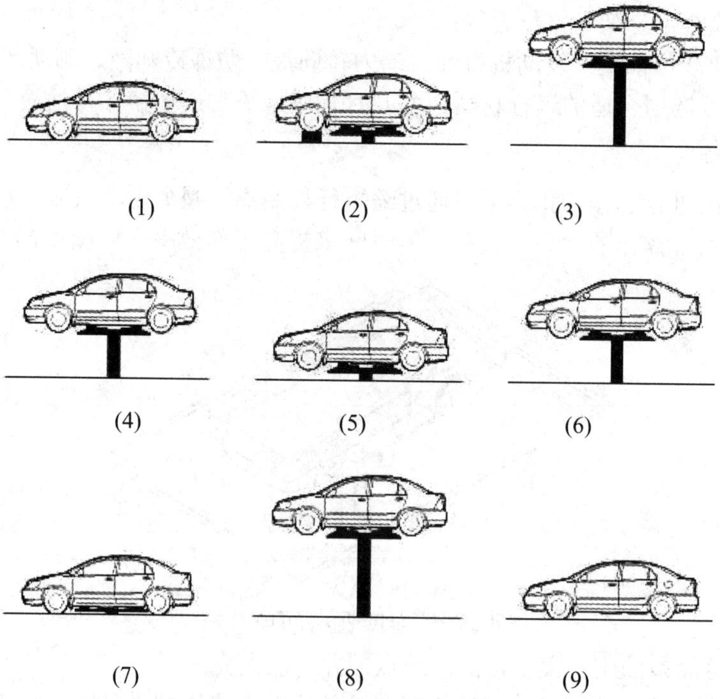

图 4-24　汽车定期保养作业中的顶起位置

(二) 5S 的含义

5S 的理念是丰田公司首先提出的，其含义如图 4-25 所示，它是确保车间环境，实现轻松、快捷和可靠(安全)工作的关键点。如何确保汽车维修的质量，前提就是要保持工作场地整洁、有序。

图 4-25　5S 的含义

1. SEIRI(整理)

整理过程将确定某种项目是否需要，不需要的项目应立即丢弃以便有效地利用空间。在工作中按照必要性，组织和利用所有的资源，不管它们是工具、零件或信息。在工作场地指定一处地方来放置所有不必要的物品。收集工作场地中不必要的东西，然后丢弃。小心存放物品很重要，同样，丢弃不必要的物品也很重要。

2. SEITON(整顿)

整顿是整理工具和零件的过程，目的是为了方便使用。在工作中将很少使用的物品放在单独的地方，将偶尔使用的物品放在工作场地，将常用的物品放在身边。

3. SEISO(清扫)

清扫是使工作场地内所有物品保持干净的过程。永远使设备处于正常的状态，以便随时可以使用。一个肮脏的工作环境是缺少自信的反映。要养成保持工作场地清洁的好习惯。

4. SEIKETSU(清洁)

清洁是努力保持整理、整顿和清扫状态的过程，目的是防止任何可能的问题的发生。这是一个通过对各种物品进行分类，清除不必要的物品使工作场所保持干净的过程，如物品的颜色、形状布局、照明、通风、陈列架以及个人卫生。如果工作环境变得清新明亮，能够给顾客带来良好的心情。

5. SHITSUKE(自律)

自律是学习规章制度方面的培训。通过这个培训，员工学会尊重他人，这是形成企业文化的基础，同时也是确保与社会协调一致的最起码要求。

(三) 汽车保养的六大误区

1. 迷信进口轮胎

有些车主买轮胎时特别喜欢“进口”轮胎。国外推的新款轮胎对国内的用户来说并不完全适用。欧洲平整的路面与北京二环、三环的路况有较大区别，适合欧洲路况的轮胎在北京就难有上佳表现，特别是胎侧的耐冲击力不强，会使胎侧起包。一些国外品牌的轮胎在国内合资生产后，都根据国内道路状况在轮胎侧面增加了一层帘子布，从而大大增强了胎侧的抗冲击力。合资生产的轮胎从性能上讲完全能够替代进口货。

2. 新蓄电池无需充电

蓄电池的首次充电称为初次充电，初次充电对蓄电池的使用寿命有很大影响。新购买的蓄电池电量并不会太满，但也不会太少，所以大家并不用过于担心亏电的问题，只要发动机启动之后，就会自动地给电池充电。至于轿车蓄电池要充电多长时间，一般来说只要按照正常行驶开一到两个小时，就可以达到正常的蓄电池电量。

3. 车内随意加装设备

私人轿车是车主移动的家，追求乘用舒适和豪华无可厚非，但一些车主在车内加装各种设备，甚至对车辆进行改装，如果处理不当，对汽车性能及操纵的方便会带来不利影响，易留下后遗症或影响行车安全。

4. 冷却液温度过低

夏季天气炎热，有的司机为了防止发动机温度过高，一味追求冷却液温度尽可能的低；有的司机为了达到降温的目的，干脆把节温器拆去，这些做法都是不对的。实际上，汽车发动机既怕热又怕冷，如果冷却液温度过低，会使燃油燃烧恶化，油耗增加，加剧发动机磨损，机油黏度增加，发动机功率降低。试验表明，汽车行驶时冷却液温度为40℃～50℃时，发动机磨损增加60%～80%，功率降低25%，油耗增多8%～10%。因此，发动机冷却液的温度并非越低越好，一般应控制在85℃～95℃之间。

5. 水箱“开锅”速加水

夏季天气热，有的司机一看见水箱出现“开锅”现象，就担心发动机温度再升高，立即熄火加水。这种做法是错误的，它极可能造成气缸盖因为突然受冷而出现开裂现象。如果碰见水箱“开锅”，一般正确的做法是：立即停车，让发动机保持怠速空转继续散热；同时打开发动机罩，提高散热速度。待冷却水温度降低后，再将发动机熄火。此时如果冷却水不足，应缓缓添加，以防气缸盖因骤然受冷而出现开裂。

6. 长期不用车或短途用车

有的人虽然成为了有车族，但平时“不舍得”开车，只有放假时才开车出去玩，其实这样的用车方式是很伤车的。发动机与变速箱等传动机件表面会因常处于与空气直接接触的状态而生锈，蓄电池也会因为长期的自然放电而影响到使用寿命。最好的方法是每隔几天就跑一次车，跑个三四十分钟。另外，每次行车距离很短也是伤车的重要原因。车上机件在发动机启动至稳定阶段之间磨损最严重，发动一次车蓄电池所消耗的电力也大约要行驶20分钟才能补足，这样的用车习惯很容易使车辆提早出现毛病。

四、自我测试题

(一) 判断题

1. 检查车辆灯光需要两人配合，如果前部灯光正常，则无需检查后部灯光。(　　)

2. 检查雨刮器之前要先在前挡风玻璃上喷洒清洗液。(　　)

3. 制动器踏板自由行程、踏板行程余量和踏板高度测量均在发动机未启动时检测。(　　)

4. 车辆使用中液力传动油一般不会减少。(　　)

5. 检查门控灯开关：当车门开时，车内顶灯关闭；当车门关时，车内顶灯亮。(　　)

6. 为了检查减振器的减振力，用举升器升起汽车。(　　)

7. 轮胎换位是为了平衡胎压。(　　)

8. 为了检查灯的安装质量，用手晃灯，然后检查它们是否安装松动。(　　)

9. 站式的姿势是操作的基础，所以要努力尽可能减少蹲式或弯腰。(　　)

10. 实施定期保养，可使车辆保持在符合法律规定的状态中，并可延长车辆使用寿命，使顾客享受既经济又安全的驾车体验。(　　)

(二) 单项选择题

1. 关于丰田轿车 9 个顶起位置说法正确的是(　　)。

A．顶起位置 1 需要完成对发动机的维护作业

B．顶起位置 3 需要完成对车辆底盘的维护作业

C．顶起位置 5 需要完成对车轮制动器的检查

D．顶起位置 7 需要完成对车辆灯光、雨刮的检查

2. 汽车 4S 店售后服务中(　　)项评价指标是最重要的。

A．维修质量、服务态度、地理位置、公司性质

B．维修质量、维修价格、地理位置、公司性质

C．维修质量、服务态度、维修价格、时效性

D．维修质量、服务态度、维修价格、地理位置

3. 以下说法代表了 5S 概念的是(　　)。

A．SEIRI(整理)就是把需要的工具和部件与不需要的分开，并把那些不需要的存放在工作车间内不影响工作的地方

B．SEITON(整顿)就是弃置不需要的工具和部件

C．SEISO(清扫)就是使工作车间内的所有东西保持在干净状态，这样它们在任何时候都能保持功能正常

D．SHITSUKE(自律)是经过培训，让员工遵守企业的规章

4. 关于检查/更换时间表的说法的正确是(　　)。

A．汽车部件的检查和更换取决于时间，而与型号和使用状况无关

B．部件随行驶的距离而老化，所以汽车的所有的部件更换取决于行驶距离

C．对于靠观察能够判断老化的部件没有固定的检查/更换时间表

D．检查/更换时间表是根据型号和使用状况来设定的，所以按规定的行驶距离或时间来检查/更换是必要的

5. 关于定期保养工作下列说法错误的是(　　)。

A．将尽可能多的工作分散在不同的地点，并一次做完

B．工具，仪器和更换部件应置于方便拿取的地方，并提前准备好

C．站式的姿势是操作的基础，所以要努力尽可能地减少蹲式或弯腰

D．限制空闲时间，把事情组合起来做，如油的排放和发动机加热

6. 关于维护保养基本维修操作的构成说法正确的是(　　)。
A．工作检查、目视检查、定期更换零件、紧固检查、机油和液位检查
B．工作检查、目视检查、定期更换零件、紧固检查
C．工作检查、定期更换零件、紧固检查、机油和液位检查
D．工作检查、目视检查、定期更换零件、机油和液位检查
7. 关于轮胎的异常磨损下列说法正确的是(　　)。
A．轮胎中间磨损，是因为气压太低
B．轮胎边缘两侧出现磨损，是因为气压太高
C．轮胎出现羽边磨损，是因为外倾角不对
D．轮胎的胎趾与胎踵磨损，是因为质量不好
8. 关于子午线轮胎，下列说法错误的是(　　)。
A．子午线轮胎承载能力大
B．子午线轮胎寿命长
C．子午线轮胎滚动阻力小
D．子午线轮胎结构简单，维修方便
9. 关于汽车保养，下列说法错误的是(　　)。
A．进口轮胎不一定适用于国内道路
B．新购的蓄电池电量并不太满，也要充电
C．不要随意在车内加装电气设备
D．发动机冷却液的温度应控制在 80℃～90℃之间
10. 关于汽车保养，下列说法正确的是(　　)。
A．车上机件在发动机启动至稳定阶段之间磨损最轻
B．碰见水箱“开锅”，应立即停车，让发动机保持怠速空转继续散热
C．为防止发动机和变速器磨损，汽车要尽量少跑
D．夏季天气热，水箱如果出现“开锅”现象，应立即熄火加水

(三) 简答题

1. 车辆 9 个顶起位置的含义是什么？
2. 5S 的含义是什么？
3. 制动器踏板自由行程与行程余量的测量方法是什么？
4. 转向盘自由行程的检测方法是什么？
5. 真空助力器的检查方法是什么？

项目五

底盘的维护

一、项目描述

通过发动机机油排放以及对传动皮带、驱动轴护套、转向连接机构、制动管路、燃油管路、排气管、悬架、车辆底部螺栓和螺母的检查，学生应达到以下要求。

1. 知识要求

(1) 掌握工具、量具的分类与用途。

(2) 掌握常用工具的使用方法。

(3) 掌握悬架的构成与分类。

(4) 掌握转向系统的结构与组成。

2. 技能要求

(1) 能识别各种工具与量具。

(2) 能使用成套套筒扳手、梅花扳手、开口扳手和扭矩扳手等工具。

(3) 能检查传动皮带、驱动轴护套、悬架和转向连接机构。

(4) 能检查制动管路、燃油管路和排气管及安装件。

(5) 能排放发动机机油、安装机油滤清器及排放塞。

(6) 能按规定力矩紧固车辆底部螺栓和螺母。

3. 素质要求

(1) 掌握 5S 理念。

(2) 重视劳动保护与安全操作。

(3) 注意环境保护。

(4) 培养团队协作精神。

二、项目实施

任务一　工具的选择与使用

1. 训练内容

(1) 识别常用工具与量具。

(2) 练习紧固轮胎螺栓。

(3) 练习举升器的使用。

2. 训练目标

(1) 能选出合适的工具。

(2) 掌握各种常用工具的使用方法。

(3) 掌握举升器的使用方法。

【举升器的使用】

3. 训练设备

轿车及维修手册、常用工具、接油器、高压气源、举升器。

4. 训练步骤

1) 识别工具与量具

如图 5-1 所示，将工具车上的常用工具展示出，识别成套套筒扳手、梅花扳手、开口扳手、扭矩扳手、风动扳手、滑动手柄、旋转手柄、套筒接合器、万向节、加长杆、轮胎深度规、火花塞间隔规、皮带张紧计、比重计、塞尺、起子、锤子、游标卡尺、千分尺、百分表、卡规等。

图 5-1　常用维修工具

2) 紧固轮胎螺栓

如图 5-2 所示，用扭矩扳手紧固 4 个车轮的轮胎螺栓，拧紧力矩为 103 N • m(丰田花冠)。选择合适的套筒和加长杆，按照对角线的顺序，以正确的姿势紧固轮胎螺栓。

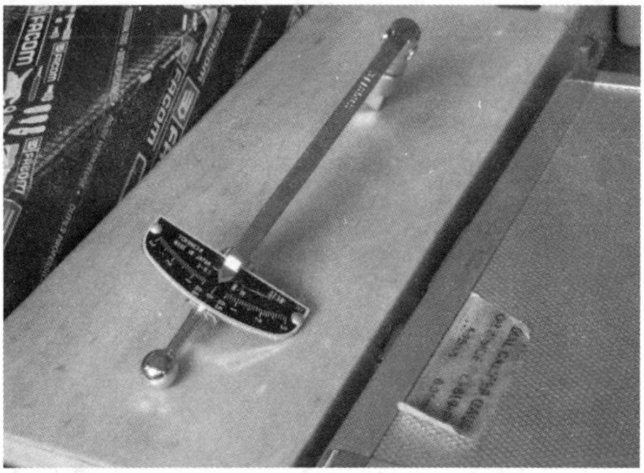

图 5-2　扭矩扳手

3) 举升器的使用

如图 5-3 所示，按照规范的流程(详见相关知识)操练举升器的使用。

图 5-3　剪式举升器

任务二　底 盘 检 查

1. 训练内容

(1) 轿车在顶起位置 3 的检查工作。

(2) 完成并填写学习工作单的相关项目。

(3) 学习汽车底盘构成的相关知识。

2. 训练目标

(1) 掌握车辆在顶起位置 3 的工作内容。

【底盘维护】

(2) 掌握底盘检查的正确方法。

3. 训练设备

轿车及维修手册、常用工具、工作灯、举升器。

4. 训练步骤

1) 举升车辆至顶起位置 3

如图 5-4 所示，将车辆举升至位置 3。

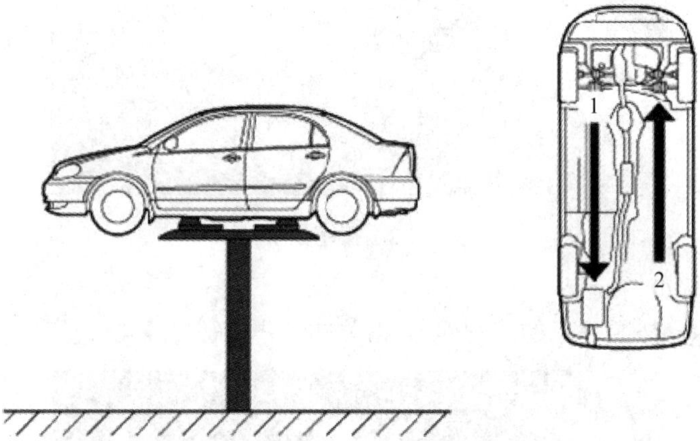

1—从左前至左后检查；2—从右后至右前检查

图 5-4　举升车辆至位置 3

2) 发动机机油排放

如图 5-5 所示，在排放机油之前首先检查发动机各种区域的接触面、油封和排放塞处是否有漏油现象。准备好接油工具，然后再拆卸排放塞和垫片，排放发动机机油。

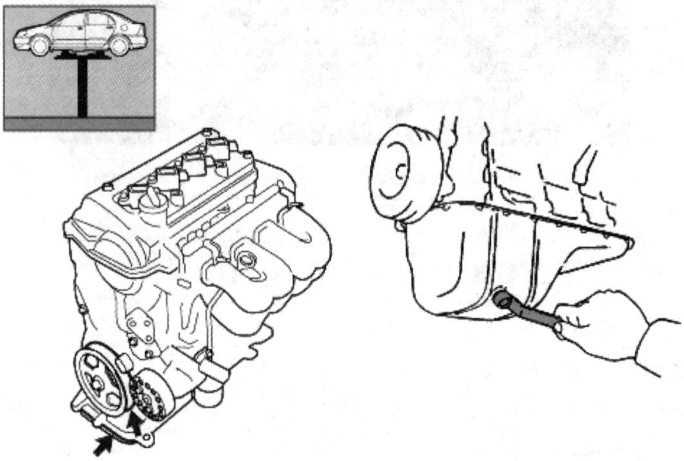

图 5-5　发动机机油排放

3) 手动变速器液检查

如图 5-6 所示，检查变速器的壳体接触面、轴和拉索伸出的区域、油封和排放塞以及加注塞处是否有漏油迹象。检查油位时，需从变速器上拆卸油加注塞，将手指插入塞孔，检查油与手指接触的位置。

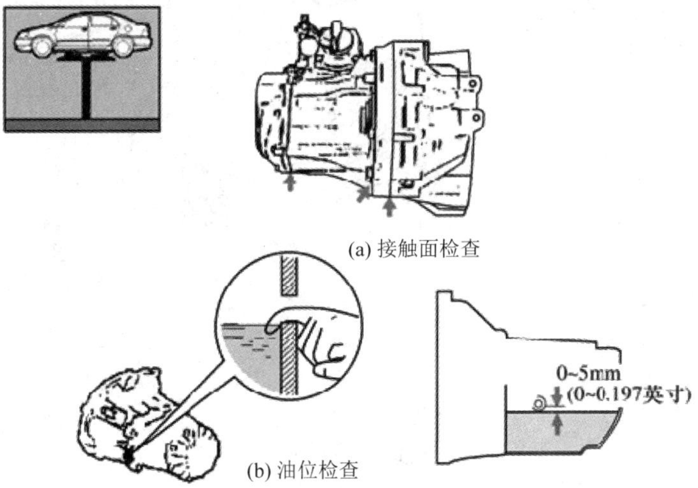

(a) 接触面检查

(b) 油位检查

图 5-6　手动变速器液检查

4) 自动变速器液检查

如图 5-7 所示，确保自动变速器各个部分均无液体渗漏现象，需要检查壳体的各接触面、轴和拉索伸出的区域、油封、排放塞和加注塞以及管道和软管接头处是否有漏油迹象。还要检查油冷却软管是否有裂纹、隆起或者损坏。

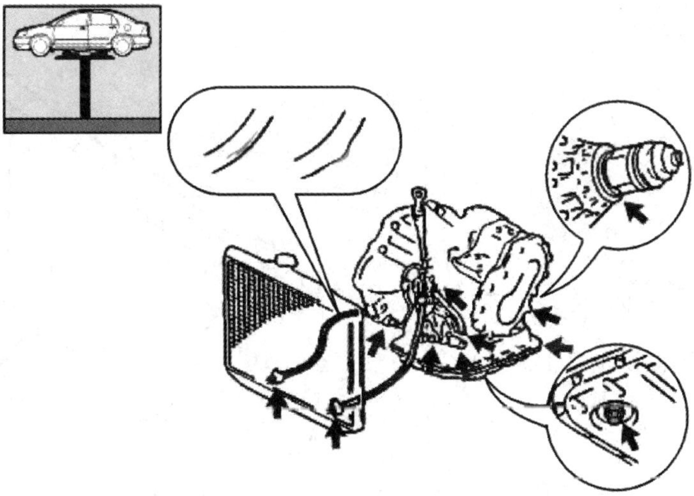

图 5-7　自动变速器液检查

5) 驱动轴护套检查

如图 5-8 所示，在检查驱动轴护套时用手动转动轮胎以便它们被完全转向一侧， 然后检查驱动轴护套的整个外围是否有任何裂纹或者其他损坏。检查护套卡箍，确保其已经正确安装并且没有损坏。最后检查护套是否有任何油脂渗漏现象。

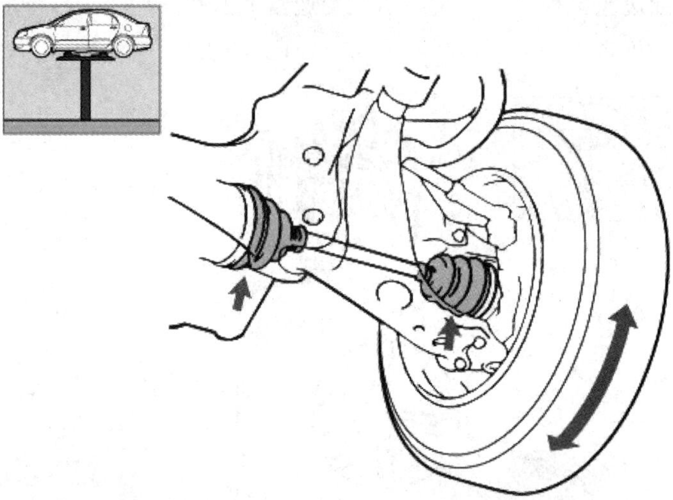

图 5-8　驱动轴护套检查

6) 转向连接机构检查

如图 5-9 所示，在检查转向连接机构时用手摇晃转向连接机构，观察是否松动或者摆动；检查转向连接机构是否弯曲或者损坏；检查转向横拉杆球头销护套是否有裂纹或者破损。

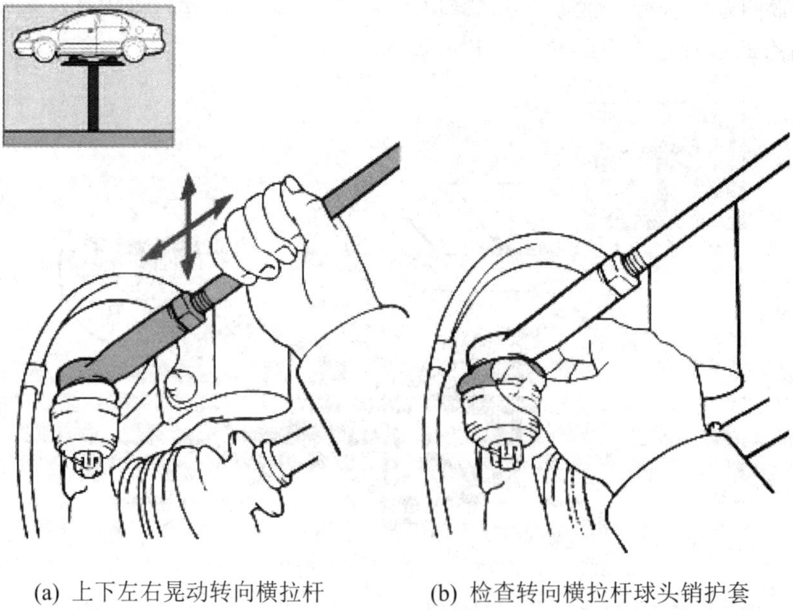

(a) 上下左右晃动转向横拉杆　　(b) 检查转向横拉杆球头销护套

图 5-9　转向连接机构检查

7) 转向器总成检查

如图 5-10 所示，检查齿轮齿条式转向器或循环球式转向器总成是否有润滑脂或者机油渗漏(或者浸润)。如果是齿轮齿条式转向器，转动轮胎以便方向盘向左和向右转，同时检查齿条护套是否有裂纹或者破损。

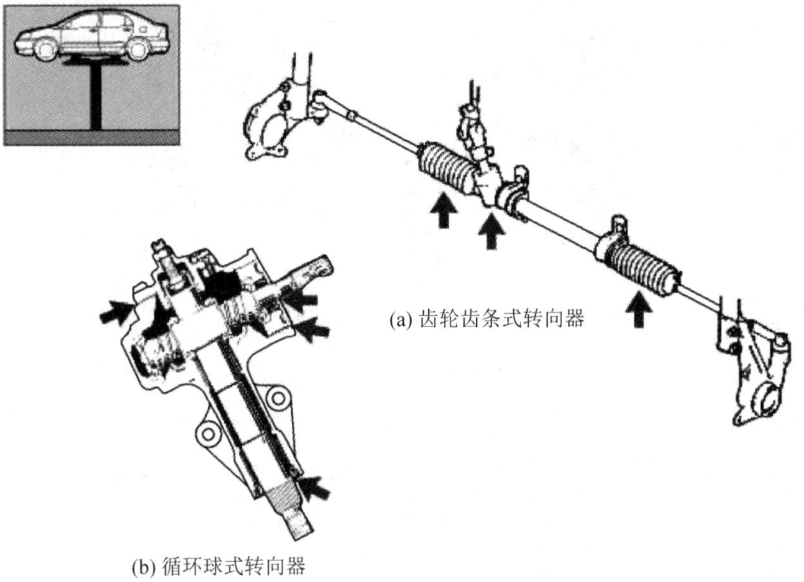

图 5-10 转向器检查

8) 动力转向液检查

如图 5-11 中箭头所示，检查转向器总成、叶轮泵、管路和连接点处是否有液体渗漏，并检查软管是否有裂纹或其他损坏。

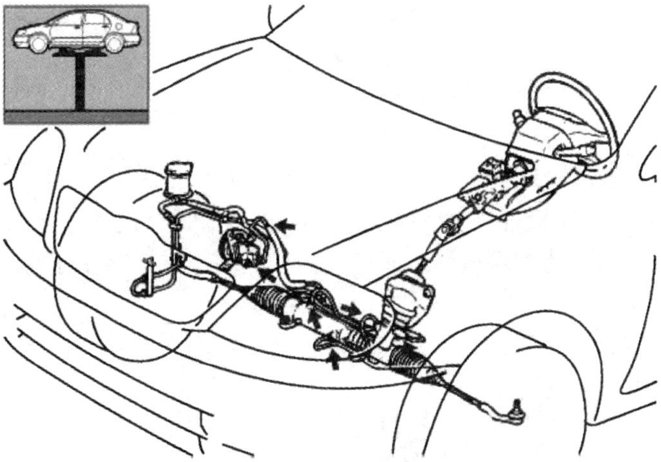

图 5-11 动力转向液检查

9) 制动管路检查

如图 5-12 中箭头所示，首先检查制动管路连接部分是否有液体渗漏；然后检查制动管路是否有凹痕或者其他损坏以及制动管路软管是否扭曲、磨损、开裂、隆起等，注意如果底盘保护盖上有飞石的痕迹，则制动管路可能有相关的损坏；最后检查制动管道和软管的安装情况，确保车辆运动时，或者方向盘完全转动到任何一侧时，不会因为振动而与车轮或者车身接触。

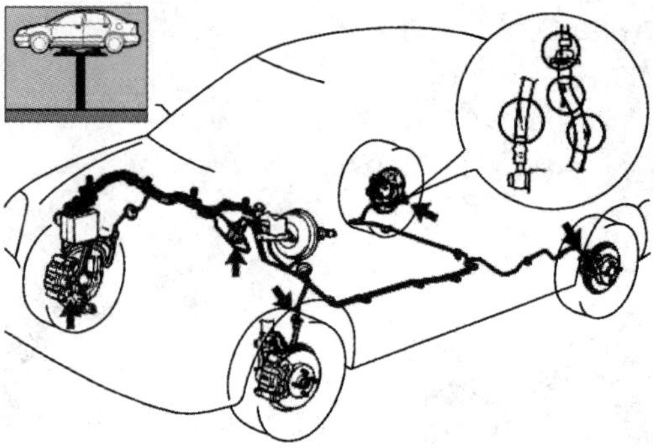

图 5-12　制动管路检查

10) 燃油管路检查

如图 5-13 所示，检查燃油管路是否有液体渗漏和损坏，注意如果底盘保护盖上有飞石的痕迹，则燃油管路可能有一定程度的损坏。

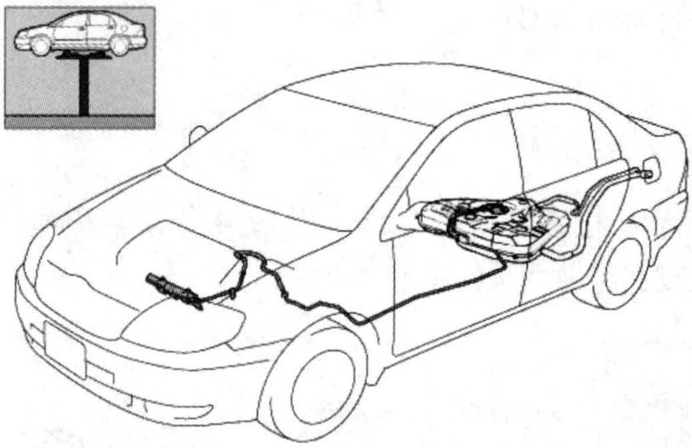

图 5-13　燃油管路检查

11) 排气管及安装件检查

如图 5-14 所示，依次检查排气管是否损坏，消声器是否损坏，排气管支架上的 O 形圈是否损坏或者脱离，垫片是否损坏。通过观察接头周围是否存在任何炭黑，检查排气管连接部分是否泄漏废气。

注意：检查排气管必须戴手套，避免手部烫伤。

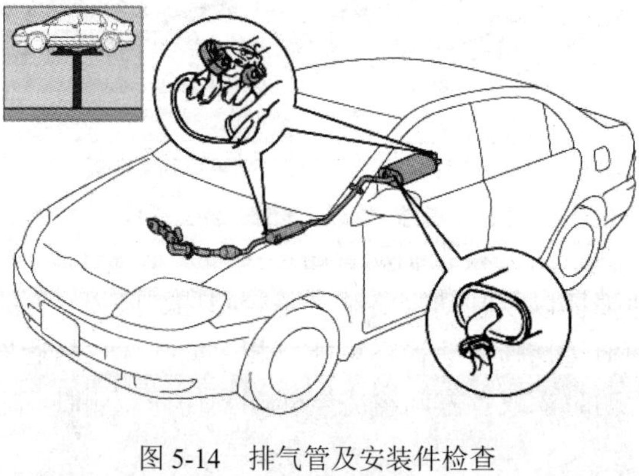

图 5-14　排气管及安装件检查

12) 螺栓和螺母的检查

按图 5-15 至图 5-17 所示检查底盘连接螺栓和螺母是否松动。

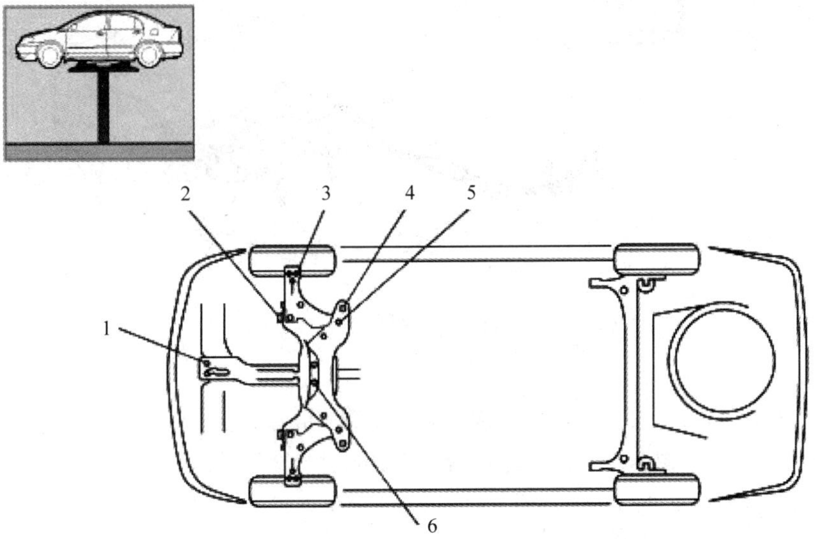

1—中间梁×车身(×表示连接)；2—下臂×横梁；3—球节×下臂；

4—横梁×车身；5—下臂×横梁；6—中间梁×横梁

图 5-15　车辆底部的螺栓和螺母(中间梁与横梁处)

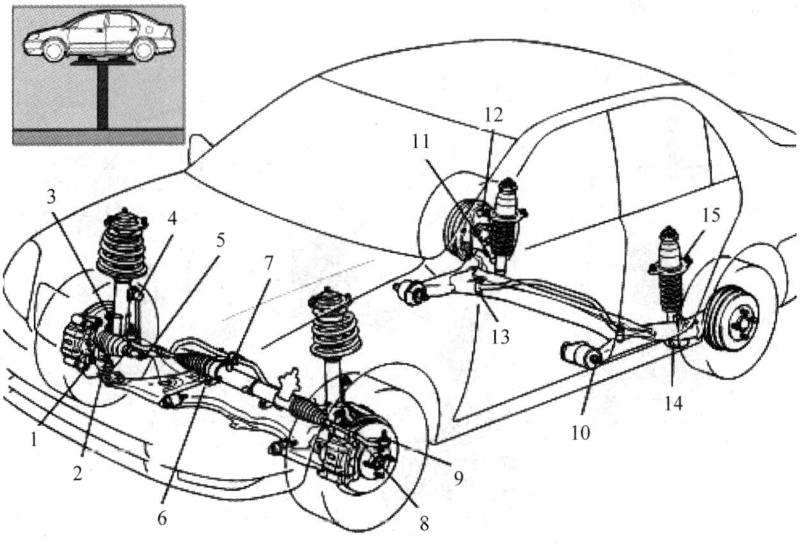

1—盘式制动器扭矩板×转向节；2—球节×转向节；3—减振器×转向节；4—稳定杆连接杆×减振器；5—稳定杆×稳定杆连接杆；6—转向机外壳×横梁；7—稳定杆×车身；8—横拉杆端头锁止螺母；9—横拉杆端头×转向节；10—拖臂和桥梁×车身；11—拖臂和桥梁×后轮毂；12—制动分泵×背板；13—稳定杆×拖臂和桥梁；14—减振器×拖臂和桥梁；15—减振器×车身

图 5-16　车辆底部的螺栓和螺母(行驶系统与转向系统中)

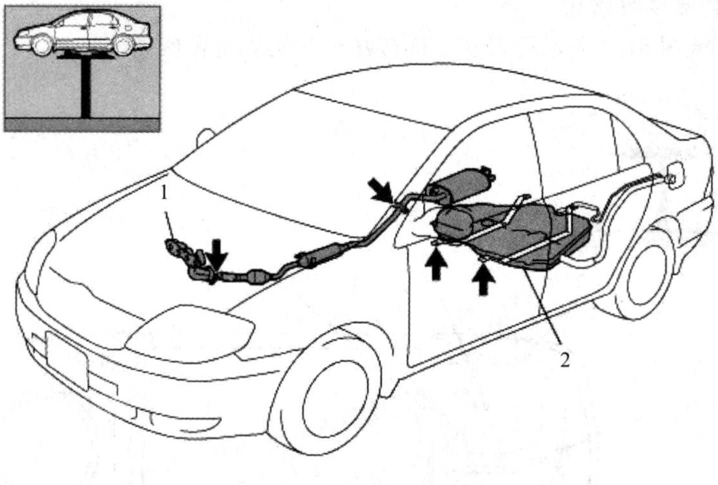

1—排气管；2—燃油箱

图 5-17　车辆底部的螺栓和螺母(排气管和燃油箱处)

13) 悬架的检查

如图 5-18 所示为悬架组件的构成。悬架组件包括转向节、减振器、螺旋弹簧、横向稳定杆、下臂、拖臂与横梁。

横向稳定杆又称防倾杆，是汽车悬架中的一种辅助弹性元件。它的作用是防止车身在转弯时发生过大的横向侧倾。横向稳定杆是用弹簧钢制成的扭杆弹簧，形状呈“U”形，横置在汽车的前端和后端。

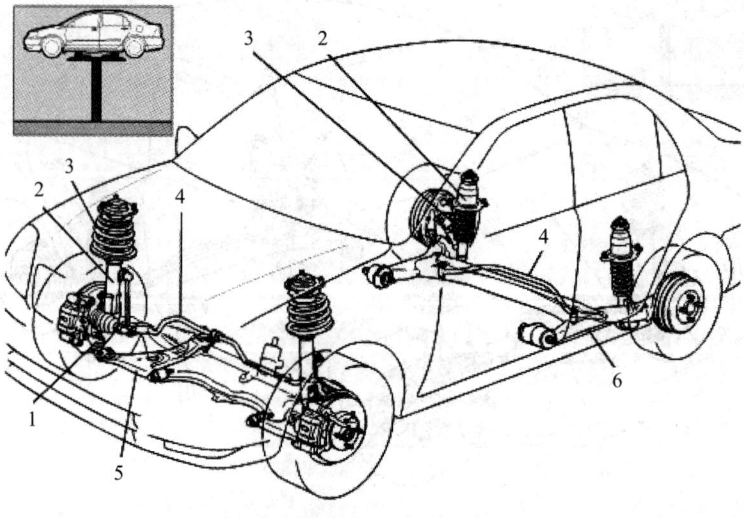

1—转向节；2—减振器；3—螺旋弹簧；4—横向稳定杆；5—下臂；6—拖臂与横梁

图 5-18　悬架的构成

如图 5-19 所示，检查减振器上是否有凹痕以及检查防尘罩上是否有裂纹、裂缝或者其他损坏；检查减振器有无油泄漏现象；通过用手摇晃悬架接头上的连接检查转向节球头销衬套是否磨损或者有裂纹，并且检查是否摆动，同时检查连接是否损坏。

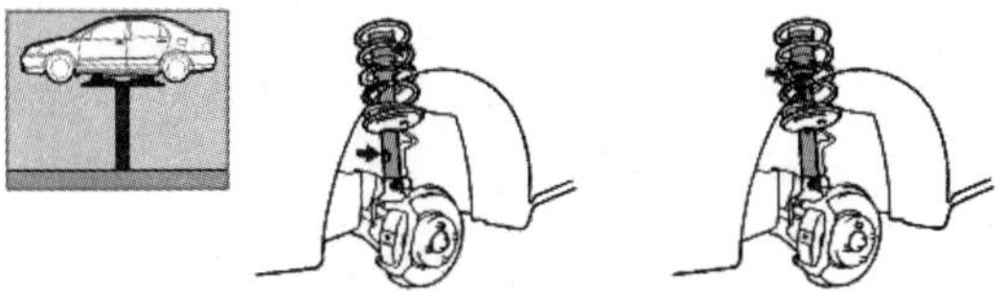

(a) 减振器损坏检查　　(b) 减振器泄漏检查

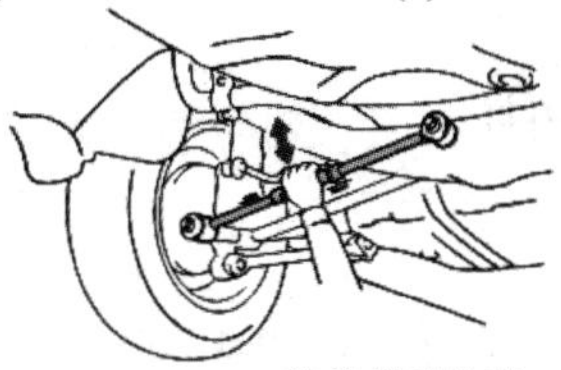

(c) 连接摆动检查

图 5-19　悬架检查

14) 更换发动机机油滤清器

如图 5-20 所示，使用维修专用工具(机滤扳手)拆卸机油滤清器。首先检查和清洁机油滤清器安装表面，然后在新的机油滤清器垫片上涂清洁的发动机机油，轻缓地拧动机油滤清器使其就位，然后上紧直到垫片接触底座，最后使用专用维修工具再次上紧 3/4 圈。

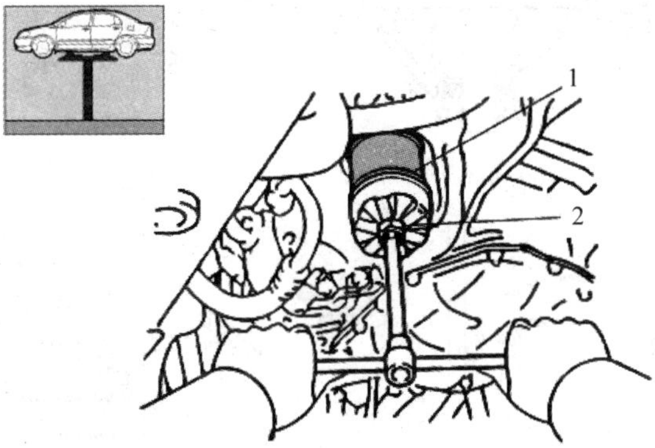

1—发动机机油滤清器；2—专用维修工具

图 5-20　更换发动机机油滤清器

15) 更换发动机机油排放塞

如图 5-21 所示，机油排放完毕后，需要安装一个新的垫片。排放塞按标准扭矩拧紧，如丰田花冠轿车是 37 N • m。

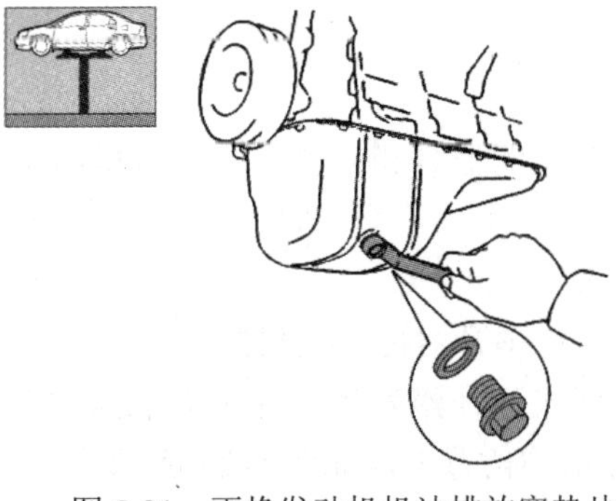

图 5-21　更换发动机机油排放塞垫片

三、相关知识

(一) 举升器的分类与使用

1. 举升器的类型

如图 5-22(a)所示是摆臂型举升器，使用中要注意调整支架直到车辆保持水平为止，其次要始终要锁住臂；图 5-22(b)是 4 柱提升型举升器，使用中要用到车轮挡块和安全机构；图 5-22(c)是板条型举升器，使用中要注意将板提升附件位置对准车辆被支撑部位，切勿让板提升附件伸出板外。

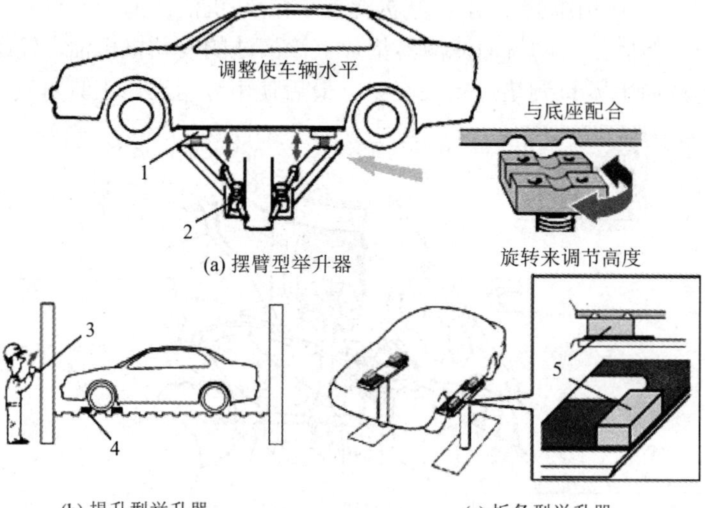

(a) 摆臂型举升器

(b) 提升型举升器　　(c) 板条型举升器

1—支撑架块；2—锁紧机构；3—操纵机构；4—车轮挡块；5—车辆垫块

图 5-22　举升器的类型

另外还有一种是剪式举升器，如图 5-3 所示。该种举升器最大优点是不占用空间，用时展开，不用时可收缩平齐于地面，因此一般用于 4S 店售后服务的预检工位。

2. 举升器的规范操作

1) 举升前的操作

(1) 清除举升器附近妨碍作业的器具和杂物，并检查操纵手柄、安全保险装置、钢丝绳、储油缸等是否正常。

(2) 将所有的行李从车上搬出。

(3) 核实载荷，切勿提升超过举升器提升极限的车辆。

(4) 正确停放车辆，以摆臂式举升器为例，首先将车辆重心置于举升器起吊中心，然后把摆臂固定到修理手册所标示的位置上，如图 5-23 所示。

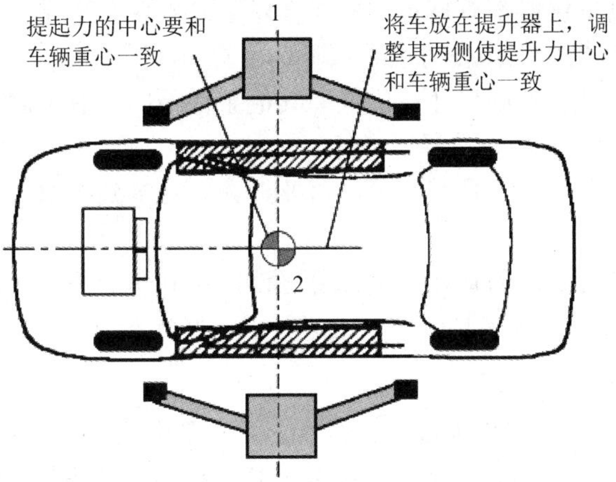

1—起吊中心；2—车辆重心

图 5-23　举升器的作用

(5) 待举升的车辆驶入后，将举升器支撑架块调整移动对正该车辆可承力部位。

2) 举升时的操作

(1) 举升器应由一人操作，在抬升和降下举升器前要先进行安全检查，并向其他人发出举升器即将启动的信号。

(2) 举升时人员离开车辆。 一旦轮胎稍离地，即要检查车辆支撑是否合适，确认无问题后继续举升。

(3) 举升到所需高度时，必须插入保险销，确认安全可靠后才可开始车底作业，有人作业时严禁升降举升器。

(4) 在提升车辆时切勿移动车辆，切勿打开车门。

(5) 在拆除和更换大部件时要小心，因为汽车重心可能改变。

(6) 如果在一段时间内未完成作业，则要把车放低一些。

3. 举升器的维护

(1) 作业完毕后切断电源，清除杂物，打扫举升器周围场地，以保持清洁。

(2) 定期(半年)排除举升器储油缸积水并检查油量，按润滑面要求进行注油。

(3) 对于摆臂式举升器要定期在滑块与立柱内表面互相摩擦的部位涂抹润滑脂。

(4) 严格执行限载规定。发现举升器有异常现象时应立即停止，派专职维修人员排除故障。

(二) 工具的合理选择与正确使用

1. 基础知识

汽车修理要求使用各种工具和测量仪器，这些工具有特殊的使用方法，只有使用得当才能保证工作安全和准确。使用工具和测量仪器需牢记以下基本原则。

(1) 学习每件工具和测量仪器的功能和正确用法。如果用于规定之外的用途，工具或测量仪器会损坏，而且零件也会损坏或者导致工作质量降低。

(2) 每件工具和测量仪器都有规定的操作程序。要确保在工作部件上正确使用工具，作用在工具上的力要恰当，工作姿势也要正确。

(3) 正确地选择工具。根据尺寸、位置和其他条件不同，有不同的工具可用于松开螺栓。要根据零件形状和工作场地选择适合的工具。

(4) 力争保持安排有序。工具和测量仪器要放在容易拿到的位置，使用后要放回原来的正确位置。

(5) 严格坚持工具的维护和管理。工具要在使用后立即清洗并在需要的位置涂油。如需要修理就要立即进行，这样工具就可以永远处于完好状态。

2. 根据工作的类型选择工具

如图 5-24 所示，为拆下和更换螺栓、螺母或拆下零件，汽车修理中使用成套套筒扳手比较普遍。如果由于工作空间限制不能使用成套套筒扳手，可按其顺序选用梅花扳手或开口扳手。

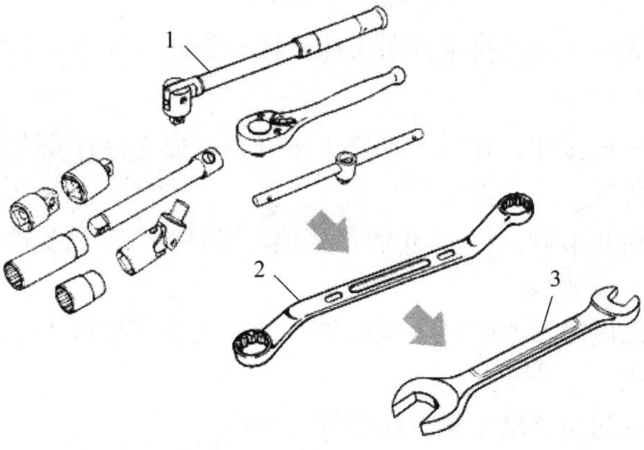

1—套筒扳手；2—梅花扳手；3—开口扳手

图 5-24　工具选择

3. 根据工作进行的速度选择工具

套筒扳手的用处在于它能旋转螺栓、螺母而不需要重新调整，这就可以迅速转动螺栓、螺母。而且套筒扳手可以根据所装的手柄以各种方式工作，如图 5-25 所示。

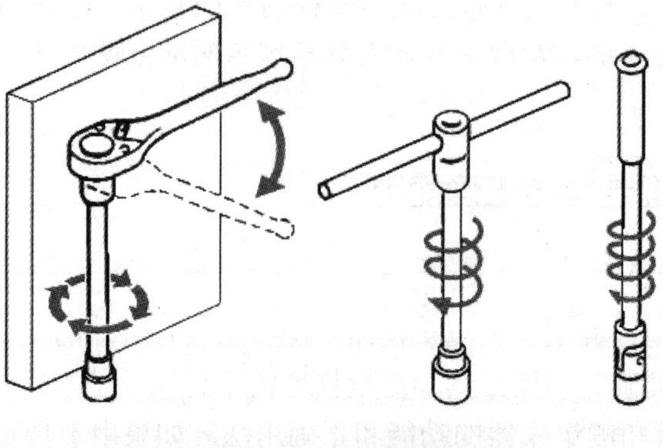

(a) 棘轮手柄　　(b) 滑动手柄　　(c) 旋转手柄

图 5-25　根据工作速度选择工具

注意：

(1) 棘轮手柄适合在狭窄空间中使用。然而由于棘轮的结构，它不可能获得很高的扭矩。

(2) 滑动手柄要求较大的工作空间，但它能提供最快的工作速度。

(3) 旋转手柄在调整好手柄后可以迅速工作。但此手柄很长，很难在狭窄空间中使用。

4. 根据旋转扭矩的大小选用工具

如果最后拧紧或开始拧松螺栓、螺母需要大扭矩，那么应使用允许施加大扭矩的扳手。如图 5-26 所示。但需注意：可以施加力的大小取决于扳手手柄的长度，手柄越长，用较小的力得到的扭矩越大；如果使用了超长手柄，就有扭矩过大的危险，螺栓有可能被折断。

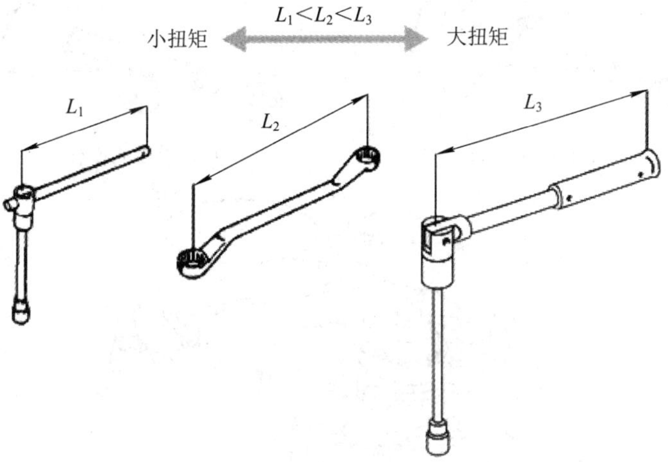

图 5-26　根据扭矩大小选择工具

5. 操作时的注意事项

(1) 工具的大小和应用。如图 5-27 所示，确保工具的直径与螺栓、螺母的头部大小相配合适，要使工具与螺栓、螺母完全配合。(图中圆形标记表示操作正确，圆形标记中有一斜线表示操作错误，下同。)

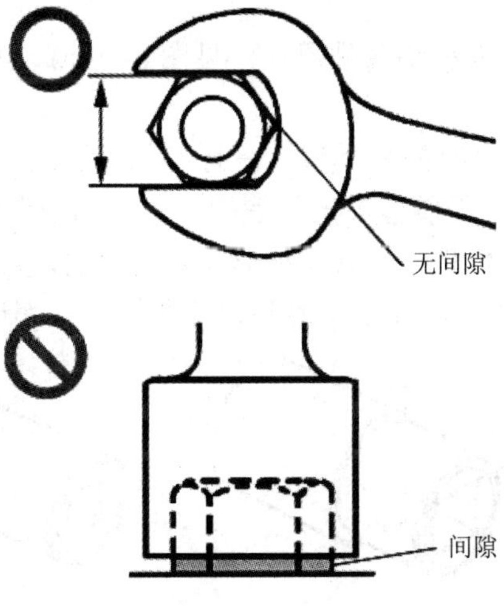

图 5-27　工具与螺栓/螺母的配合

(2) 用力强度。使用工具时要始终转动工具，以便拉动它。注意：尽可能拉动工具，如果由于空间限制无法拉动工具，则用手掌推它，如图 5-28(a)所示。对已经拧得很紧的螺栓、螺母可以通过手施加冲击力轻松松开，但是不能使用锤子和管子(用来加长轴)来增加扭矩，如图 5-28(b)所示。最后的拧紧始终用扭矩扳手来完成，以便将其拧紧到标准值，如图 5-28(c)所示。

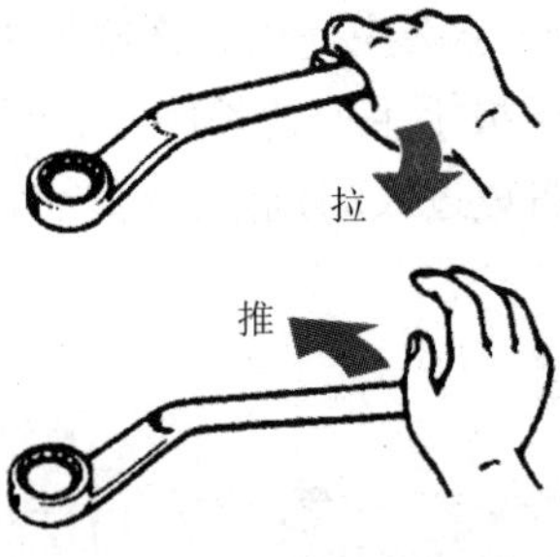

(a) 用手掌推

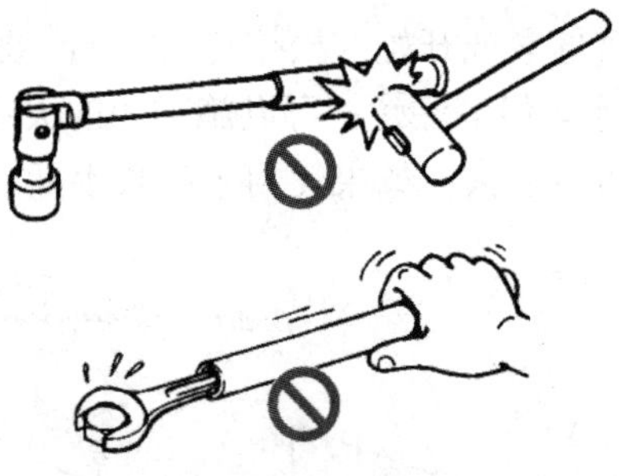

(b) 错误的操作

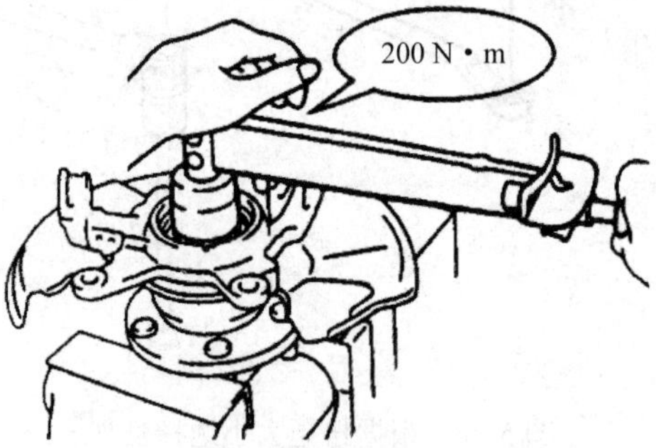

(c) 用扭矩扳手

图 5-28　工具的用力强度

6. 套筒(成套套筒扳手)

如图 5-29 所示，成套套筒扳手这种工具根据工作状态装上不同的手柄和套筒后可以很轻松地拆下并更换螺栓/螺母。

(1) 套筒尺寸。套筒有大和小两种尺寸，见图 5-29(a)。大尺寸的可以获得比小尺寸的更大的扭矩。

(2) 套筒深度。套筒深度有两种类型——标准的和深的，深的比标准的深 2～3 倍，见图 5-29(b)。较深的套筒可用于螺栓突出的螺帽，而标准型套筒则不适用。

(3) 钳口。套筒有两种类型——双六角形和六角形的，见图 5-29(c)。六角部分与螺栓、螺母的表面有很大的接触面，这样就不容易损坏螺栓头、螺母。

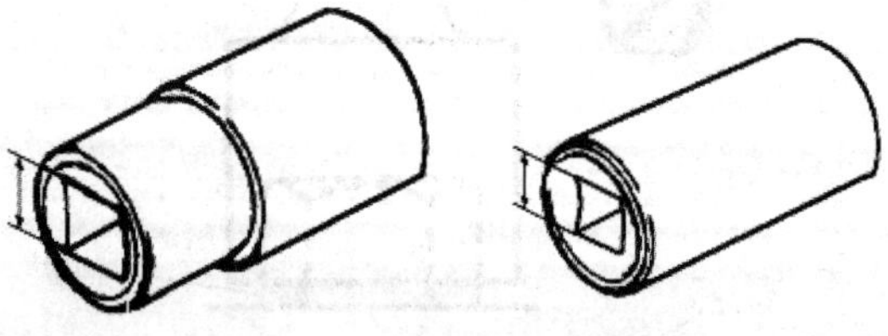

(a) 大小两种尺寸套筒

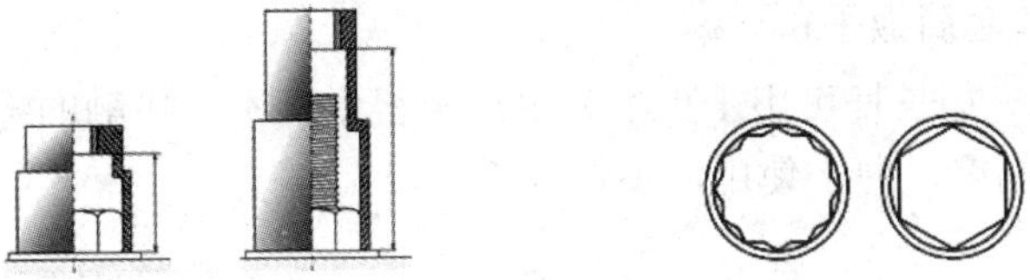

(b) 标准型和深型套筒　(c) 双六角形和六角形套筒

图 5-29　套筒

7. 套筒接合器(成套套筒扳手)

套筒接合器如图 5-30 所示，它是一个改变套筒方形套头尺寸的连接器。

注意：超大力矩会将负载施加在套筒本身或小螺栓上，力矩要根据规定的拧紧极限施加。

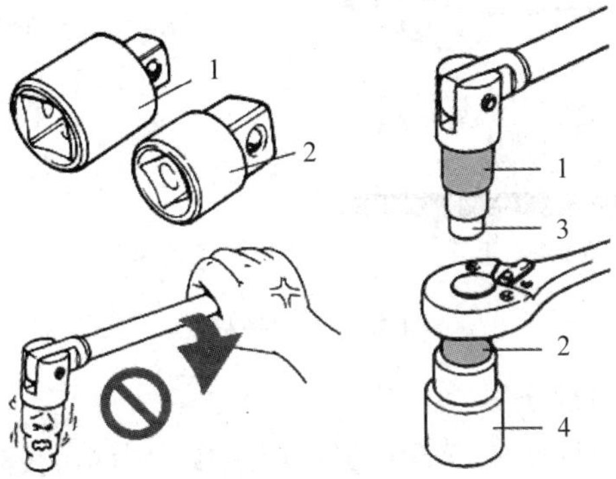

1—套筒结合器(大转小)；2—套筒结合器(小转大)；3—小尺寸套筒；4—大尺寸套筒

图 5-30　套筒接合器

8. 万向节(成套套筒扳手)

万向节如图 5-31(a)所示。套筒的方形套头部分可以前后或左右移动，手柄和套筒扳手之间的角度可以自由变化，使其成为在有限空间内工作的有用工具。

注意：

① 不要使手柄倾斜较大角度来施加扭矩，如图 5-31(b)所示。

② 勿用于风动工具。如果用于风动工具，万向节由于不能吸收旋转摆动而脱开，并造成工具、零件或车辆损坏，如图 5-31(c)所示。

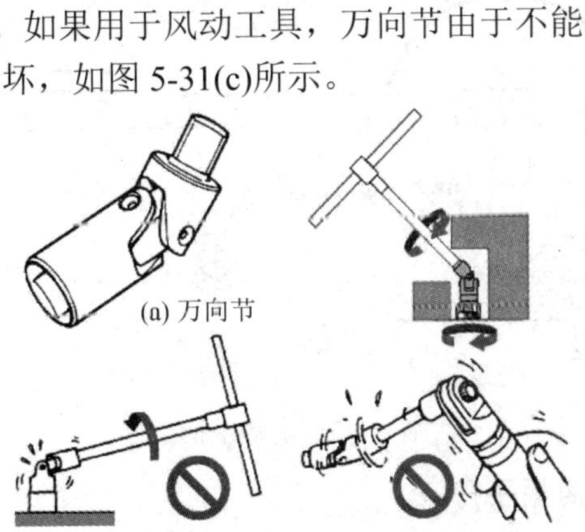

(a) 万向节

(b) 错误的操作　(c) 错误的操作

图 5-31　万向节

9. 加长杆(成套套筒扳手)

如图 5-32 所示，加长杆可用于拆下和更换装得太深不易接触的螺栓、螺母。也用于将工具抬离平面一定高度，便于使用，不伤到手。

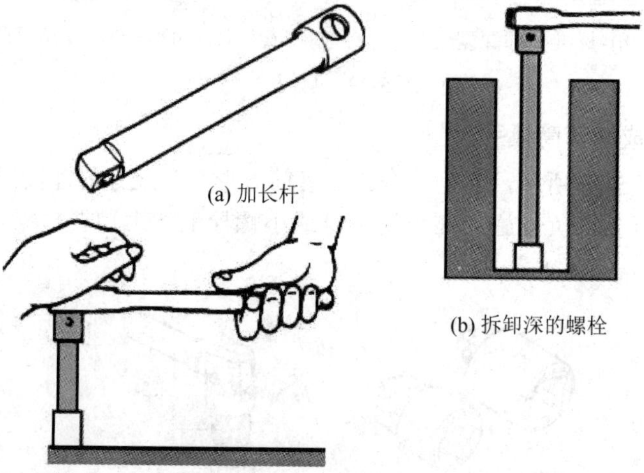

(a) 加长杆　(b) 拆卸深的螺栓　(c) 抬高工具

图 5-32　加长杆

10. 旋转手柄(成套套筒扳手)

如图 5-33 所示，旋转手柄用于拆下和更换要求用大力矩的螺栓、螺母。套筒扳手头部可做铰式移动，这样可以调整手柄的角度使与套筒扳手相配合。手柄也能滑动，允许改变手柄长度。

注意：滑移手柄直到其碰到使用前的锁紧位置，如果不在锁紧位置上，手柄在工作时可以滑进滑出，这样会改变维修人员的工作姿势并造成人身伤害。

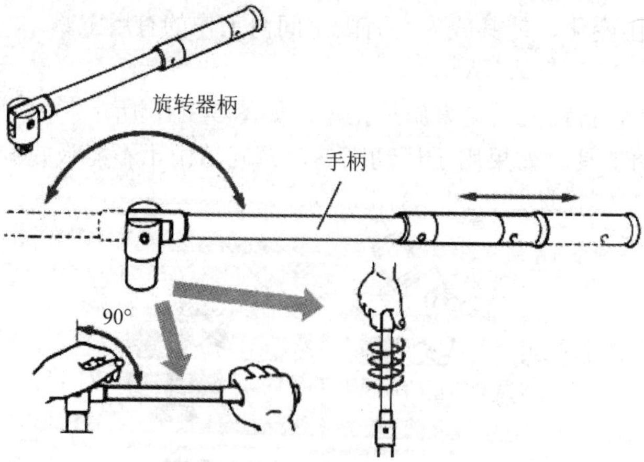

图 5-33　旋转手柄

11. 滑动手柄(成套套筒扳手)

如图 5-34 所示，滑动手柄通过滑动套筒的套头部分，将手柄变成 L 形，可以增加扭矩。将手柄变成 T 形可以增加速度。

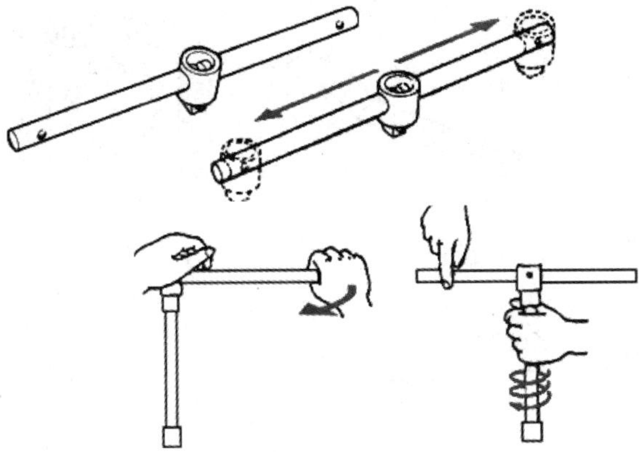

图 5-34　滑动手柄

12. 棘轮扳手

如图 5-35 所示，通过旋向调节机构，棘轮手柄顺时针转动可以拧紧螺栓、螺母，也可以松开它们。螺栓、螺母可以不需要使用套筒扳手而单方向转动。套筒扳手可以以小的回转角锁住，可以在有限的空间中工作。

注意：不要施加过大扭矩，这可能损坏棘爪的结构。

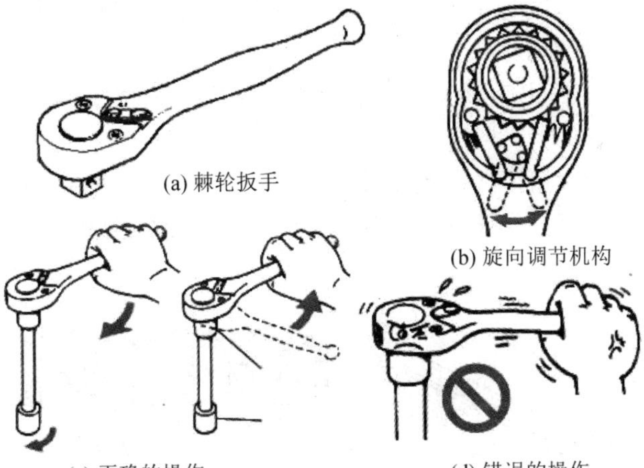

(a) 棘轮扳手　(b) 旋向调节机构

(c) 正确的操作　(d) 错误的操作

图 5-35　棘轮扳手

13. 梅花扳手

如图 5-36(a)所示，梅花扳手因其可以对螺栓、螺母施加大扭矩，因此用在补充拧紧和类似操作中。其特点如下。

(1) 因为梅花扳手钳口是双六角形的，可以容易地装配螺栓、螺母，这可以在一个有限空间内重新安装，如图 5-36(b)所示。

(2) 由于螺栓、螺母的六角形表面被包住，因此没有损坏螺栓角的危险，并可施加大扭矩，如图 5-36(c)所示。

(3) 由于轴是有角度的，因此可用于在凹进空间里或在平面上旋转螺栓、螺母，如图 5-36(d)所示。

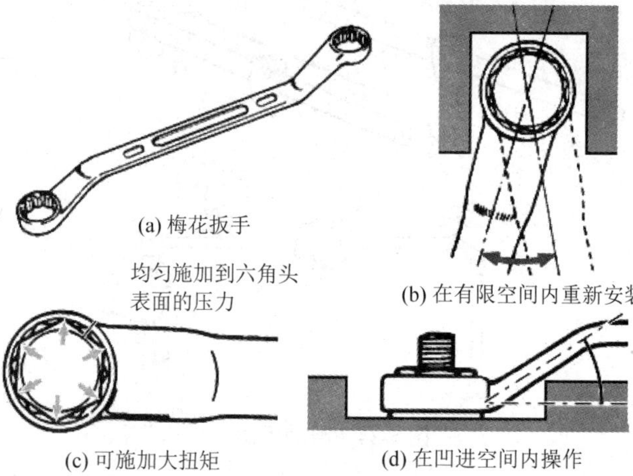

图 5-36　梅花扳手

14. 开口扳手

如图 5-37(a)所示，开口扳手用在不能用成套套筒扳手或梅花扳手拆除或更换螺栓、螺母的位置。其特点如下：

(1) 扳手钳口以一定角度与手柄相连。这意味着通过转动开口扳手可在有限空间中进一步旋转，如图 5-37(b)所示。

(2) 为防止相对的零件也转动，在拧松一根燃油管时，用两个开口扳手去拧松一个螺母，如图 5-37(c)所示。

(3) 扳手不能提供较大扭矩，因此不能用于最终拧紧。

注意：如图 5-37(d)所示，不能在扳手手柄上接套管，这会造成超大扭矩，损坏螺栓或开口扳手。

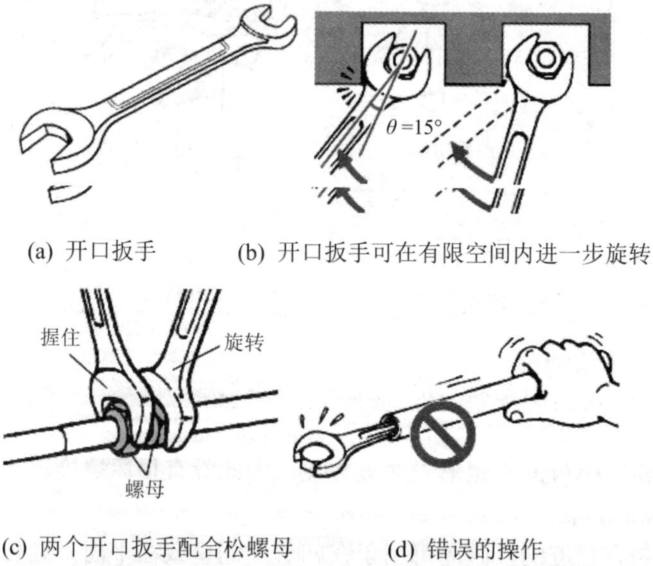

图 5-37　开口扳手

15. 可调扳手

如图 5-38 所示，可调扳手适用于尺寸不规则的螺栓、螺母或压紧 SST(专用维修工具)，可旋转调节螺杆改变孔径。一个可调扳手可用来代替多个开口扳手，但不适于施加大扭矩。操作时要转动调节螺杆，使孔径与螺栓、螺母头部配合完好。

注意：不要使调节钳口在旋转方向上转动扳手，如果用这种方法转动扳手，压力将作用在调节螺杆上，使其损坏。

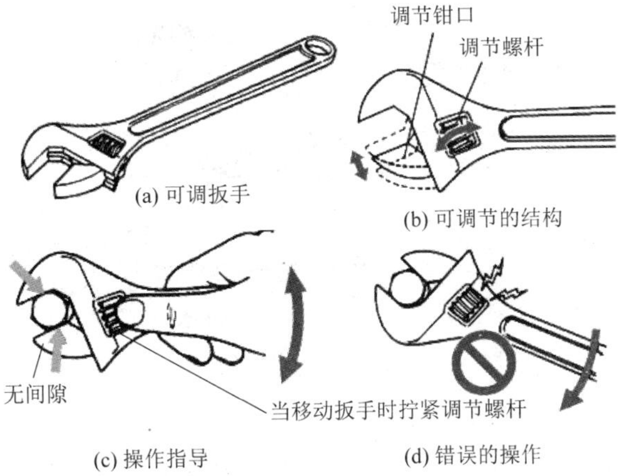

图 5-38　可调扳手

16. 火花塞扳手

如图 5-39 所示，火花塞扳手专用于拆卸及更换火花塞。火花塞扳手有大小两种尺寸，要配合火花塞尺寸。扳手内装有一块磁铁，用以保持住火花塞不坠落。

注意：

① 磁性可保护火花塞，但仍要小心不要使其坠落。

② 为确保火花塞正确地插入，首先要用手仔细地安装，然后用火花塞扳手紧固规定的转矩(18～25 N • m)。

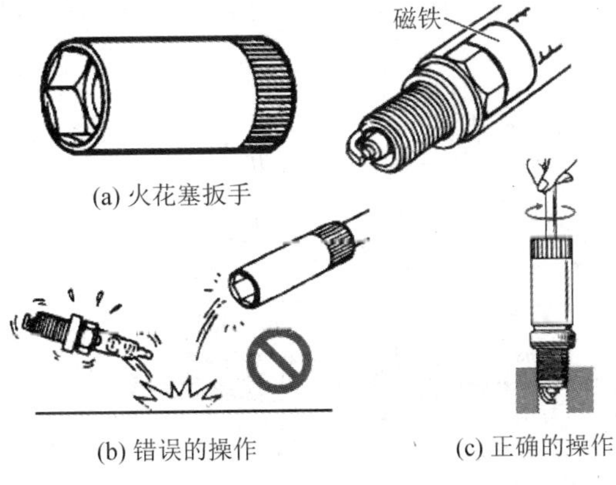

图 5-39　火花塞扳手

17. 扭矩扳手

如图 5-40 所示，扭矩扳手用以拧紧螺栓、螺母达到规定的转矩，可分为以下类型。

(1) 预置式。通过旋转套筒可预设所要求的扭矩。当螺栓达到所设定扭矩拧紧时，会听到“咔嗒”声表明已达到规定的扭矩，如图 5-40(a)所示。

(2) 板簧式。如图 5-40(b)所示，此扭矩扳手通过弯曲梁板，借助作用到旋转手柄上的力进行操作，此梁板由钢板弹簧制成。作用力可通过指针和刻度读出，以便取得规定的转矩。图 5-40(c)表示的是小扭矩扳手，其最大值约 0.98 N • m，用于测量预负荷。

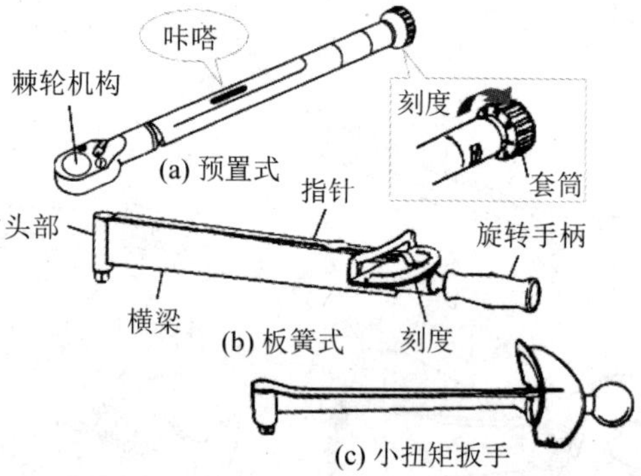

图 5-40　扭矩扳手

注意：

① 用其他扳手在扭矩扳手拧紧前预先拧紧，这样工作效率高。如果从一开始就用扭矩扳手拧紧，则工作效率较低；

② 如果拧紧几个螺栓，在每个螺栓上均匀施加扭力，重复 2～3 次；

③ 如果专用维修工具与扭矩扳手一起使用，则要按照修理手册中的说明计算扭矩；

④ 板簧式扭矩扳手使用到刻度的 50%～70%量程，以便施加均匀的力；不要用力太大使手柄接触到杆。

18. 螺丝刀

如图 5-41(a)所示，螺丝刀用于拆卸和更换螺钉，分正负型号，取决于尖部的形状。操作时要使用尺寸合适的螺丝刀，与螺钉的槽配合时要无间隙，如图 5-41(b)所示。保持螺丝刀与螺钉尾端成直线，边用力边转动，转动时垂直压力与旋转压力比大约为 7∶3，如图 5-41(c)所示。

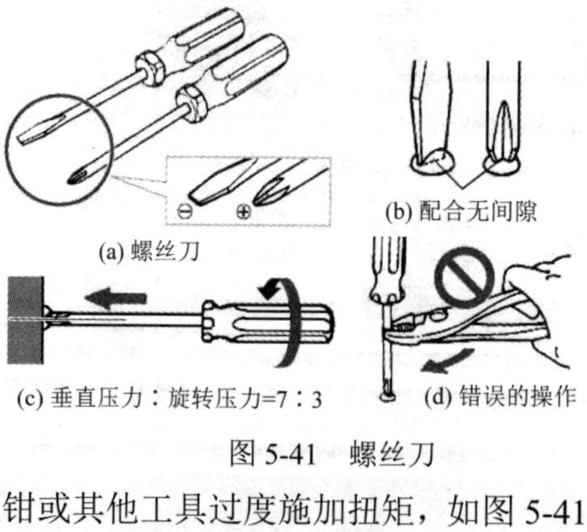

图 5-41　螺丝刀

注意：切勿用鲤鱼钳或其他工具过度施加扭矩，如图 5-41(d)所示。这可能刮削螺钉的凹槽或损坏螺丝刀尖头。

19. 尖嘴钳

如图 5-42 所示，尖嘴钳用于在密封的空间里操作或夹紧小零件。钳子是长而细的，使其适于在密封空间里使用。尖嘴钳包括一个朝向颈部的刀片，可以切割细导线或从电线上去掉绝缘层。

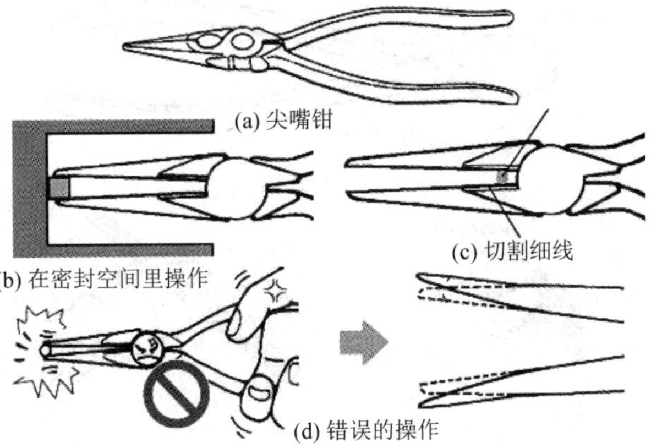

图 5-42　尖嘴钳

注意：切勿对尖嘴钳头部施加过大的压力，否则它们可能成“U”形打开，将不能用以做精密工作。

20. 鲤鱼钳

鲤鱼钳用以夹东西，如图 5-43 所示，可以通过调节钳口打开的程度来改变支点上孔的位置。除此之外也可用钳口夹紧或拉动，或在颈部切断细导线。

注意：在用鲤鱼钳夹紧前，需用防护布或其他防护罩遮盖易损坏件。

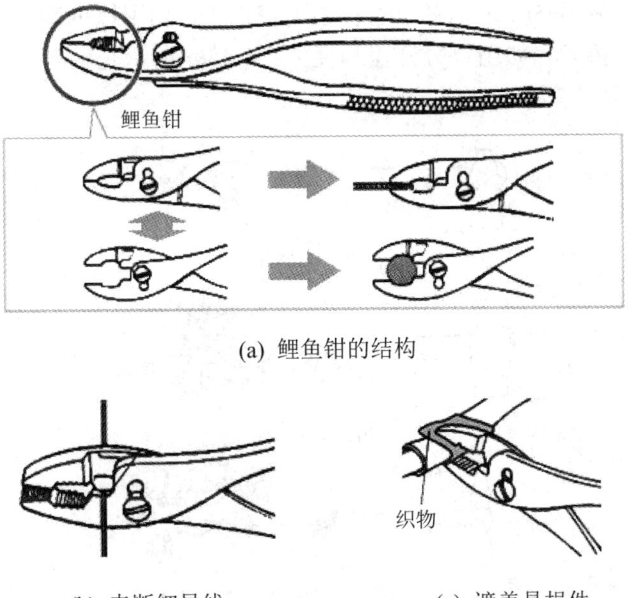

(a) 鲤鱼钳的结构

(b) 夹断细导线　(c) 遮盖易损件

图 5-43　鲤鱼钳

21. 剪钳

如图 5-44 所示，剪钳用于切割细导线。由于刀片尖部为圆形，它可用来切割细线，或者只要选择所需的线从线束中切下。

注意：不能用剪钳切割硬的或粗的线，这样做会损坏刀片。

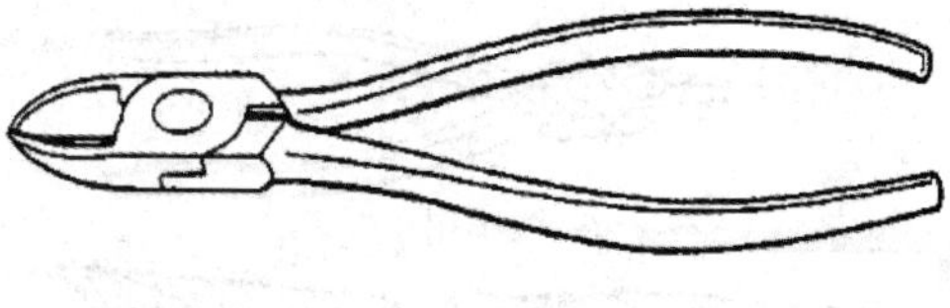

(a) 剪钳

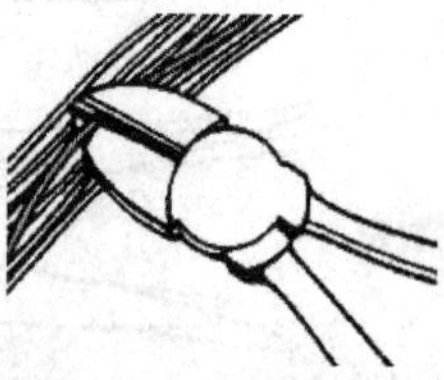

(b) 切割细导线

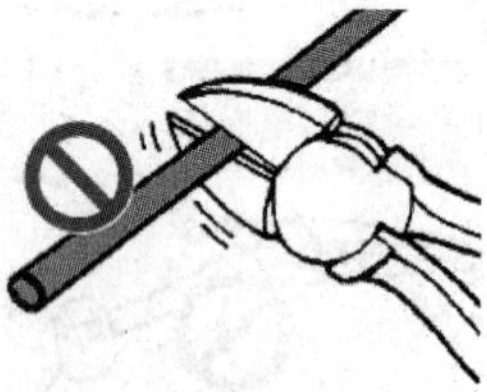

(c) 错误的操作

图 5-44　剪钳

22. 锤子

如图 5-45 所示，锤子可通过敲击来拆卸和更换零件，并且可根据声音来测试螺栓的松紧度。有以下类型的锤子可供使用，它取决于应用或材料。

(1) 球头销锤子。球头销锤子的头部为铸铁。

(2) 塑料锤。塑料锤的头部为塑料，用于必须避免撞坏物件的地方。

(3) 检修用锤。检修用锤是带有细长柄的小锤子，根据敲击时的声音和振动来测试螺栓、螺母的松紧度。图 5-45(a)表示通过直接敲击打进去，如用以拆卸和更换销子；5-45(b)所示是通过直接敲击拆卸，如用以分开盖和壳体；5-45(c)所示是轻轻地敲击螺栓，如用以检查螺栓的松紧度。

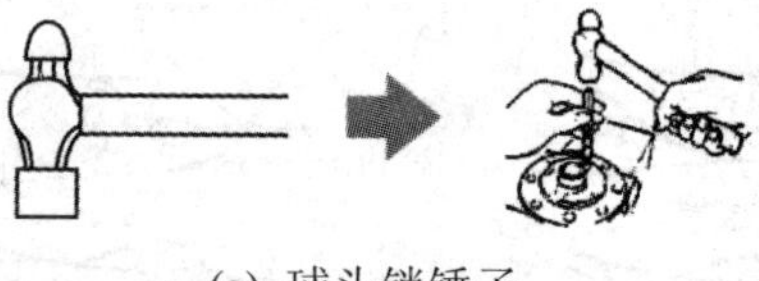

(a) 球头销锤子

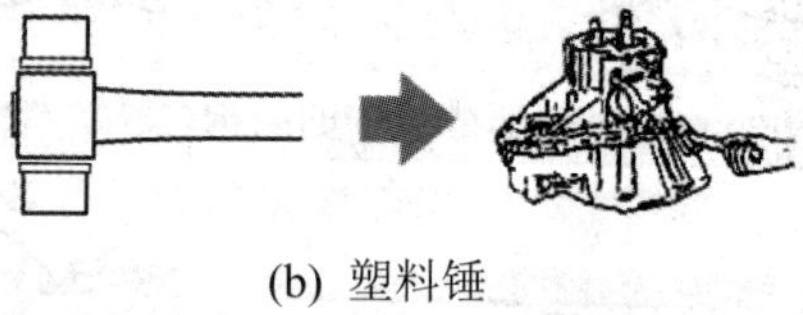

(b) 塑料锤

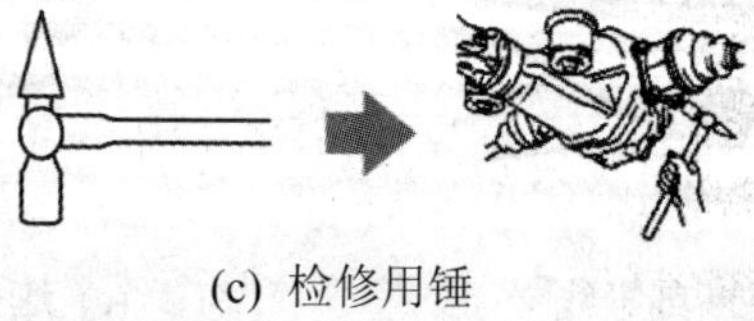

(c) 检修用锤

图 5-45　锤子

23. 风动工具

如图 5-46 所示，风动工具使用压缩空气，并用于拆卸和更换螺栓、螺帽。它们能使工作效率提高。

操作警告：

(1) 永远在正确的气压下使用(正确值：686 kPa(7 kg/cm^2))，见图 5-46(a)。

(2) 定期检查风动工具，并用风动工具油润滑和防锈，见图 5-46(b)。

(3) 如果用风动工具从螺丝上完全取下螺母，则旋转力可使螺母飞出，见图 5-46(c)。

(4) 往往先用手将螺母对准螺栓。如果一开始就打开风动工具，则螺纹会被损坏，见图 5-46(d)。注意不要拧得过紧，应使用较小的力拧紧。

(5) 最后，使用扭矩扳手检查紧固扭矩。

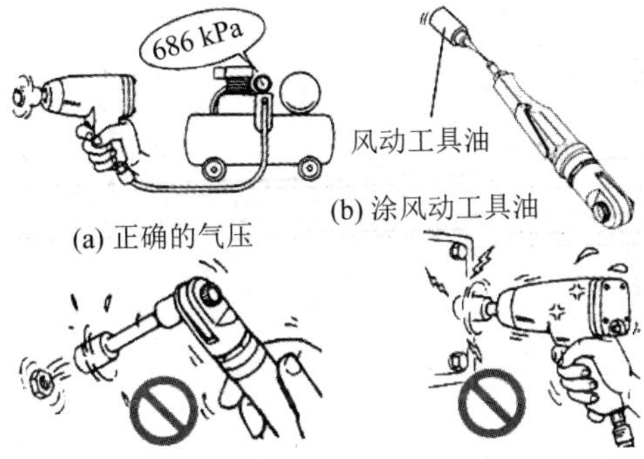

(a) 正确的气压　(b) 涂风动工具油

(c) 错误的操作　(d) 错误的操作

图 5-46　风动工具

24. 冲击式风动扳手

如图 5-47 所示，冲击式风动扳手用于要求较大扭矩的螺栓、螺母，扭矩可调到 4 级至 6 级，旋转方向可以改变，与专用的套筒扳手结合使用。专用的套筒扳手经过专门加工，其特点是能防止零件从传动装置上飞出。切勿使用专用套筒扳手以外的其他套筒扳手。

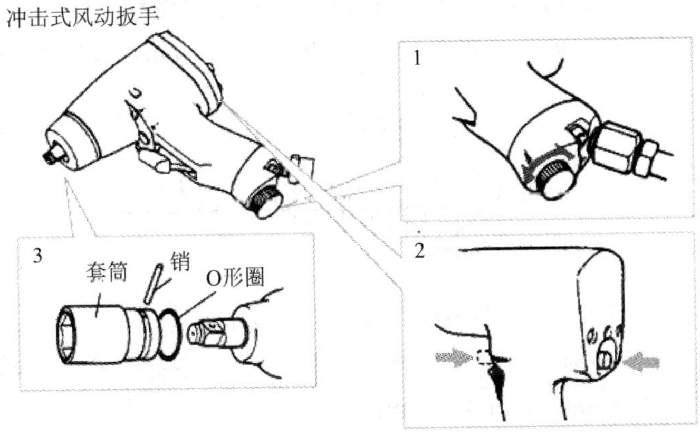

1—调节扭矩；2—改变旋转方向；3—专用套筒

图 5-47　冲击式风动扳手

注意：操作冲击式风动扳手时不能戴手套。首先检查旋转方向是否正确(不能带套筒检查)；在操作时必须用两只手握住工具，因为按下按钮时释放大的扭矩可能引起振动；扭矩调整按钮和旋转方向按钮的位置和形状因制造厂的不同而不同。

25. 游标卡尺

游标卡尺是一种较精密的量具，能较精确地测量工件的长度、宽度、深度及内、外圆直径等尺寸。其常用的规格有 0～125 mm、0～150 mm、0～200 mm、0～300 mm、0～500 mm 等多种。游标卡尺按精度可分为 0.1 mm、0.05 mm、0.02 mm 三种。

1) *游标卡尺的构造*

游标卡尺由尺身、游标、外测量爪、刀口内测量爪、深度尺、紧固螺钉等组成，如图 5-48 所示。

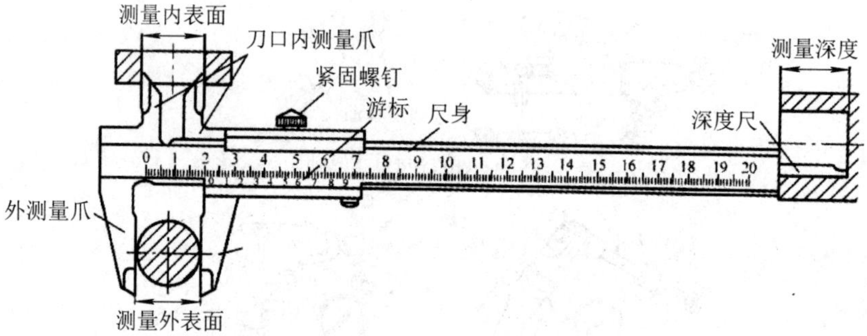

图 5-48　游标卡尺

内、外固定测量爪与尺身制成一体，而内、外径活动测量爪和深度尺与游标制成一体，并可在尺身上滑动。尺身上的刻度为每格 1 mm，游标上的刻度每格不足 1 mm。当内、外测量爪合拢时，尺身与游标上的零线应重合；在内、外测量爪分开时，尺身与游标上的刻线即相对错动。测量时，根据尺身与游标错动情况即可在尺身上读出整数毫米数，在游标上读出小数毫米数。为了使测好的尺寸不致变动，可拧紧紧固螺钉使游标不再滑动。

2) *游标卡尺的读数方法*

以精度为 0.1 mm 的游标卡尺为例，其刻线原理是：尺身 1 格为 1 mm，游标 1 格为 0.9 mm，共 10 格，尺身、游标每格之差=(1−0.9)mm=0.1 mm，如图 5-49 所示。

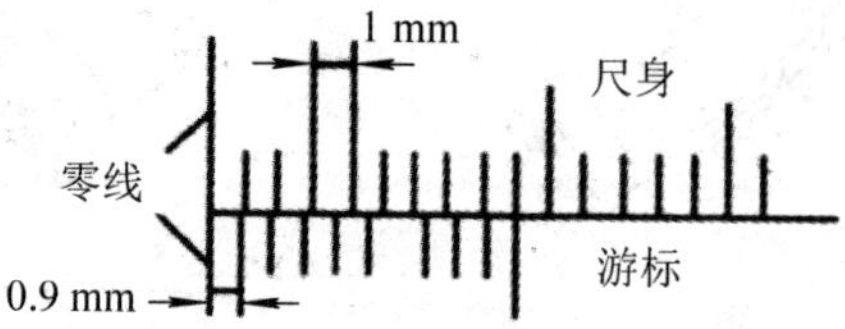

图 5-49　游标卡尺刻线原理

精度为 0.05 mm 的游标卡尺，其尺身 1 格为 1 mm，游标 1 格为 0.95 mm，共 20 格，尺身、游标每格之差=(1−0.95)mm=0.05 mm。

精度为 0.02 mm 的游标卡尺，其尺身 1 格为 1 mm，游标 1 格为 0.98 mm，共 50 格，尺身、游标每格之差=(1−0.98)mm=0.02 mm。

读数方法是：读数=游标 0 刻线指示的尺身整数+游标与尺身重合线数×精度值。以精度 0.02 游标卡尺为例，如图 5-50 所示，游标上零刻度线后第 6 根线最重合，所以读数 = (22+6×0.02) mm = 22.12 mm。

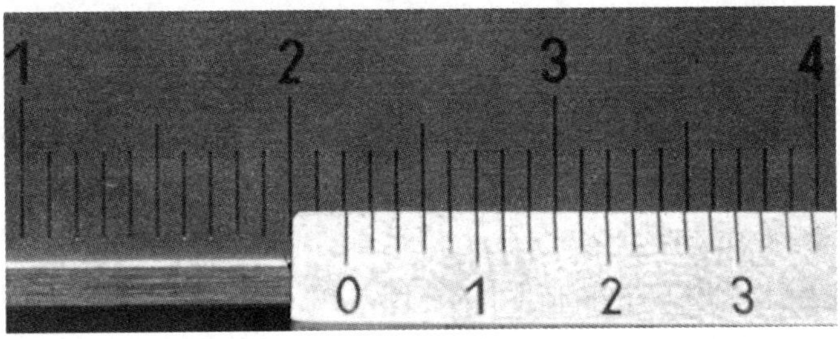

图 5-50　游标卡尺读数

注意：有的同学在读数时找不出游标与尺身重合的线，发现有很多线看上去都重合，其实绝对重合的两条线是不存在的，我们只能找出最近似重合的线即可，如图 5-50 所示，游标上的 1 刻度线似乎已重合，但其后一根线更加重合，所以我们一定要看仔细找出最重合的线。读数的小数点后只有两位，无需估读。

3) *游标卡尺的使用方法*

(1) 测量前，应将被测工件表面擦净，使游标卡尺测量爪保持清洁。

(2) 测量工件外尺寸时，应先使游标卡尺外测量爪间距略大于被测工件的尺寸，再使工件与尺身外测量爪贴合，然后使游标外测量爪与被测工件表面接触，并找出最小尺寸。测量时，要注意外测量爪的两测量面与被测工件表面接触点的连线应与被测工件表面相垂直。

(3) 测量工件孔内尺寸时，应使游标卡尺内测量爪的间距略小于工件的被测孔径尺寸。将测量爪沿孔中心线放入，先使尺身内测量爪与孔壁一边贴合，再使游标内测量爪与孔壁另一边接触，找出最大尺寸。同时，注意使内测量爪两测量面与被测工件内孔表面接触点的连线与被测工件内表面垂直。

(4) 用游标卡尺的深度尺测量工件深度尺寸时，要使卡尺端面与被测工件的顶端平面贴合。同时，保持深度尺与该平面垂直。

4) *游标卡尺的注意事项*

(1) 检查零线。使用前，应先擦净卡尺，合拢测量爪，检查尺身与游标的零线是否对齐。如未对齐应记下误差值，以便测量后修正读数。

(2) 放正卡尺。测量内、外圆时，卡尺应垂直于轴线；测量内圆时，应使两测量爪处于直径处。

(3) 用力适当。测量爪与测量面接触时，用力不宜过大，以免测量爪变形和磨损，导致读数误差大。

(4) 视线垂直。读数时，视线要对准所读刻线并垂直尺面；否则读数不准。

(5) 防止松动。取出卡尺时，应使固定测量爪紧贴工件，轻轻取出，防止活动测量爪移动。

(6) 勿测毛面。卡尺属于精密量具，不得用来测量毛坯表面。

(7) 游标卡尺不能测量旋转中的工件。禁止把游标卡尺的两个测量爪当作扳手或刻线工具使用。

(8) 游标卡尺受到损伤后，不允许用锤子、锉刀等工具自行修理，应交专门修理部门修理，经检定合格后才能再次使用。

26. 千分尺

千分尺又称螺旋测微器，是比游标卡尺更为精确的一种精密量具，其测量精度可达0.01 mm，按其用途的不同可分为外径千分尺、内径千分尺、深度千分尺和螺纹千分尺等。本书只介绍常用的外径千分尺的构造和使用。

1) 外径千分尺的构造

外径千分尺是用来测量工件外部尺寸的。图 5-51 为外径千分尺的结构图。其测量的范围分为 0 mm～25 mm、25 mm～50 mm、50 mm～75 mm、75 mm～100 mm、100 mm～125 mm 等多种。它由测砧、测微螺杆、螺纹轴套、固定套管、微分筒、调节螺母、测力装置、锁紧装置等组成。

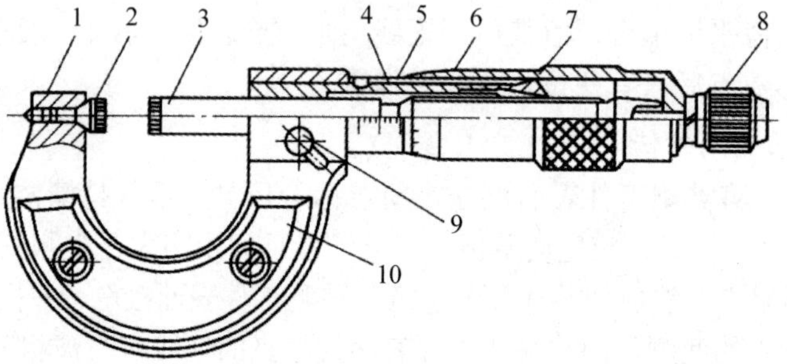

1—尺架；2—测砧；3—测微螺杆；4—螺纹套管；5—固定套管；6—微分筒；
7—调节螺母； 8—测力装置；9—锁紧装置；10—隔热装置

图 5-51　外径千分尺的结构

2) 千分尺的刻线原理

千分尺是利用螺旋副传动原理，借助螺杆与螺纹轴套的精密配合，将回转运动变为直线运动，以固定套管和微分筒(相当于游标卡尺的尺身和游标)所组成的读数机构读得被测工件尺寸。

固定套管外面有尺寸刻线，上、下刻线每 1 格为 1 mm，相邻刻线间距离为 0.5 mm。测微螺杆后端有精密螺纹，螺距是 0.5 mm，当微分筒旋转一周时，测微螺杆和微分筒一同前进(或后退)0.5 mm，同时，微分筒就遮住(或露出)固定套管上的 1 条刻线。在微分筒圆锥面上，一周等分成 50 条刻线，当微分筒旋转一格(即一周的 1/50)时，测微螺杆就移动 0.01 mm，故千分尺的测量精度为 0.01 mm。

3) 千分尺的读数方法

(1) 先读固定套管上的毫米数和半毫米数。

(2) 再看微分筒上第几条刻线与固定套管的基线对正，即有几个 0.01 mm。注意此处需要估读一位，即小数点后有三位。

(3) 将两个读数值相加就是被测量工件的尺寸值。

在图 5-52(a)中，固定套管上露出来的数值是 7.50 mm，微分筒上第 39 格线和 38 格线之间一点与固定套管上基线正对齐，估读数值为 0.383 mm，此时，千分尺的正确读数为 7.50 mm + 0.383 mm = 7.883 mm。

在图 5-52(b)、(c)中，千分尺的正确读数分别为 7.5 mm + 0.350 mm = 7.850 mm 和 0.50 mm + 0.100 mm = 0.600 mm。

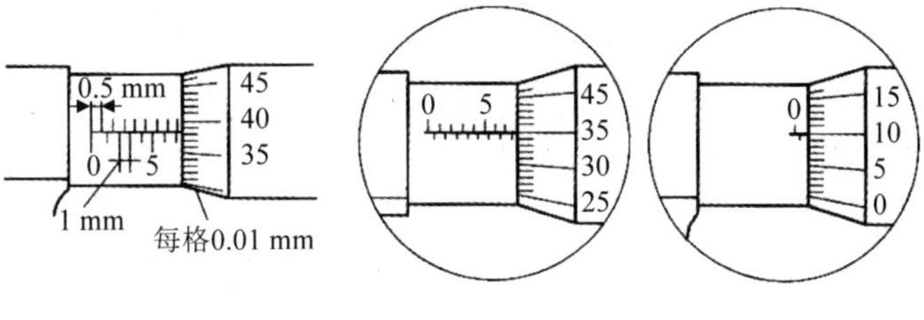

(a) 正确读数为 7.883 mm　(b) 正确读数为 7.850 mm　(c) 正确读数为 0.600 mm

图 5-52　千分尺的读数示例

4) 千分尺的使用方法与注意事项

(1) 测量前，先将测量面擦净，并检查零位。具体检查方法是：用测力装置使测量面或测量面与标准棒两端面接触，观察微分筒前端面与固定套管零线、微分筒零线与固定套管基线是否重合。如不重合，应通过附带的专用小扳手转动固定套管来进行调整。图 5-52 为千分尺零位的调整。

(2) 测量时，左手拿尺架隔热装置，右手旋转微分筒，使千分尺微测螺杆的轴线与工件的中心线垂直或平行，不得歪斜。先用手转动活动套管，当测量面接近工件时，改用测力装置的螺母转动，直到听到“咔咔”响声，表示测微螺杆与工件接触力适当，应停止转动，利用锁紧装置锁紧，此刻严禁拧动微分筒，造成测量不准确。此时千分尺上的读数值就是工件的尺寸。为防止一次测量不准，可松开锁紧装置、旋松棘轮，再进行多次复查，以求得测量值的准确性。

(3) 读数要细心，必要时可锁紧后取下千分尺读出测量的数值。要特别注意，不要读错 0.5 mm。

(4) 不准测量毛坯或表面粗糙的工件，不准测量正在旋转或温度较高的工件，以免损伤测量面或得不到正确的读数。

(5) 千分尺应保持清洁，用后要擦净涂油，并妥善保管。

27. 百分表

1) 百分表的结构特点

百分表是一种精度较高的齿轮传动式测微量具，如图 5-53 所示。它利用齿轮齿条传动机构将测杆的直线移动转变为指针的转动，由指针指出测杆的移动距离。因百分表只有一个测量头，所以它只能测出工件的相对数值。百分表主要用来测量机器零件的各种几何形状偏差和表面相互位置偏差(如平面度、垂直度、圆度和跳动量)，也可测量工件的长度尺寸，也常用于工件的精密找正。它具有外形尺寸小、质量小、使用方便等特点。

2) 百分表的工作原理与读数方法

百分表的工作原理是将测杆的直线位移经过齿条与齿轮传动转变为指针的角位移。百分表的刻度盘圆周刻成 100 等分，其分度值为 0.01 mm。若主指针 5 转动 1 周，则测杆的位移量为 1 mm；主指针转一格，则测杆的位移量为 0.01 mm，此时读数为 0.01 mm。表圈 2 和表盘 3 是一体的，可任意转动，以便使指针对正零位。小指针 4 用以指示大指针的回转圈数。常见百分表的测量范围为 0～3 mm、0～5 mm 和 0～10 mm 等。

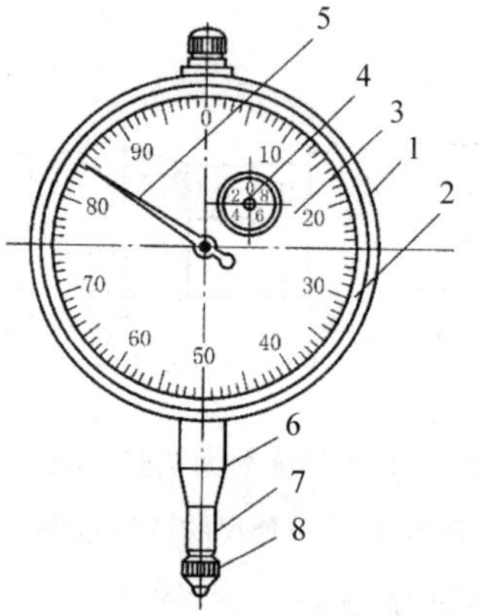

1—表体；2—表圈；3—表盘；4—小指针；5—主指针；6—装夹套；7—测杆；8—测头

图 5-53　百分表

3) 百分表的使用方法与注意事项

(1) 使用磁性表座百分表测量工件时，必须将其固定在可靠的支架上，如图 5-54 所示。

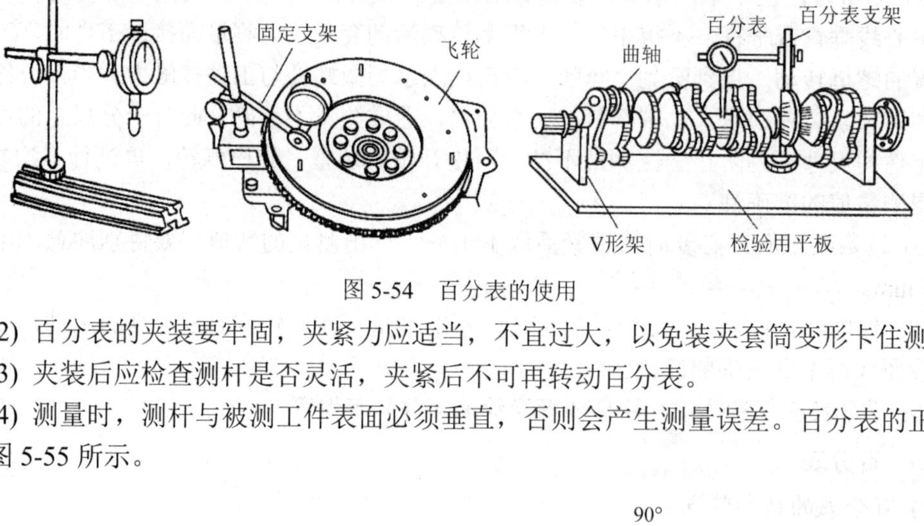

图 5-54　百分表的使用

(2) 百分表的夹装要牢固，夹紧力应适当，不宜过大，以免装夹套筒变形卡住测杆。

(3) 夹装后应检查测杆是否灵活，夹紧后不可再转动百分表。

(4) 测量时，测杆与被测工件表面必须垂直，否则会产生测量误差。百分表的正确位置如图 5-55 所示。

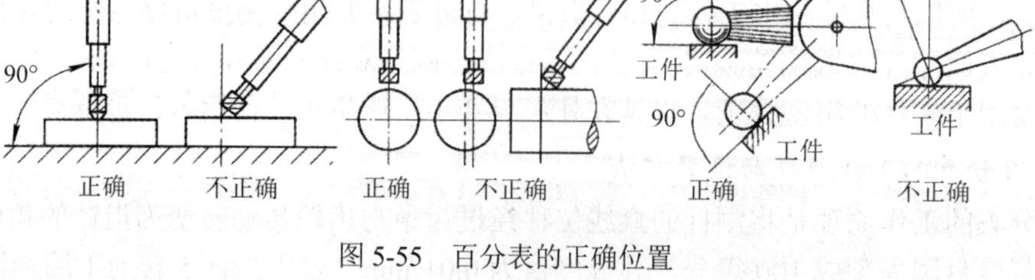

图 5-55　百分表的正确位置

(5) 按被测工件表面的不同形状选用相应形状的测量头。例如，用平测量头测量球面工件，用球面测量头测量圆柱形或平面工件，用尖测量头或曲率半径很小的球面测量头测量凹面或形状复杂的表面。

(6) 测量时，应轻提测杆，缓慢放下，使量杆端部的测头抵在被测零件的测量面上，并要有一定的压缩量，以保持测头有一定的压力；再转动刻度盘，使指针对准零位。测量时，应注意不能使测头移动距离过大，不准将工件强行推至测头下，也不准急速放下测杆，使测头突然落到零件表面上；否则将造成测量误差，甚至损坏百分表。

(7) 测量时，使被测量的零件按一定要求移动或转动，从刻度盘指针的变化直接观察被测零件的偏差尺寸，即可测量出零件的平整程度或平行度、垂直度或轴的弯曲度及轴颈磨损程度等。

(8) 使用中，应注意百分表与支架在表座上安装的稳固性，以免造成倾斜或摆动现象。

(9) 对于磁性表座，一定要注意检查按钮的位置，测杆与测头不应粘有油污；否则，会降低其灵敏性。使用后，应将百分表从支架上拆下，擦拭干净，然后涂油装入盒中，并妥善保管。

注意： 百分表不需要估读，如果长指针转动不到 1 格，但超过了半格，那读数就为 1 格，即 0.01 mm，如果不到半格，那读数就为零。

四、自我测试题

(一) 判断题

1. 举升器在举升时由双人操作，举升前一定要发出指令，举升中车门要关闭。(　　)

2. 检查手动变速器油位时，需从变速器上拆卸油加注塞，将手指插入塞孔，检查油与手指接触的位置。(　　)

3. 安装新机油滤清器时，轻缓地拧动使其就位，然后上紧直到拧不动，最后使用专用维修工具再次上紧 3/4 圈。(　　)

4. 对拧得很紧的螺栓、螺母可以通过手对工具施加冲击力轻松松开。(　　)

5. 使用万向节时要注意不要使手柄倾斜较大角度来施加扭矩。(　　)

6. 对棘轮扳手不要施加过大扭矩，否则可能损坏棘爪的结构。(　　)

7. 冲击式风动扳手操作不能戴手套，首先带套筒检查旋转方向是否正确。(　　)

8. 排放发动机机油应在热车时进行。(　　)

(二) 单项选择题

1. 关于举升器的维护下列说法错误的是(　　)。

A．作业完毕后切断电源，清除杂物，打扫举升器周围场地，以保持清洁

B．定期(半年)排除举升器储油缸积水，并检查油量，按润滑面要求进行注油

C．对于剪式举升器要定期在滑块与立柱内表面互相摩擦的部位涂抹润滑脂

D．严格执行限载规定

2. 关于扳手的选择下列说法正确的是(　　)。

A．优先选用梅花扳手，其次是开口扳手，最后是活动扳手

B．优先选用成套套筒扳手，其次是梅花扳手，最后是活动扳手

C．优先选用成套套筒扳手，其次是梅花扳手，最后是开口扳手

D．优先选用成套套筒扳手，其次是开口扳手，最后是活动扳手

3. 关于手柄的选择下列说法错误的是(　　)。

A．棘轮手柄适合在狭窄空间使用

B．滑动手柄要求的工作空间大，但它能提供最快的工作速度

C．旋转手柄在调整好手柄后可以迅速工作并可在狭窄空间使用

D．棘轮手柄不可能获得很高的扭矩

4. 关于使用工具下列说法错误的是(　　)。

A．确保工具的直径与螺栓、螺母的头部大小相配合适

B．要使工具与螺栓、螺母完全配合

C．使用工具时要始终转动工具以便推动它，如果由于空间限制无法推动，则用手拉动它

D．对已经拧得很紧的螺栓、螺母可以通过手施加冲击力轻松松开

5. 下列说法错误的是(　　)。

A．加长杆可用于拆下和更换装得太深不易接触的螺栓、螺母

B．加长杆可用于将工具抬离平面一定高度，便于使用，不伤到手

C．旋转手柄在使用时手柄也能自由滑动，目的是允许改变手柄长度

D．旋转手柄用于拆下和更换要求用大力矩的螺栓、螺母

(三) 简答题

1. 举升器的使用步骤是什么？

2. 工具和测量仪器的选用原则是什么？

3. 如何正确排放发动机机油？如何更换机油滤清器？

4. 发动机排气系统如何检查？

5. 轿车底盘检查有哪些内容？

项目六 轮胎、制动器的检查与制动液的更换和排气

一、项目描述

通过检查车轮轴承、盘式制动器和鼓式制动器、轮胎以及进行制动液更换和排气，使学生达到以下要求。

1. 知识要求

(1) 了解制动系统的功用与组成。
(2) 熟悉制动系统的基本工作原理。
(3) 掌握盘式制动器的结构与检修内容。
(4) 掌握鼓式制动器的结构与检修内容。
(5) 掌握驻车制动器的结构与功用。
(6) 了解比例阀、限压阀等阀的作用。

2. 技能要求

(1) 能够检查车轮轴承。
(2) 能够拆卸车轮和检查轮胎的使用状况。
(3) 能够检查盘式制动器、鼓式制动器和盘鼓式制动器。
(4) 能够检查制动拖滞。
(5) 能够进行制动液更换和排气。
(6) 能够安装车轮。

3. 素质要求

(1) 掌握 5S 理念。
(2) 重视劳动保护与安全操作。
(3) 注意环境保护。
(4) 培养团队协作精神。

二、项目实施

任务一　轮胎、制动器检查

1. 训练内容

(1) 轿车在顶起位置 4 的检查工作。

(2) 完成并填写学习工作单的相关项目。

(3) 学习汽车制动系统的相关知识。

2. 训练目标

(1) 掌握车辆在顶起位置 4 的工作内容。

(2) 熟悉常用量具的使用方法。

3. 训练设备

轿车及维修手册、常用工具、冲击扳手、轮胎深度规、千分尺、百分表、制动液更换工具和举升器。

4. 训练步骤

1) 举升车辆至位置 4，检查车轮轴承

如图 6-1 所示，在检查车轮轴承状况时分两步。第一步，车轮摆动检查：将一只手放在轮胎上面，另一只手放在轮胎下面，紧紧地推拉轮胎以便检查是否有任何摆动，如图 6-1(a)所示；第二步，转动噪声检查：用手转动轮胎以便检查其是否能够无任何噪声地平稳转动，如图 6-1(b)所示。

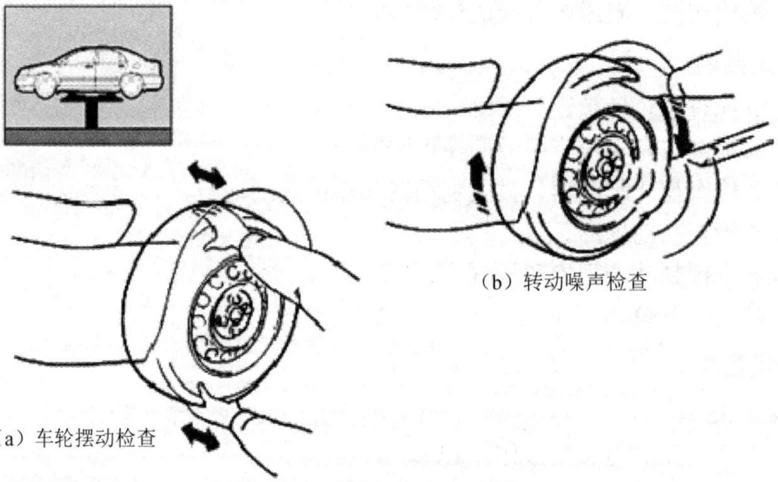

（a）车轮摆动检查

（b）转动噪声检查

图 6-1　车轮轴承的检查方法

2) 拆卸车轮和检查轮胎的使用状况

如图 6-2 所示，在拆卸车轮时，使用一把冲击扳手，按照交叉顺序拆卸 4 个车轮螺母。然后，拆卸车轮。冲击扳手在使用时要注意旋向和连接；在拆最后一个车轮螺母时要用手按住轮胎，另一手拧下螺母。

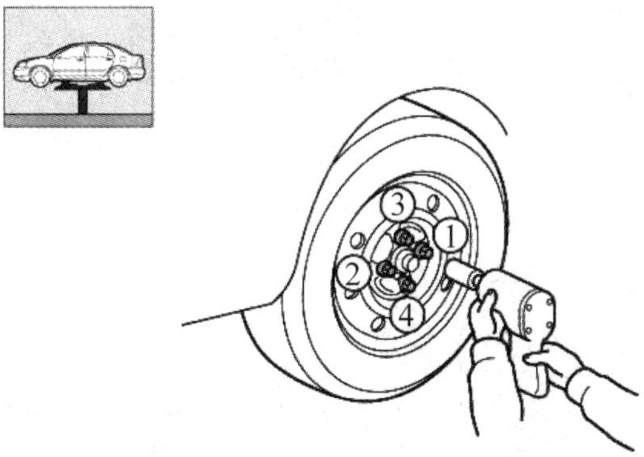

图 6-2　车轮的拆卸方法

如图 6-3 至图 6-5 所示，在检查轮胎时，要检查以下内容。

(1) 裂纹或者损坏。检查轮胎胎面和胎壁是否有裂纹、割痕或者其他损坏，见图 6-3(a)。

(2) 嵌入金属微粒或者外物。检查轮胎的胎面和胎壁是否嵌入任何金属微粒、石子或者其他异物，见图 6-3(b)。

(3) 胎面沟槽深度。使用一个轮胎深度规测量轮胎胎面的沟槽深度；或同时通过观察与地面接触的轮胎表面的胎面磨耗指示标记轻易地检查胎面深度，见图 6-3(c)。

(4) 异常磨损。检查轮胎的整个外围是否有不均匀磨损和阶段磨损，见图 6-4(a)。

(5) 气压。检查轮胎气压，见图 6-4(b)。

(6) 漏气。检查气压后，通过在气门周围涂肥皂水检查轮胎是否漏气，见图 6-4(c)。

(7) 轮辋损坏。检查轮圈和轮盘是否损坏、腐蚀、变形和跳动，见图 6-5。

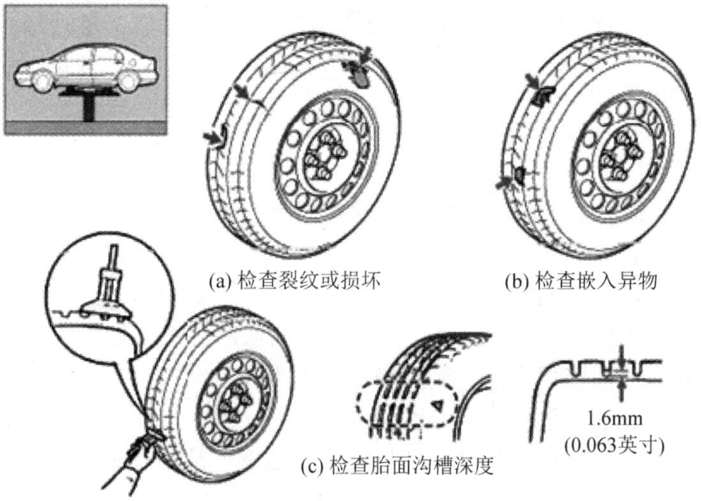

(a) 检查裂纹或损坏　(b) 检查嵌入异物

(c) 检查胎面沟槽深度

图 6-3　轮胎的检查(一)

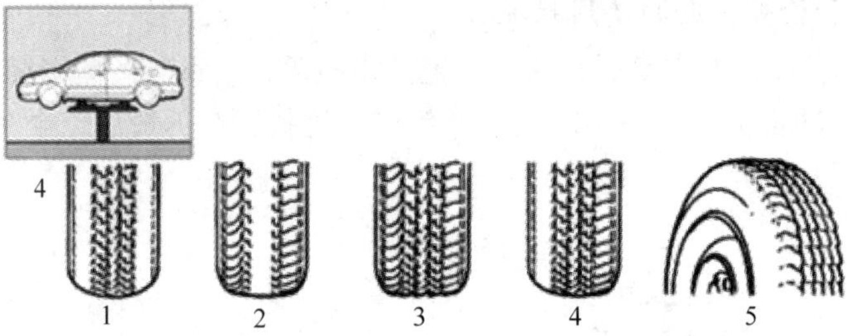

1—双肩磨损；2—中间磨损；3—薄边磨损；4—单肩磨损；5—跟部磨损

(a) 轮胎的异常磨损

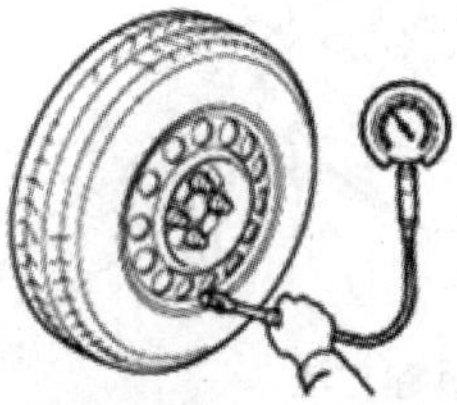

(b) 检查轮胎气压

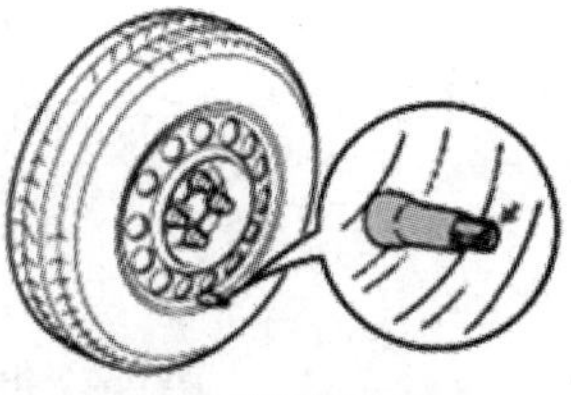

(c) 轮胎漏气检查

图 6-4　轮胎的检查(二)

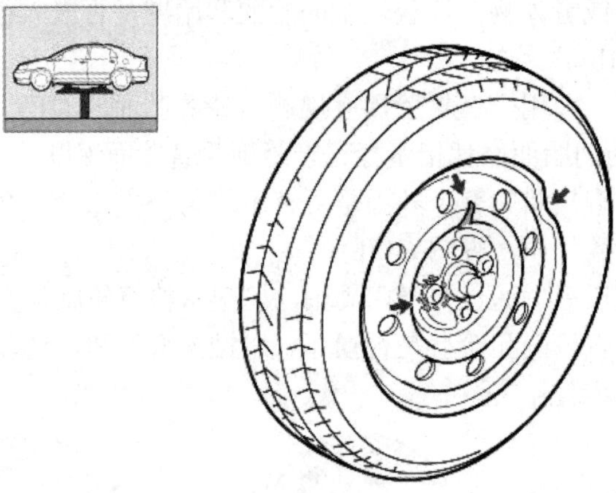

图 6-5　轮辋的检查

3) 检查盘式制动器

如图 6-6 所示，在拆下轮胎后，要依次检查以下内容。

(1) 内侧摩擦片厚度。通过制动卡钳内的检查孔目测检查内制动器摩擦片的厚度，确保其与外制动器摩擦片没有明显的偏差。

(2) 外侧摩擦片厚度。使用一把直尺测量外制动器摩擦片的厚度，至少测三点。如果制动器摩擦片的厚度低于磨损极限，则更换制动器摩擦片。

(3) 不均匀磨损。目测检查制动器摩擦片的不均匀磨损。

(4) 磨损和损坏。如图 6-7 所示，目测检查制动盘上是否有刻痕、不均匀或者异常磨损以及裂纹和其他损坏，要注意内外两侧。

(5) 厚度检查。用千分尺测量制动盘的厚度，120° 测一次，测 3 次，注意磨损极限。

(6) 端面圆跳动检测。如图 6-8 所示，安装磁性表座和百分表，百分表指针垂直压靠在制动盘上，指针距离制动盘边缘 10 mm 左右，旋转车轮一周，跳动量不能超出 0.05 mm。

(7) 制动液泄漏。目测检查制动卡钳处有无制动液泄漏。注意如果制动液溅出或者粘在油漆上，要立即用水漂洗，否则将损坏油漆表面。

【盘式制动器检查】

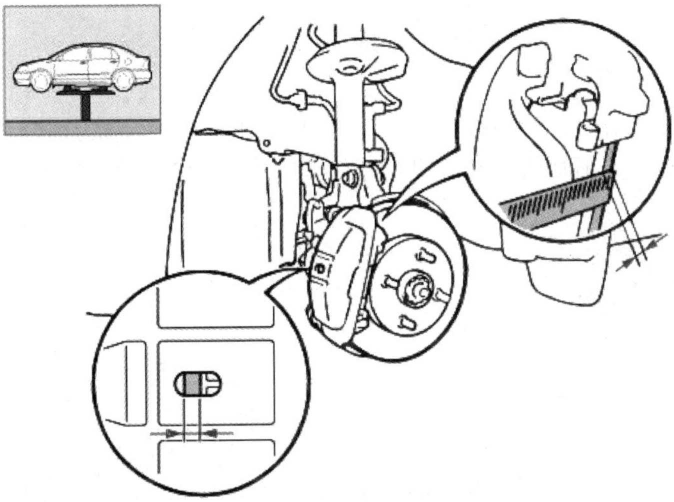

图 6-6　摩擦片厚度检查

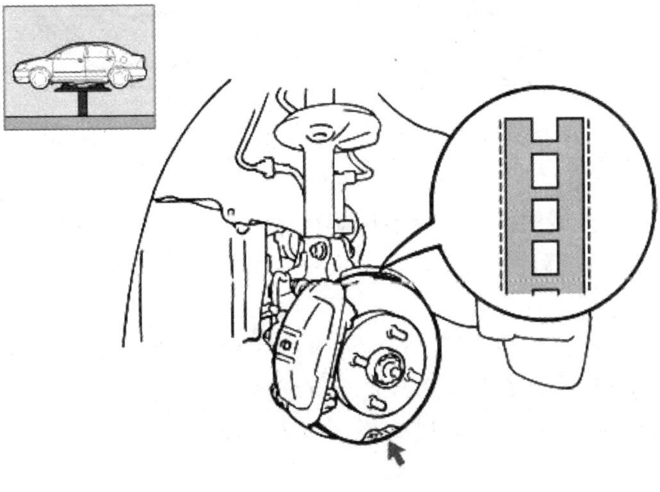

图 6-7　制动盘外观检查

图 6-8　制动盘端面圆跳动检查

4) 检查驻车制动器

在一个配备制动盘内有制动鼓型的驻车制动系统的汽车上，需拆卸后盘式制动卡钳和后制动盘后才能检查驻车制动器。如图 6-9 所示，需依次检查以下内容。

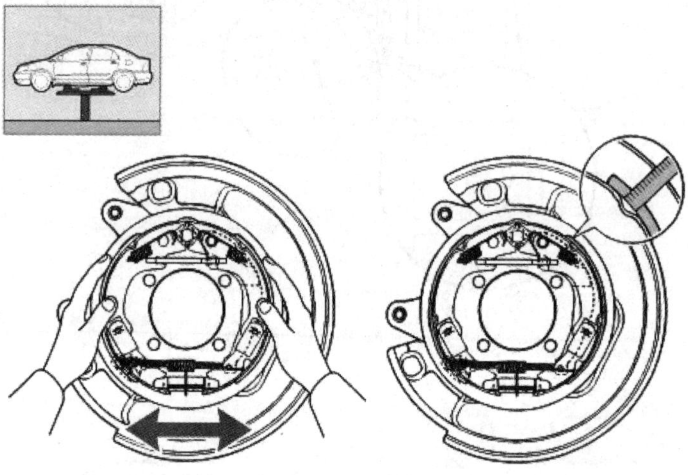

(a) 检查制动蹄片　(b) 测量制动衬片的厚度

图 6-9　驻车制动器检查

(1) 制动蹄片滑动区域的磨损。用手移动制动蹄片并检查制动蹄片移动是否顺利，如图 6-9(a)所示；检查制动蹄片和背板的接触面是否磨损；检查制动蹄片和背板的接触面是否生锈。

(2) 制动衬片的厚度。使用一把直尺测量制动衬片的厚度，如图 6-9(b)所示。

(3) 制动衬片的损坏。检查制动衬片是否有任何碎屑、层离或者其他损坏。

(4) 后制动盘内径。使用一个制动鼓规或者类似器具测量后制动盘的内径，如图 6-10(a)所示。

(5) 磨损和损坏。检查后制动盘是否有任何磨损或者损坏，如图 6-10(b)所示。

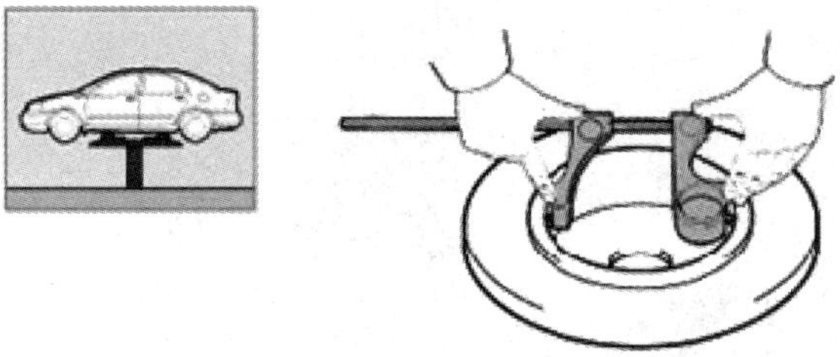

（a）测量后制动盘内径

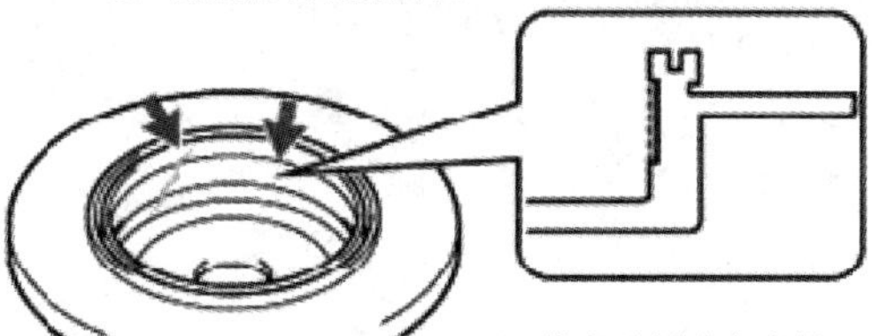

（b）检查后制动盘磨损

图 6-10　后制动盘内径检查

(6) 安装后制动盘和后制动盘制动卡钳。

(7) 驻车制动蹄片间隙调整。如图 6-11 所示，按以下步骤调整驻车制动蹄片间隙。

① 临时安装轮毂螺母；

② 拆卸孔塞，转动调节器并扩展制动蹄片直到制动盘锁定；

③ 回退调节器 8 个槽口；

④ 检查制动蹄片是否拖滞在制动器上；

⑤ 安装调节孔塞。

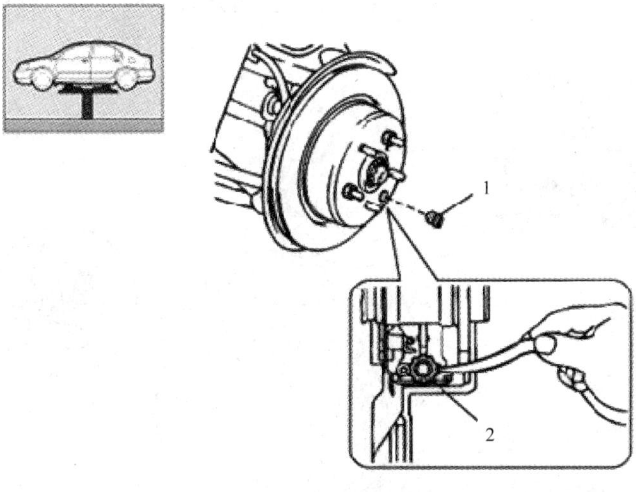

1—孔塞；2—调节器

图 6-11　驻车制动蹄片间隙调整

5) 检查鼓式制动器

如图 6-12 所示，拆卸制动鼓后才能检查鼓式制动器，注意制动鼓拆下后，不要踩下制动器踏板，然后需依次检查以下内容。

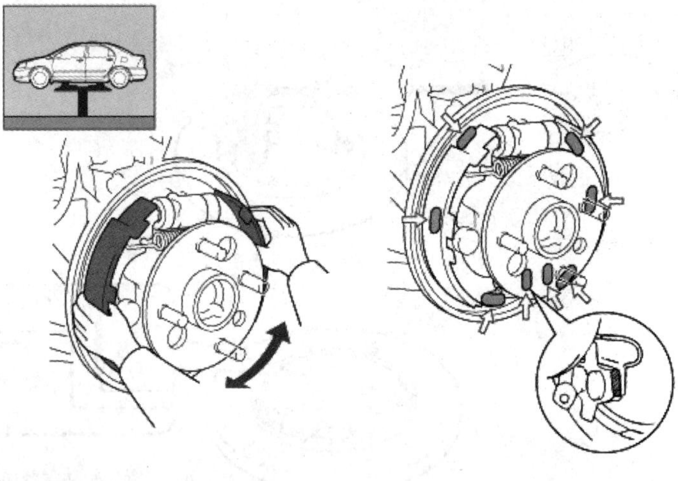

(a) 检查制动蹄片移动　　(b) 涂抹高温润滑脂

图 6-12　鼓式制动器检查

(1) 制动蹄片在其上面滑动的背板区域的磨损。用手前后移动制动蹄片并检查制动蹄片移动是否顺利，如图 6-12(a)所示；检查制动蹄片与背板和固定件之间的接触面是否磨损；检查制动蹄片、背板和固定件是否生锈。注意：检查期间需在背板和制动蹄片之间的接触面上涂高温润滑油脂，如图 6-12(b)所示。

(2) 制动衬片的厚度。如图 6-13 所示，使用一把直尺测量制动衬片的厚度。如果厚度低于磨损极限，则更换制动蹄片。通过检查自从上一次检查到现在的制动衬片的磨损，来估计制动衬片在下一次检查时的情况。在下一次计划检查时，如果估计衬片的厚度将会小于可接受的磨损值时，建议车主更换衬片。注意：更换制动蹄片时，所有的制动蹄片都必须同时更换。

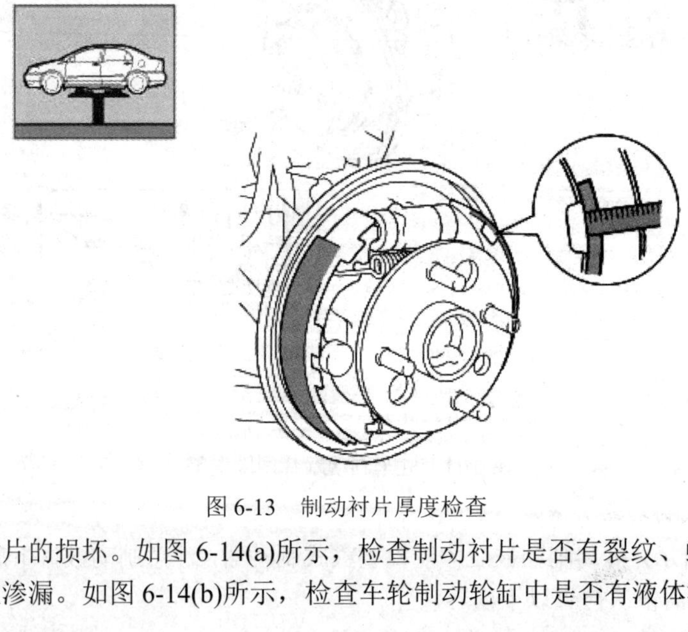

图 6-13　制动衬片厚度检查

(3) 制动衬片的损坏。如图 6-14(a)所示，检查制动衬片是否有裂纹、蜕皮和损坏。

(4) 制动液渗漏。如图 6-14(b)所示，检查车轮制动轮缸中是否有液体渗漏。

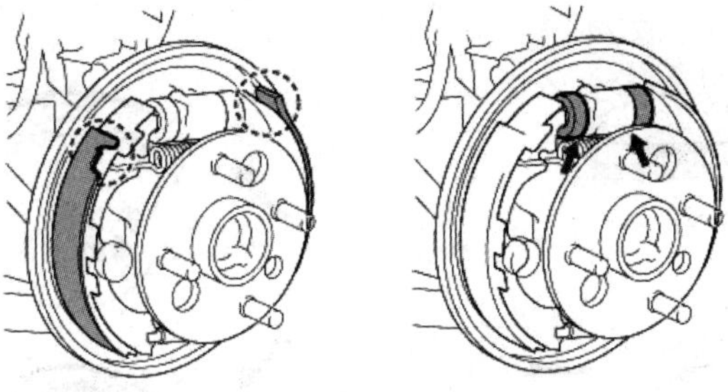

(a) 检查制动衬片　(b) 检查液体渗漏

图 6-14　制动衬片损坏和制动液渗漏检查

注意：如果制动液溅出或者粘在油漆上，应立即用水漂洗，否则制动液将损坏油漆表面。制动蹄片间隙的自动调节可以通过运用制动踏板调整或通过操作驻车制动杆调整。

(5) 制动鼓内径。如图 6-15(a)所示，使用一个制动鼓测量规或者类似器具测量制动鼓内径。

(6) 制动鼓磨损和损坏。如图 6-15(b)所示，检查制动鼓是否有任何磨损和损坏。

(7) 清洁。如图 6-16 所示，使用砂纸清洁制动蹄衬片并清除油污。如果有必要，应同时清洁制动鼓的内表面。

(8) 安装制动蹄片。调整制动蹄片间隙的方法，因制动蹄片间隙调节器的种类不同而有所变化。

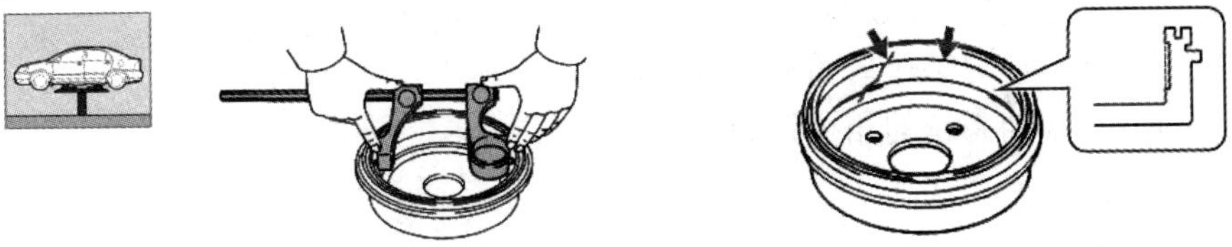

(a) 测量制动鼓内径　(b) 检查制动鼓

图 6-15　制动鼓内径检测和磨损检查

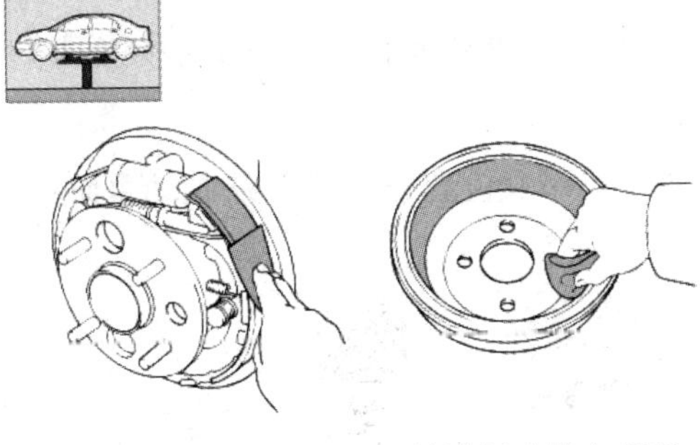

(a) 清洁制动蹄片　(b) 清洁制动鼓内表面

图 6-16　制动蹄片和制动鼓内表面的清洁

6) 制动拖滞检查

将车辆举至位置 5，如图 6-17 所示，在检查时首先操作驻车制动杆几次并且踩下制动器踏板几次，以便允许制动蹄片下陷，然后用手转动制动盘或者制动鼓，检查是否有任何拖滞现象。

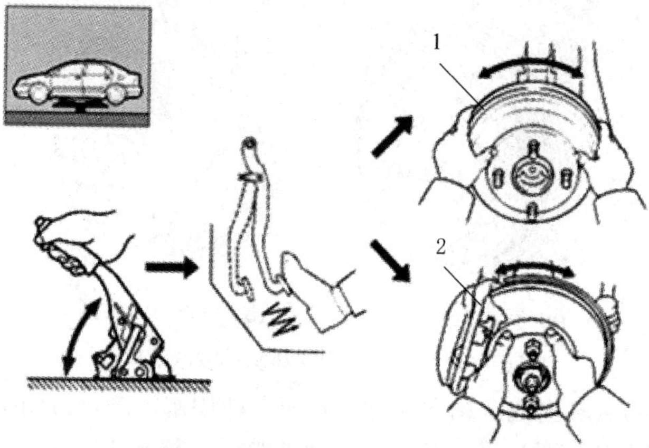

1—鼓式制动器；2—盘式制动器；

图 6-17　制动拖滞检查

任务二　制动液的更换和排气

1. 训练内容

(1) 轿车在顶起位置 5、6 的检查工作。

(2) 完成并填写学习工作单的相关项目。

(3) 学习汽车制动系统的相关知识。

2. 训练目标

(1) 掌握车辆在顶起位置 5、6 的工作内容。

(2) 熟悉制动液更换工具的使用方法。

3. 训练设备

轿车及维修手册、常用工具、冲击扳手、制动液更换工具和举升器。

4. 训练步骤

(1) 从总泵排放制动液。在举升位置 5，首先从制动总泵的储液罐中排放制动液，如图 6-18 所示。

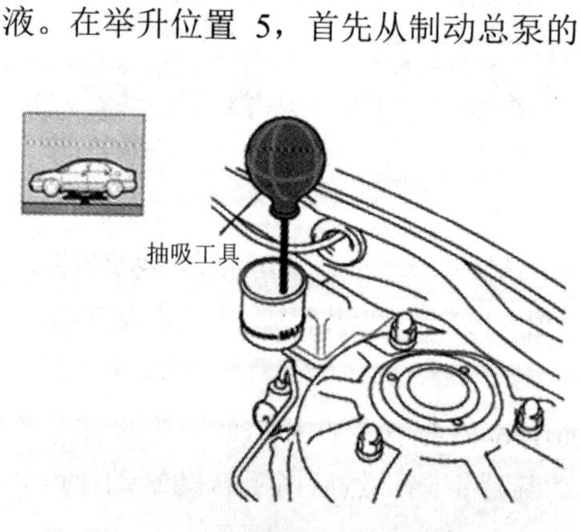

图 6-18　从制动总泵排放制动液

(2) 安装制动液更换工具。如图 6-19 所示，安装制动液更换工具。

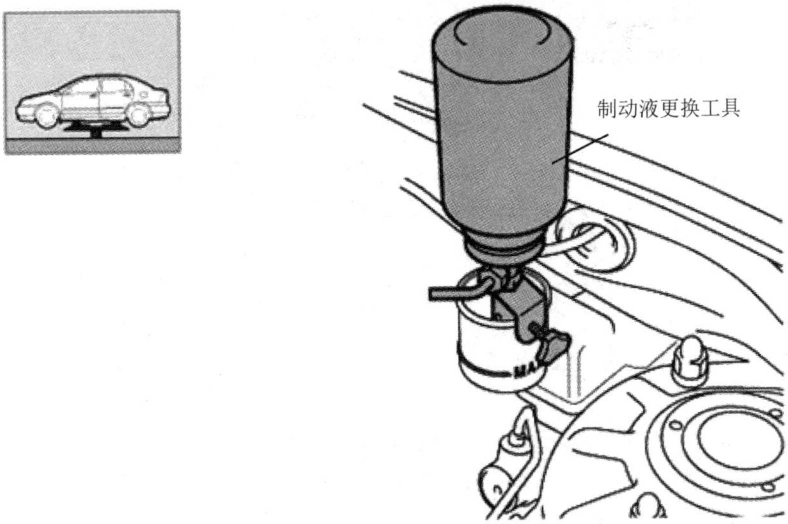

图 6-19　制动液更换工具安装

(3) 举升车辆至位置 6。如图 6-20 所示，将车辆举升至位置 6，按图中所示顺序更换车轮制动液和安装车轮。

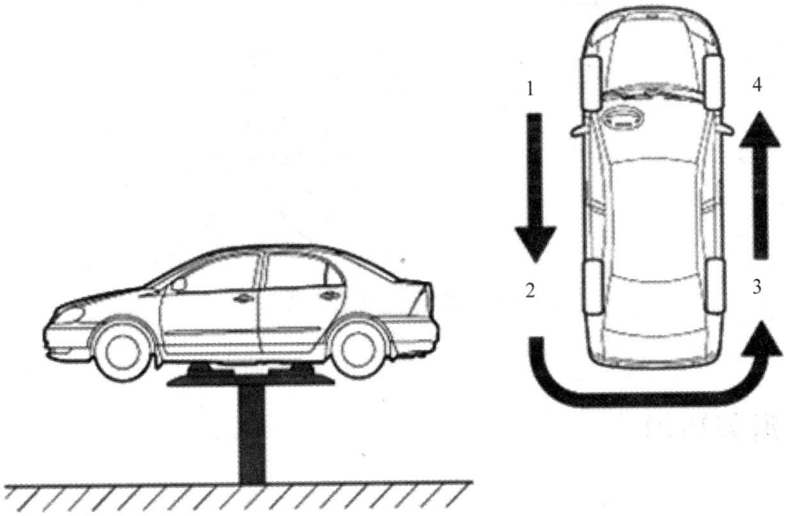

图 6-20　举升车辆至位置 6

(4) 制动液更换与排气。如图 6-21 所示，使用制动液更换工具，按照左前、左后、右后和右前的顺序更换制动液；而制动液排气则依据距离制动主缸从远到近的原则进行，即按照右后车轮、左后车轮、右前车轮和左前车轮的顺序进行排气。排气时需要两人配合：一人反复踩制动器踏板，然后踩住，此时另一人松开制动卡钳上的放气螺帽，放出带有气体的制动液，当流出的制动液中无气体时，紧固放气螺帽；另一人再次反复踩制动器踏板，重复上述步骤，一般放三至四次制动液可将气体基本排空。

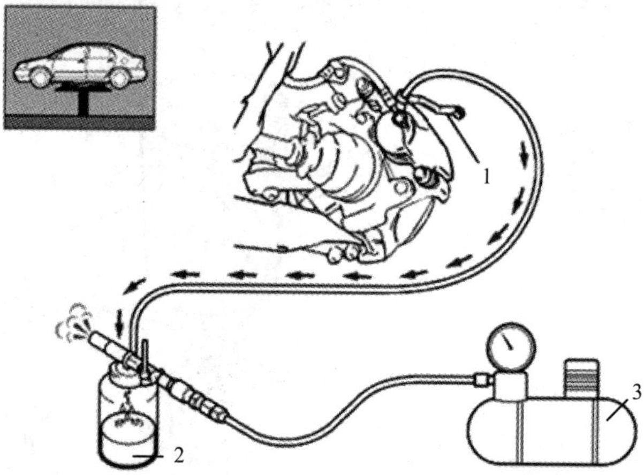

1—梅花扳手；2—制动液更换工具；3—空气压缩机

图 6-21　轮缸制动液更换

(5) 车轮临时上紧。制动液更换完毕后，将车轮临时上紧(不需要紧固到 103 N • m)，如图 6-22 所示。

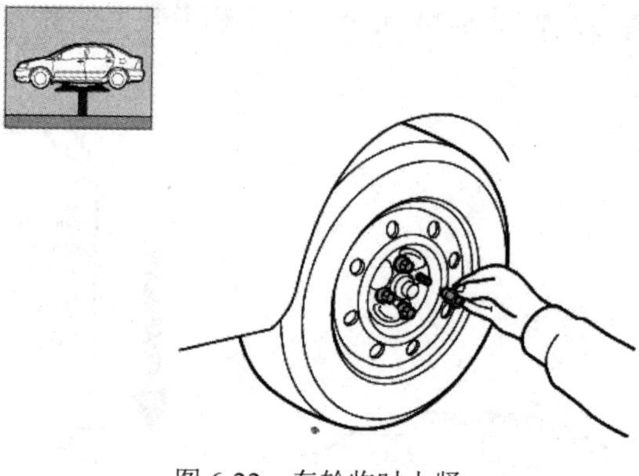

图 6-22　车轮临时上紧

三、相关知识

(一) 制动系统的功用

制动是指固定在与车轮或传动轴共同旋转的制动鼓或制动盘上的摩擦材料承受外压力，产生摩擦作用使汽车减速停车或驻车，产生这样作用的一系列专门装置称为制动系统。制动系统的作用是：使行驶中的汽车按照驾驶员的要求进行强制减速甚至停车，使已停驶的汽车在各种道路条件下(包括在坡道上)稳定驻车，使下坡行驶的汽车速度保持稳定。

对汽车起制动作用的只能是作用在汽车上且方向与汽车行驶方向相反的外力，而作用在行驶汽车上的滚动阻力、上坡阻力、空气阻力虽然都能对汽车起一定的制动作用，但这些外力的大小都是随机的、不可控制的。因此，汽车上必须装设一系列专门装置以实现上述功能。这样的一系列各种装置总称为制动装置。

(二) 制动系统的组成

如图 6-23 所示，汽车制动系统一般包括两套独立的制动装置。一套是行车制动装置，用于使行驶中的汽车减速甚至停车，其制动器装在车轮上，通常由驾驶员用脚操纵，称为车轮制动装置或行车制动装置。另一套是驻车制动装置，用于使停驶的汽车驻留原地不动，通常由驾驶员用手操纵，称为驻车制动装置。以上两套装置是各种汽车的基本制动装置。每套制动装置都由产生制动作用的制动器和操纵制动器的传动结构组成。行车制动装置具体的组成如图 6-24 所示，一般来说，盘式制动器用在前轮上，后轮上用盘式或鼓式制动器。

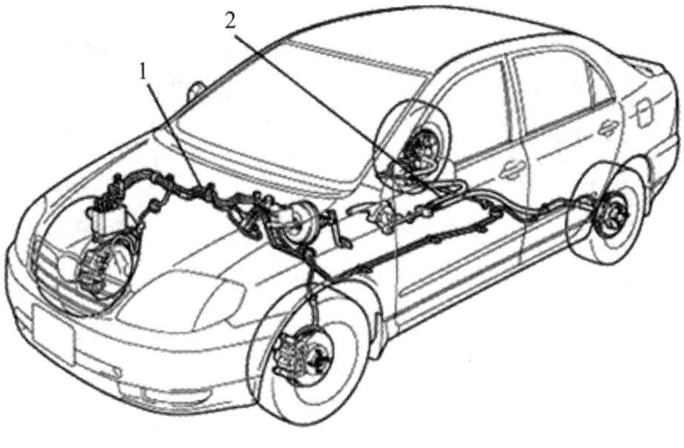

1—行车制动装置；2—驻车制动装置

图 6-23　制动系统的组成

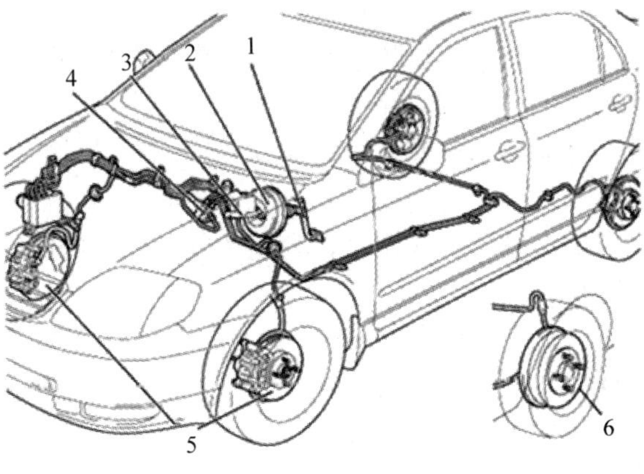

1—制动器踏板；2—制动助力器；3—制动总泵；4—比例阀；5—盘式制动器；6—鼓式制动器

图 6-24　行车制动装置的组成

此外，许多汽车还装有第二制动装置，其作用是在行车制动装置失效的情况下保证汽车仍能实现减速或停车。经常在山区行驶的汽车，若单靠行车制动装置来限制汽车下长坡的车速，则可能导致制动器过热而降低制动效能，甚至完全失效，故还应增装辅助制动装置。较完善的制动系还具有制动力调节装置、报警装置、压力保护装置等附加装置。

(三) 制动系统的工作原理

如图 6-25 所示，制动时，驾驶员踩下制动器踏板 1，经过制动助力器 2 的助力对制动总泵中的制动液加压，制动液分别流向前轮盘式制动器和后轮鼓式制动器。当盘式制动器摩擦片压紧制动器盘时，由于发生的摩擦，车轮停止转动；同样后轮制动器中制动蹄片扩张，通过制动衬片压紧制动鼓，由于发生摩擦，车轮停止转动。

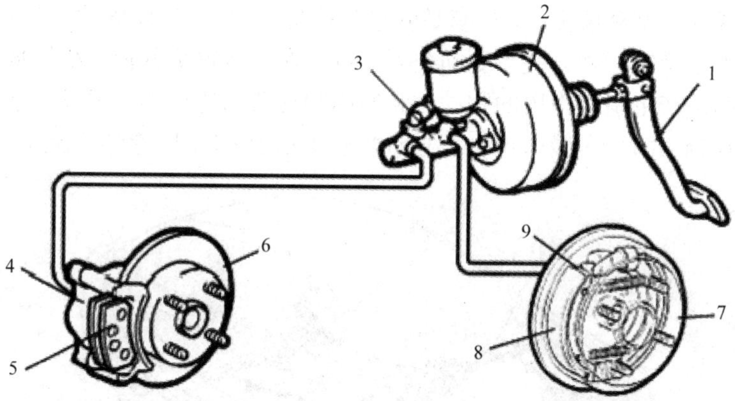

1—制动器踏板；2—制动助力器；3—制动总泵；4—盘式制动器的制动卡钳；
5—盘式制动器摩擦片；6—制动器盘；7—制动鼓；8—制动衬片；9—制动蹄片

图 6-25　制动作用的产生

具体制动过程以后轮为例，阐述如下：制动油液经油管进入后轮轮缸，推动轮缸活塞克服回位弹簧的拉力，使制动蹄片 9 绕支承销转动而张开，消除制动蹄片与制动鼓之间的间隙后压紧在制动鼓上。这样，不旋转的制动衬片 8 对旋转着的制动鼓 7 就产生一个摩擦力矩 M_u，其方向与车轮旋转方向相反，其大小取决于轮缸的张开力、摩擦系数及制动鼓和制动蹄片的尺寸。制动鼓将力矩 M_u 传给车轮后，由于车轮与路面的附着作用，车轮即对路面作用一个向前的周缘力。同时，路面也会给车轮一个向后的反作用力，这个力就是车轮受到的制动力。各车轮制动力之和就是汽车受到的总制动力。在制动力作用下汽车减速，直至停车。

放松制动器踏板，在回位弹簧的作用下，制动蹄与制动鼓的间隙又得以恢复，从而解除制动。

(四) 盘式制动器

1. 盘式制动器的工作原理

盘式制动器的组成与工作原理如图 6-26 所示，制动卡钳通过导向销与车桥相连，可以相对于制动盘 3 轴向移动。制动卡钳只在制动盘的一侧设置油缸，而外侧的制动块则附装在卡钳上。制动时，来自制动总泵的制动液 5 通过进油口进入制动油缸，推动活塞及其上的制动块向左移动，并压到制动盘上，同时制动液也推动制动卡钳整体沿销钉向右移动，直到制动盘左侧的制动块也压到制动盘上。此时，两侧的制动块都压在制动盘上，夹住制动盘使其制动。

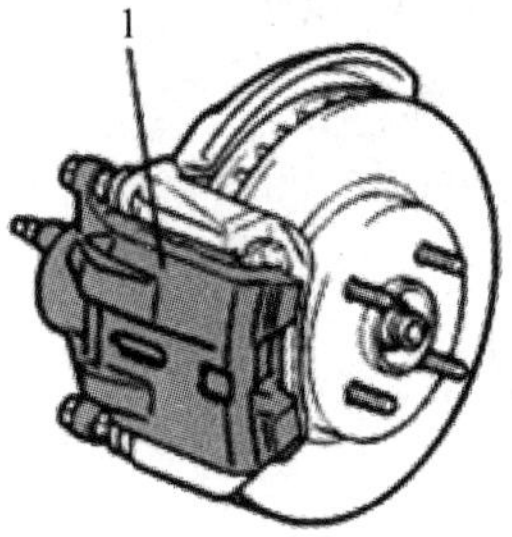

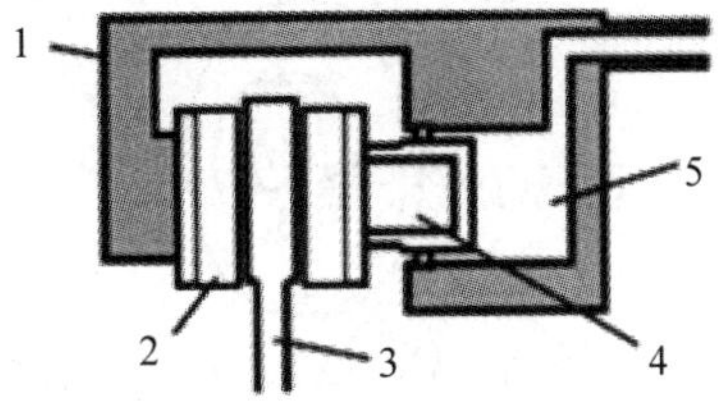

(a) 工作前

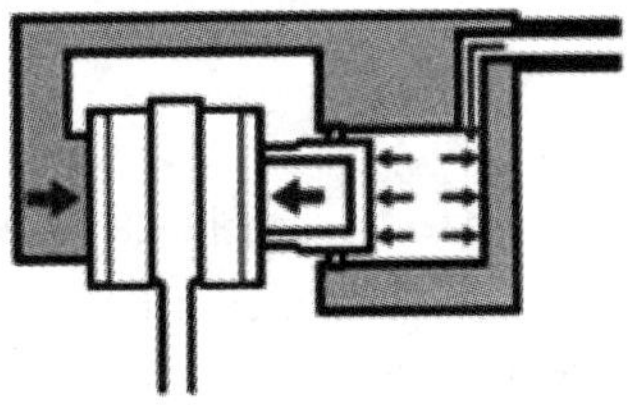

(b) 工作中

1—盘式制动器的制动卡钳；2—盘式制动器摩擦片；3—盘式制动器制动盘；4—活塞；5—制动液

图 6-26　盘式制动器

2. 盘式制动器的摩擦片

盘式制动器的摩擦片如图 6-27 所示，这是推压旋转的制动器盘的摩擦材料。保养项目包括检查盘式制动器摩擦片的厚度。消声垫片的作用是防止制动时由于制动器摩擦片振动而发出异常噪声。

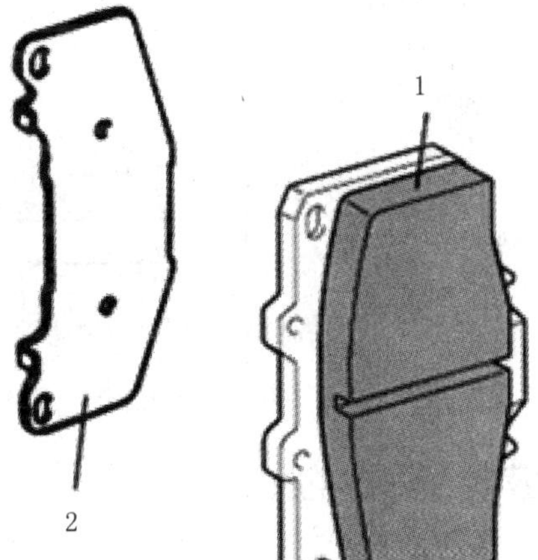

1—盘式制动器摩擦片；2—消声垫片

图 6-27　盘式制动器的摩擦片

3. 盘式制动器的制动盘

盘式制动器的制动盘如图 6-28 所示，这是一只与车轮一起转动的金属盘。第一种是实心型，用一单转子盘制成；第二种是通风型制动盘，内部是空心的；第三种是驻车带鼓式制动器制动盘。

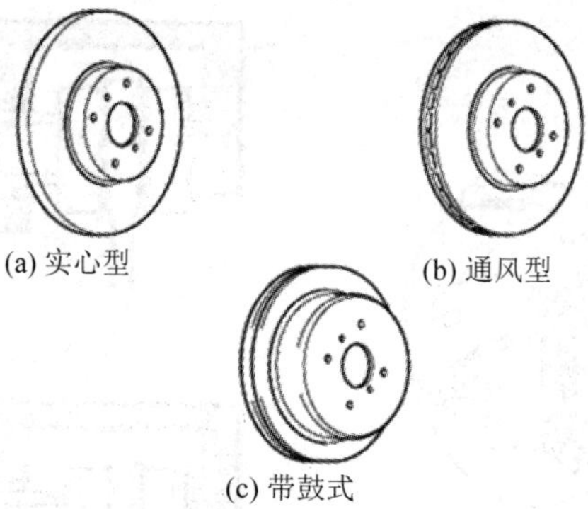

图 6-28　盘式制动器制动盘

(五) 鼓式制动器

鼓式制动器的结构如图 6-29 所示，其工作原理前文已叙述过。注意：由于制动鼓与车轮一起旋转，制动蹄片从内侧压紧制动鼓，二者接触产生的摩擦力控制车轮的转动，因此必须定期检查制动鼓和制动衬片的磨损状况。

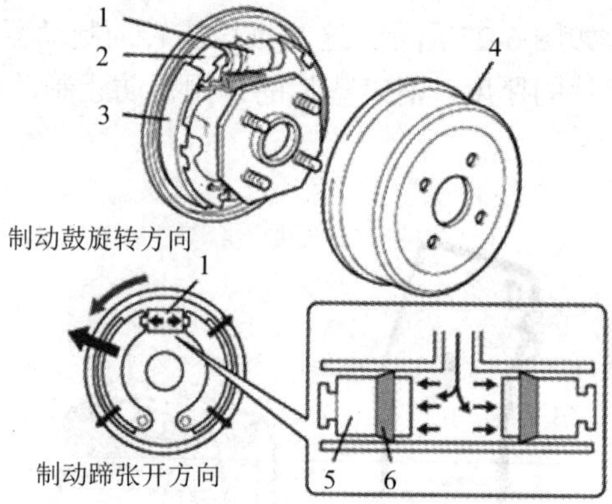

1—制动分泵(轮缸)；2—制动蹄片；3—制动衬片；4—制动鼓；5—活塞；6—活塞皮碗

图 6-29　鼓式制动器结构

(六) 盘式制动器与鼓式制动器的比较

盘式制动器与鼓式制动器相比，有以下优点：盘式制动器一般无摩擦助势作用，因而制动器效能受摩擦系数的影响较小，即效能较稳定；浸水后效能降低较少，而且只需经一两次制动即可恢复正常；在输出的制动力矩相同的情况下，尺寸和质量一般较小；散热性能极好，制动盘沿厚度方向的热膨胀量极小，不会像制动鼓那样热膨胀使制动器间隙明显增加而导致制动器踏板行程过大；较容易实现间隙自动调整，维护也较简便。

盘式制动器的不足之处是效能较低，故液压制动系统的促动管路压力较高，一般要用伺服装置。目前，盘式制动器已广泛应用于轿车，用于全部车轮，也有部分轿车只用作前轮制动器，而后轮仍是鼓式制动器。盘式制动器在货车上也有采用，但不是很普及。

(七) 电控机械式驻车制动系统

电控机械式驻车制动系统也就是 EPB 系统，它的诞生使驾驶更加方便、简单、轻松。EPB 系统不仅将临时驻车控制过程整合成了一个电子自动控制的功能，而且还包含了起步自动松开驻车制动器的功能，减少了操作上的繁琐。同时电控机械式驻车制动器按钮取代了传统制动杆，使驾驶者操纵起来更加轻松便捷。传统手动驻车制动与电控机械式驻车制动的比较见表 6-1。

表 6-1　传统手动驻车制动与电控机械式驻车制动的对比

	传统的手动制动	电控机械式驻车制动
操作步骤	上拉制动杆	上拉电子机械式驻车制动按钮
解除制动时	松开制动杆	按下电子机械式驻车制动按钮
坡道起步时	配合操作手制动器，油门踏板	当车辆起步时，电控机械式驻车制动器将会自动解除制动
停车到起步时	不断地拉升和松开制动杆或是踩下制动踏板	在启动自动驻车功能之后，每次车辆起停时都可以自动驻车

1. EPB 系统的结构分析

以大众迈腾 B8L 轿车电控机械式驻车系统为例，其组成如图 6-30 所示，具体由电控机械式驻车制动器的指示灯、电子机械式驻车制动器按钮、AUTO HOLD 按键、AUTO HOLD 指示灯、组合仪表、电控机械式驻车制动器控制单元、后部制动钳、密封环、驻车电机和内六角螺栓等组成。

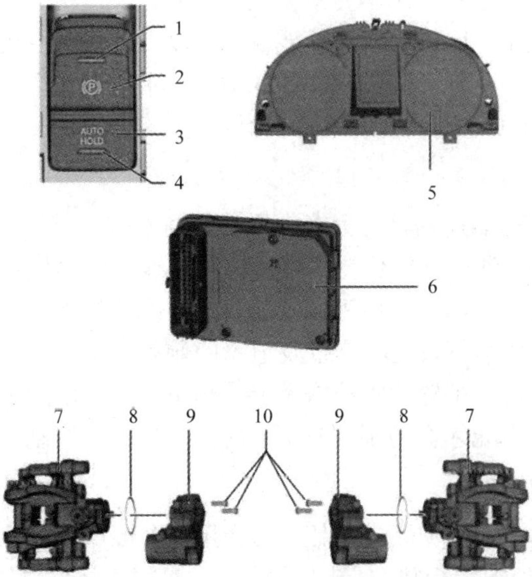

1—电控机械式驻车制动器指示灯；2—电子机械式驻车制动器按钮；3—AUTO HOLD 按键；
4—AUTO HOLD 指示灯；5—组合仪表；6—电控机械式驻车制动器控制单元；
7—后部制动钳；8—密封环；9—驻车电机；10—内六角螺栓

图 6-30　大众迈腾 EPB 系统组成

2. EPB 系统的工作原理

迈腾 B8L 轿车 EPB 系统的控制单元通过车载网络对车辆数据进行采集和分析，每个驻车制动器都有自己的控制单元，控制单元会根据数据分析结果对每个车轮施加最佳的驻车制动力。当拉动驻车制动器按钮的时候，电控机械式驻车制动控制单元就会通过车载 CAN 总线和 ABS 控制单元的信息来确定每个车轮驻车电机的信号，驻车电机接收到了输出信号后，就会根据信号来确定用多大的力推动制动活塞，然后活塞再推动摩擦片，摩擦片压紧制动盘而产生制动。

EPB 系统会自动释放驻车制动，须同时满足以下条件：左前门已关闭、驾驶员已系上安全带、变速器挡位必须为前进挡或者倒挡。当以上所有条件都满足时，驾驶员踩下加速踏板时，系统将自动释放驻车制动。当车辆在上坡时或下坡时，驾驶员需要将加速踏板踩踏的更深才能使驻车制动自动释放。

3. 静态模式

静态模式就是拉动电子机械式驻车制动器按钮时，电控机械式驻车制动器控制单元会检测车辆此时行驶的速度，若是车速低于 7 km/h，那么车辆就会进入静态模式状态，此时电控机械式驻车制动器控制单元会传递信号给两后轮的驻车电机进行工作，从而实现正常的驻车制动功能。此时电控机械式驻车制动器指示灯以及组合仪表中的驻车指示灯就会点亮，此时表明 EPB 系统在工作。

4. 动态模式

动态模式就是动态紧急制动功能开启。如果车辆在行驶过程中，无法用脚制动踏板停止轿车时，那么就可以用动态紧急制动功能，实行紧急制动，拉动电子机械式驻车制动器按钮，电控机械式驻车制动器控制单元就会收到信号，控制单元会检测此时的车速信号，若此时车辆行驶速度大于 7 km/h，动态模式就会启动，然后就会进行紧急制动，同时系统会发出三声信号声响，松开制动踏板或者是踩下油门踏板，就会停止制动过程。当车速下降至低于 7 km/h 时，驻车电机就会启动而制动后轮。

5. 坡道起步辅助功能

电控机械式驻车制动器控制单元会接收驾驶员侧车门、安全带信号、发动机的转速信号、发动机的扭矩信号、油门踏板位置信号和自动变速器的挡位或手动挡车辆离合器的信号，然后再采集内部的纵向加速度传感器以及倾斜角度的信号等，然后控制单元会对这些信号进行计算，分析出车辆行驶的方向以及道路的倾斜状况，来确定驻车制动器分离的准确时刻。只有当发动机传给车轮的驱动力大于控制单元计算出的斜坡下滑力的时候，电控机械式驻车制动器控制单元才会控制驻车电机解除后轮驻车制动，车辆才会正常起步。

6. AUTO HOLD 功能

按下 AUTO HOLD 按钮开关后，按钮上的指示灯会被点亮，表示 AUTO HOLD 功能激活。若是车辆在复杂的路况上行驶，走走停停，电控机械式驻车制动器控制单元就会计算出准确的时刻，来控制驻车电机，达到开启和关闭驻车制动器，以此减缓驾驶员操作的负担。当驻车制动器控制单元接收到车辆停止信号、驾驶员侧车门打开信号、安全带被解除信号或者是点火系统关闭信号中的任意一个时，其就会控制驻车电机施加制动力，实现驻车。

(八) 轮毂与轮辋的区别

很多人将轮毂与轮辋混淆。对于轿车而言，车轮结构如图 6-31 所示，轮毂与轮辋是不同的部件，轮毂中间用键连接着半轴，将半轴的扭矩经轮毂再传递给轮辋；而轮辋是安装轮胎的基础。轮毂螺栓穿过轮毂、制动盘、轮辋和车轮螺母紧密结合，即图中的螺栓螺母将轮毂、制动盘、轮辋三者连接成一个整体。轮毂一端装有轴承安装于转向节孔内。

图 6-31　车轮结构分解图

四、自我测试题

(一) 判断题

1. 制动液的排气依据由远及近的原则。(　　)
2. 上紧 4 个轮毂螺母时要按照逆时针的顺序紧固。(　　)
3. 在拆卸制动器之前，要准备好 S 钩。(　　)
4. 千分尺使用之前要清洁、校零，用后也要上油保管。(　　)
5. 制动拖滞说明制动解除不迅速。(　　)
6. 盘式制动器最大的优点是散热性能好。(　　)
7. 制动时前轮抱死比后轮抱死更加危险。(　　)

(二) 单项选择题

1. 关于盘式制动器下列说法错误的是(　　)。

A．现在浮钳式制动器得到广泛的使用

B．现在轿车的前后制动器都是通风盘式制动器

C．盘式制动器的最大优点是散热性能好

D．浮钳式制动器的钳体可以在导销上移动，因此要确保导销不锈蚀

2. 关于盘式制动器摩擦片说法错误的是(　　)。

A．内外侧摩擦片都要检查厚度，一般用千分尺测量

B．消声垫片的作用是防止制动时由于制动器摩擦片发出异常噪声

C．制动时内外侧摩擦片同时压紧制动盘

D．摩擦材料厚度一般为 1 cm 左右

3. 关于制动盘检查下列说法错误的是(　　)。

A．制动盘检查前要用干净的布清洁其表面

B．制动盘要目测检查其表面

C．制动盘要测量其厚度，用千分尺测量，测量点距离外边缘 2 cm 左右

D．制动盘测量厚度时要测量三个点，每 120° 测一次，取其平均值

4. 关于盘式制动器的检查，下面说法正确的是(　　)。

A．检查制动器衬块的厚度，如果外衬块比规定的厚度厚，就没有必要检查内衬块

B．检查制动器衬块，确认制动器衬块的厚度超过规定的厚度，而且内外衬块之间的厚度没有大的差别

C．检查制动盘的转子，如果其外表面没有表现出任何磨损或损坏，那么其内表面也被认为是正常

D．检查制动盘的转子和衬块之间的间隙，踩下制动器踏板数次，确认盘不转动

5. 关于鼓式制动器的检查，下面说法正确的是(　　)。

A．为检查制动蹄片在背板上的滑动区域，用手前后移动制动蹄片检查是否平稳移动

B．为检测鼓式制动器是否泄漏，把鼓卸掉后压下制动器踏板

C．即使制动器衬片的厚度低于规定值，如果看起来能沿用到下次检查则可以继续使用

D．用游标卡尺测量制动鼓的外径

(三) 简答题

1. 盘式制动器的检查内容有哪些？

2. 鼓式制动器的检查内容有哪些？

3. 如何正确操作制动液排气？

4. EPB 系统有哪四大功能？

项目七

发动机的维护

一、项目描述

通过检查冷却液冰点、蓄电池、制动总泵、制动管线与软管、传动皮带张紧程度、空调制冷效果以及更换空气滤清器、燃油滤清器、火花塞和机油，学生应达到以下要求。

1. 知识要求

(1) 了解发动机的基本构成。

(2) 掌握燃油供给系统的组成与基本工作原理。

(3) 掌握冷却系统的组成与基本工作原理。

(4) 掌握润滑系统的组成与基本工作原理。

(5) 掌握进、排气系统的组成与工作原理。

(6) 熟悉发动机电气部分组成与基本工作原理。

(7) 掌握空调的基本工作原理。

2. 技能要求

(1) 能够检查更换空气滤清器、空调滤清器。

(2) 能够检查与更换火花塞。

(3) 能够检查 PCV 阀和活性炭罐。

(4) 能够判断与调整传动皮带张紧程度。

(5) 能够检查蓄电池的使用与安装状况。

(6) 能够检查冷却系统、制动系统是否有渗漏，冷却水管、制动软管是否老化。

(7) 能够检查转向助力系统是否存在泄漏。

(8) 能够检查空调制冷效果好坏。

3. 素质要求

(1) 掌握 5S 理念。

(2) 重视劳动保护与安全操作。

(3) 注意环境保护。

(4) 培养团队协作精神。

二、项目实施

任务一　发动机启动前的检查

1. 训练内容

(1) 顶起位置 7 的发动机启动前的检查。

(2) 完成并填写学习工作单的相关项目。

(3) 学习汽车发动机的相关知识。

2. 训练目标

(1) 掌握车辆在顶起位置 7 时发动机启动前的检查内容。

(2) 熟悉常用工具的使用。

3. 训练设备

轿车及维修手册、比重计、常用工具、皮带张力计、火花塞拆装专用工具、车轮挡块和举升器。

4. 训练步骤

(1) 举升车辆至位置 7。如图 7-1 所示，将车举升至位置 7，此时轮胎仅触及地面。

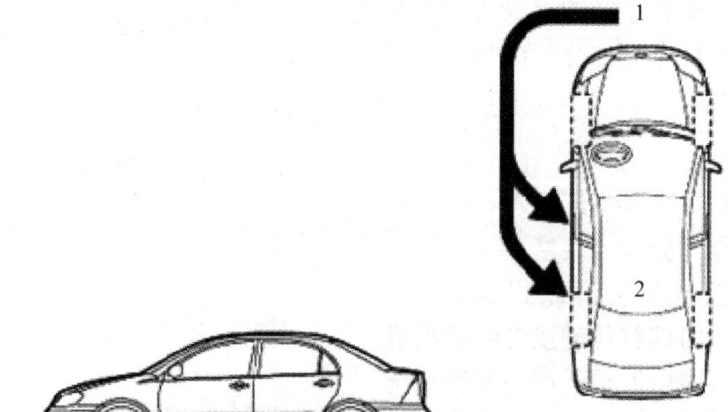

1—发动机舱内检查；2—燃油滤清器更换

图 7-1　举升至位置 7

(2) 操作驻车制动器和车轮挡块。如图 7-2 所示，当车降至位置 7 时，首先合上驻车制动器，并用车轮挡块挡住车轮。

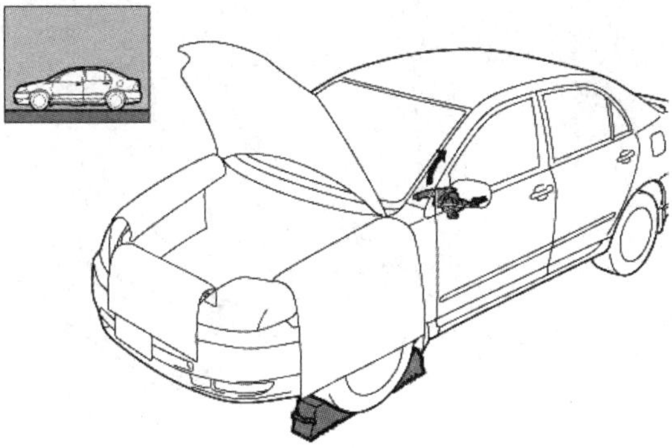

图 7-2　安装车轮挡块

(3) 加注发动机机油。如图 7-3 所示，通过注油孔加入规定数量的机油，加油时不得洒漏，完成后擦拭孔周围。

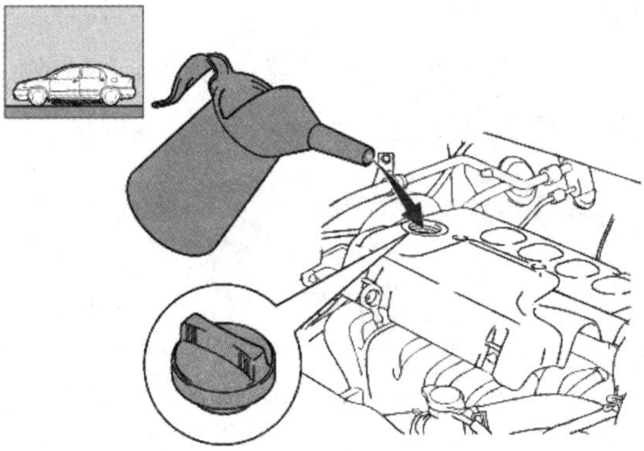

图 7-3　加注发动机机油

(4) 检测冷却液冰点。丰田等轿车每次保养时需检测冷却液冰点，如图 7-4 所示，使用专用工具 T10007(比重计)检测，冰点不得高于−35℃。从比重计的目镜中观察到如图 7-5 所示界面，镜面视野中间两条刻线右边的那根线，对应的是乙二醇型冷却液冰点，左边的线对应的是丙二醇型冷却液冰点。根据车辆实际使用的冷却液类型读取冰点数值。

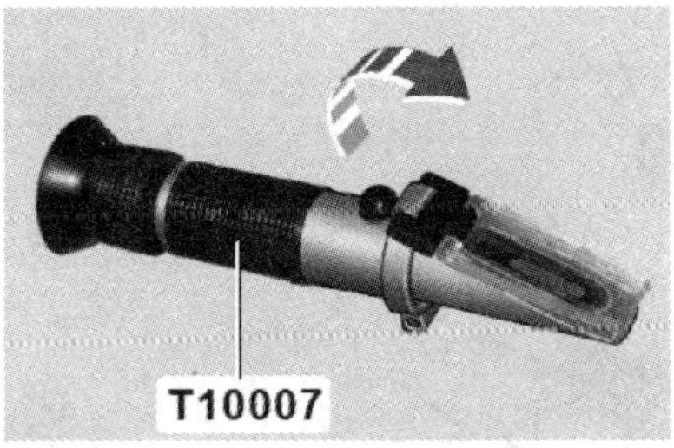

图 7-4　比重计

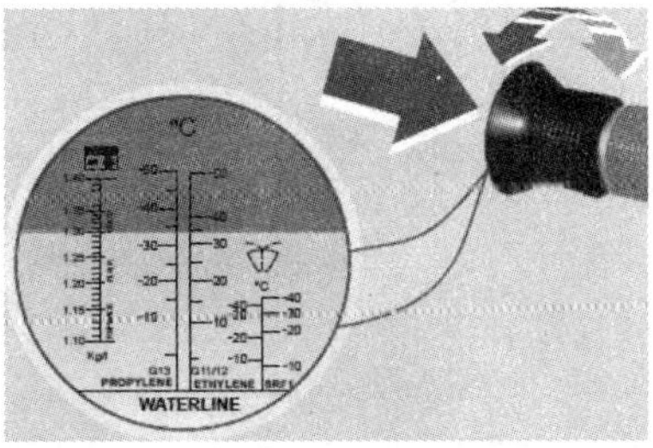

图 7-5　比重计读数

(5) 更换冷却液。丰田轿车每 4 万公里需要更换冷却液，排放冷却液如图 7-6 所示，通过散热器和发动机以及储液罐的排放塞排放发动机冷却液。注意：不要在汽车刚运行后立即进行该工作，因为冷却液会很热，此时散热器盖温度很高不能直接接触；排出的冷却液要回收，作为工业废水处理以便保护环境。具体排放步骤如下。

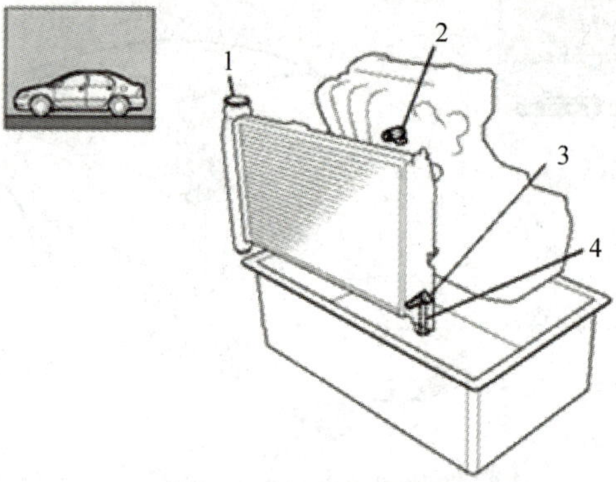

1—散热器盖；2—发动机排放塞；3—散热器排放塞；4—排放管

图 7-6　冷却液排放位置

① 松开散热器盖 45°。

② 取下散热器盖。如图 7-7 所示，当散热器内部的压力释放后，取下散热器盖。

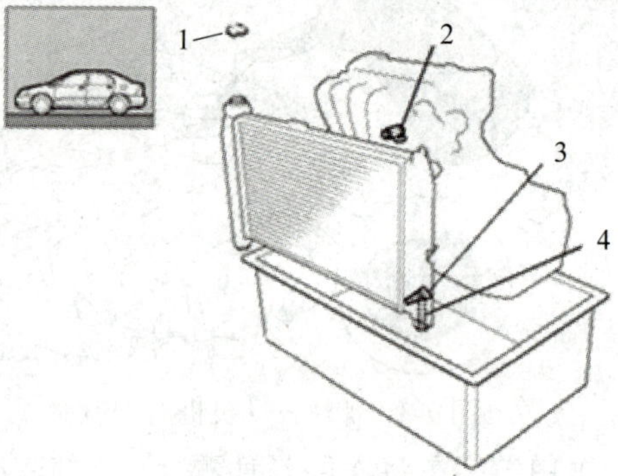

1—散热器盖；2—发动机排放塞；3—散热器排放塞；4—排放管

图 7-7　取下散热器盖

③ 排放冷却液。如图 7-8 所示，松开散热器排放塞和发动机排放塞排放冷却液至容器。

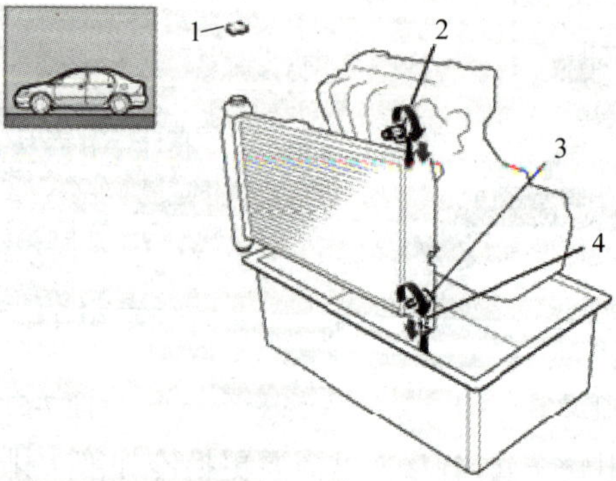

1—散热器盖；2—发动机排放塞；3—散热器排放塞；4—排放管

图 7-8　排放散热器中冷却液

④ 从储液罐中排冷却液。如图 7-9 所示，断开储液罐软管，从储液罐中排放出冷却液。

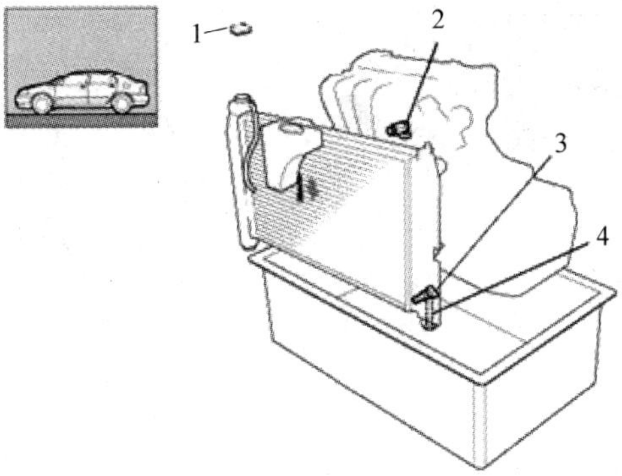

1—散热器盖；2—发动机排放塞；3—散热器排放塞；4—排放管

图 7-9　排放储液罐中冷却液

⑤ 清洗冷却系统。如图 7-10 所示，冷却液放出后，取下排放塞用水冲洗冷却系统。

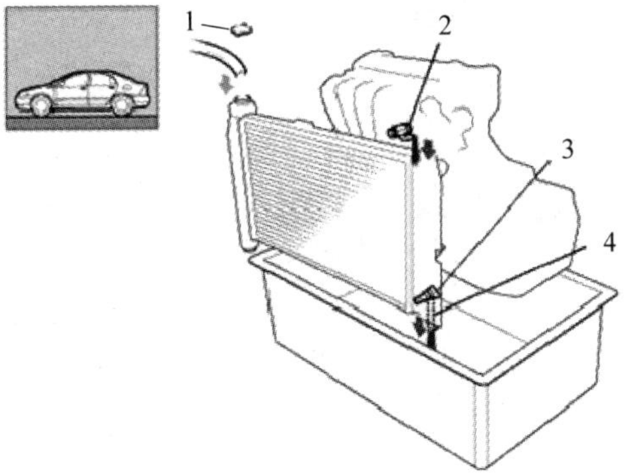

1—散热器盖；2—发动机排放塞；3—散热器排放塞；4—排放管

图 7-10　清洗冷却系统

加注冷却液按照以下步骤进行。

① 拧紧排放塞。如图 7-11 所示，重新拧紧散热器和发动机的排放塞，并重新接上储液罐软管。

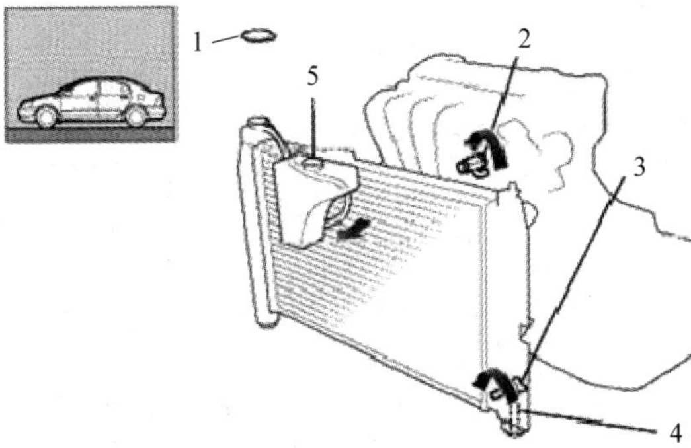

1—散热器盖；2—发动机排放塞；3—散热器排放塞；4—排放管；5—储液罐

图 7-11　拧紧排放塞

② 准备冷却液。如图 7-12 所示，准备好长效冷却液。

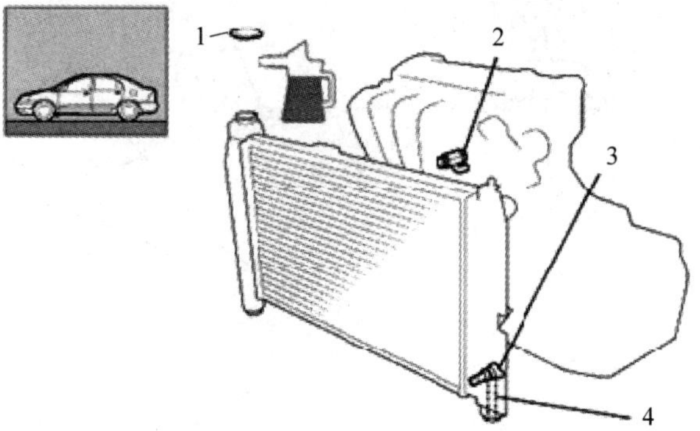

1—散热器盖；2—发动机排放塞；3—散热器排放塞；4—排放管

图 7-12　准备冷却液

③ 加注冷却液。如图 7-13 所示，将冷却液缓慢地倒入散热器的加注孔，用同样的方法加注散热器的储液罐达到“满”刻度。

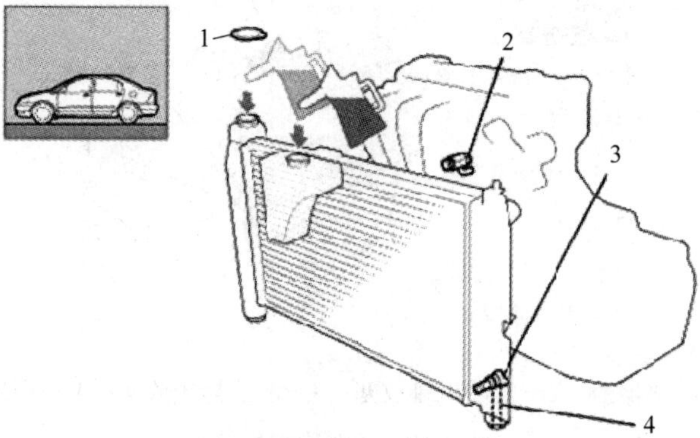

1—散热器盖；2—发动机排放塞；3—散热器排放塞；4—排放管

图 7-13　加注冷却液

④ 装上散热器盖。如图 7-14 所示，重新装上散热器盖。

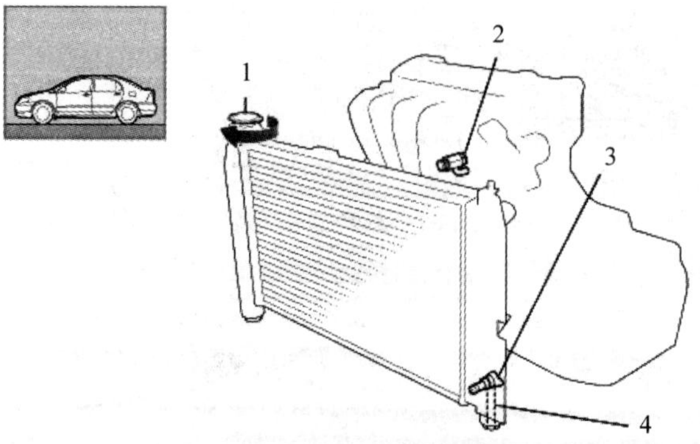

1—散热器盖；2—发动机排放塞；3—散热器排放塞；4—排放管

图 7-14　装上散热器盖

注意：丰田轿车发动机散热器上有散热器盖，而大众轿车散热器上无此盖，但有功能相似的冷却液膨胀罐盖，可以对冷却液加压，当压力达到 1.4～1.6 bar 时，膨胀罐盖中的安全阀应打开泄压。

(6) 检查传动皮带。如图 7-15 所示，首先检查传动皮带张紧度：在图示位置用手指以 100 N 的力按压传动皮带检查松紧程度，或使用皮带张力计来检查；然后检查传动皮带的整个外围是否有磨损、裂纹、层离或者其他损坏，如果无法检查皮带的整个外围，则通过转动曲轴带轮检查皮带；最后检查皮带以确保其已正确地安装在皮带轮槽内。

(7) 更换火花塞。如图 7-16 所示，用专用工具更换所有的火花塞。注意：火花塞打开期间不要让异物掉入燃烧室；安装火花塞时，首先用手上紧螺栓，然后再用工具上紧到规定力矩。

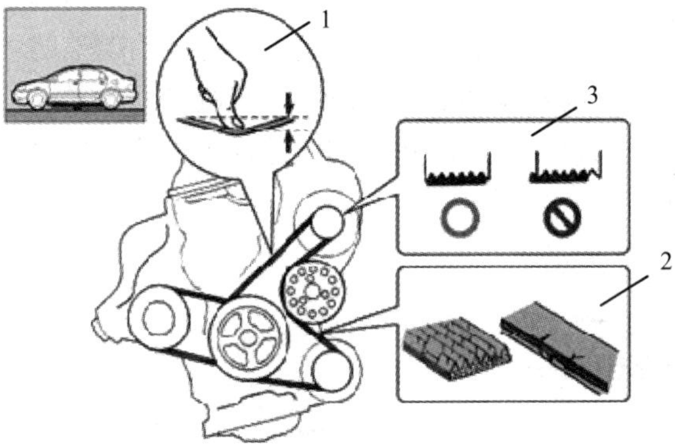

1—张紧度检查；2—磨损检查；3—安装检查

图 7-15　传动皮带检查

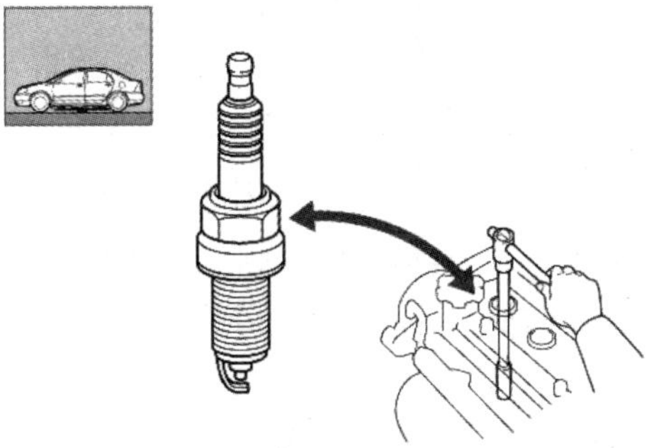

图 7-16　史换火花塞

【火花塞检查】

(8) 检查蓄电池。现在轿车上的蓄电池基本上是免维护蓄电池，不允许除去标签且不允许加注蒸馏水。只需要进行目视检查。免维护蓄电池分为带电眼的蓄电池和不带电眼的 AGM 蓄电池，在项目三中已讲解过，带电眼的蓄电池是一种带有液态电解液的免维护蓄电池，当电眼无色或显示淡黄色时，不得检测蓄电池或对蓄电池充电，不得启动、辅助启动车辆，必须更换蓄电池。玻璃纤维蓄电池(AGM 蓄电池)是带固化的电解液且没有电眼的免维护蓄电池，蓄电池电解液吸附在一个超细玻璃纤维隔膜中固化。蓄电池是密封的，且装有阀门。

如图 7-17 所示，需要检查蓄电池固定架有无松动，外壳是否损坏。如图 7-18 所示，检查蓄电池排水管是否正常，正负电极(桩头)如果出现腐蚀、烧蚀、松动、过度磨损等现象，必须及时处理。

图 7-17　检查蓄电池固定架

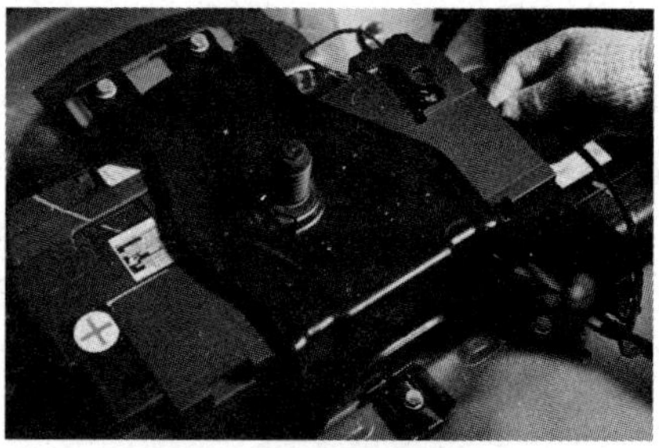

图 7-18　检查蓄电池排水管

(9) 制动液检查。如图 7-19 所示，首先检查制动总泵的储液罐中液位是否在最高线和最低线之间，如果制动液液位明显偏低，则需要检查制动系统是否渗漏。其次检查制动总泵是否有渗漏。注意：如果制动液溅出或者粘在油漆上，应立即用水漂洗。否则，制动液将损坏油漆表面。

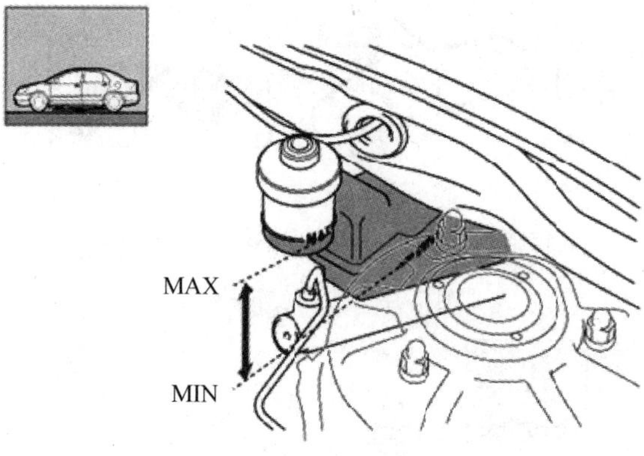

图 7-19　制动液检查

(10) 制动管路检查。如图 7-20 所示，检查制动管路是否有制动液渗漏；检查制动软管和管道是否有裂纹和老化；检查制动软管和管道的安装是否正确。

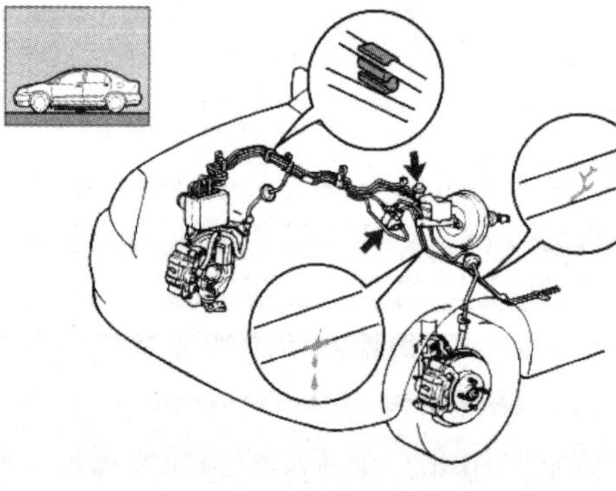

图 7-20　制动管路检查

(11) 检查和更换空气滤清器芯。如图 7-21 所示，取出空气滤清器芯，更换，安装到位，并且清洁空气滤清器壳体内部。

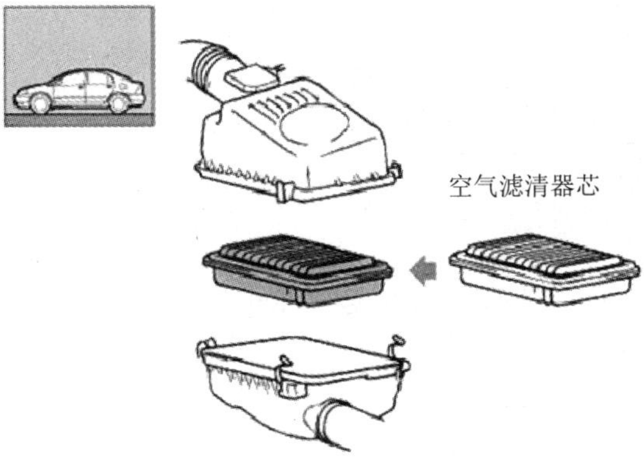

图 7-21 更换空气滤清器芯

(12) 检查前减振器的上支承。如图 7-22 所示，用梅花扳手以 39 N • m 力矩检查两侧各三个螺栓是否紧固。

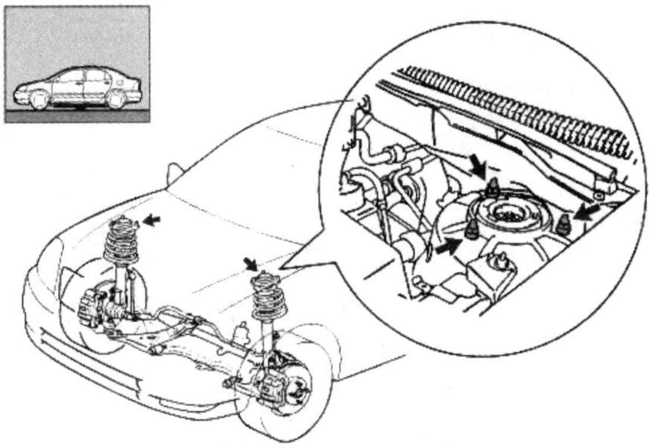

图 7-22 检查前减振器的上支承

(13) 喷洗液液位检查。如图 7-23 所示，使用液位标尺检查喷洗器罐中的喷洗液是否充分注满。

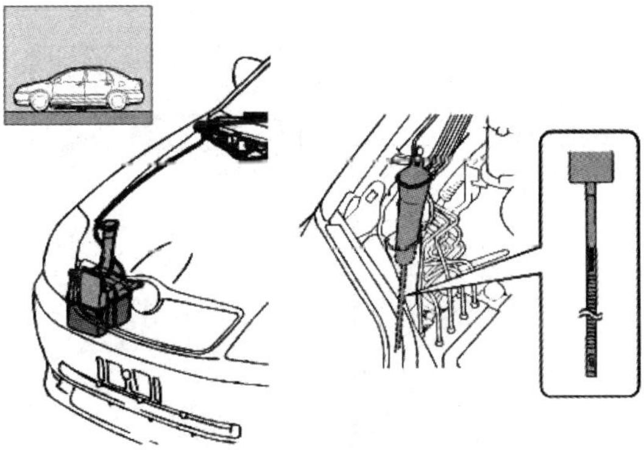

图 7-23 喷洗液液位检查

任务二　发动机暖机期间的检查

1. 训练内容

(1) 顶起位置 7 的发动机暖机期间的检查。

(2) 完成并填写学习工作单的相关项目。

(3) 学习汽车发动机的相关知识。

2. 训练目标

(1) 掌握车辆在顶起位置 7 时发动机暖机期间的检查内容。

(2) 熟悉常用工具的使用。

3. 训练设备

轿车及维修手册、常用工具、车轮挡块和举升器。

4. 训练步骤

(1) 轮毂螺母的再紧固。如图 7-24 所示，按照交叉顺序上紧 4 个轮毂螺母，最后用扭矩扳手将螺母上紧至规定的扭矩(丰田花冠轿车是 103 N • m，奥迪轿车是 120 N • m)。

图 7-24　紧固轮毂螺母

(2) PCV 阀检查。如图 7-25 所示，在发动机怠速时，用手指夹紧 PCV 阀软管检查工作噪声，然后再检查软管是否有裂纹或者损坏。注：此项检查针对丰田轿车，大众轿车无此项检查。

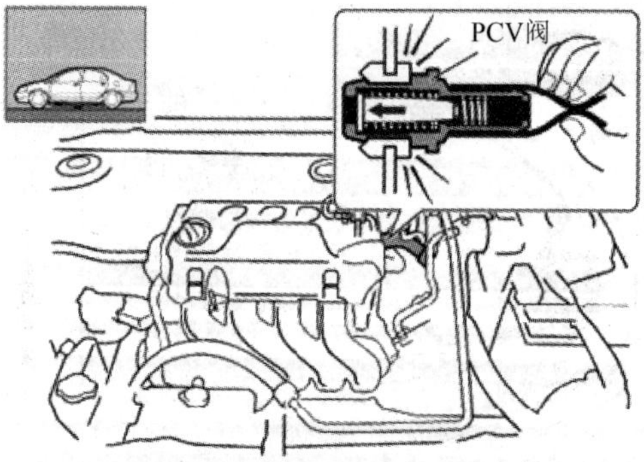

图 7-25　检查 PCV 阀

(3) 发动机冷却液检查。如图 7-26 所示，检查冷却液是否从散热器、橡胶软管、散热器盖和软管夹周围渗漏；检查属于冷却系统的橡胶软管是否有裂纹、隆起或者硬化；检查橡胶软管连接是否松动和夹箍安装是否松动。

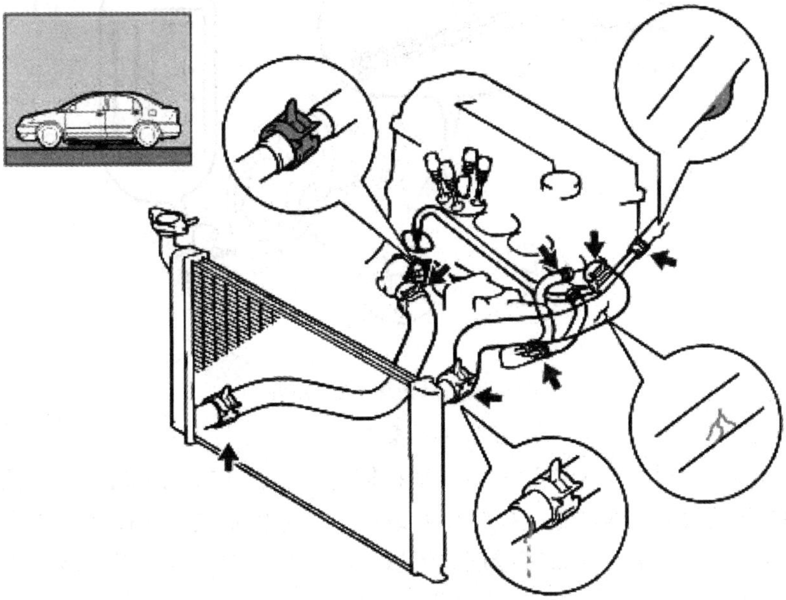

图 7-26　发动机冷却液检查

任务三　发动机暖机后和运行期间的检查

1. 训练内容

(1) 顶起位置 7 的发动机暖机后和运行期间的检查。

(2) 完成并填写学习工作单的相关项目。

(3) 学习汽车发动机的相关知识。

2. 训练目标

(1) 掌握车辆在顶起位置 7 时发动机暖机后和运行期间的检查内容。

(2) 熟悉常用工具的使用。

3. 训练设备

轿车及维修手册、常用工具、车轮挡块和举升器。

4. 训练步骤

(1) 自动变速器液位检查。如图 7-27 所示，发动机怠速时，按照从 P 到 L 的顺序转换挡杆，然后再从 L 挡拉回到 P 挡(每挡停 1 s 即可)，然后检查液位尺的度数是否在“热”范围内。注意：液位应当在正常运行条件下检查，液温应在 75℃±50℃范围内。如果车辆不带有 ATF 液位尺，如大众系列轿车，则此项检查省略。

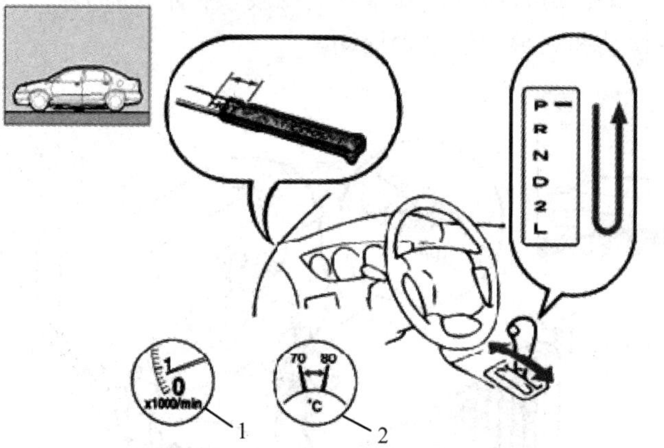

1—发动机转速；2—液温

图 7-27　自动变速器液位检查

(2) 空调检查。如图 7-28 所示，将发动机转速控制在 1500 r/min，鼓风机速度开关处于高位，A/C 开关设为 ON，温度控制设为最低，循环控制设为内循环，在完全打开所有车门的情况下，通过观察窗观察制冷剂的流量。如果窗口中出现少量气泡，如图 7-28 中 1 所示，说明制冷剂正常；如果窗口中出现很多气泡，如图 7-28 中 2 所示，说明制冷剂不足；如果窗口中无气泡，如图 7-28 中 3 所示，说明制冷剂过多或空。同时检查车内出风口风量的大小。

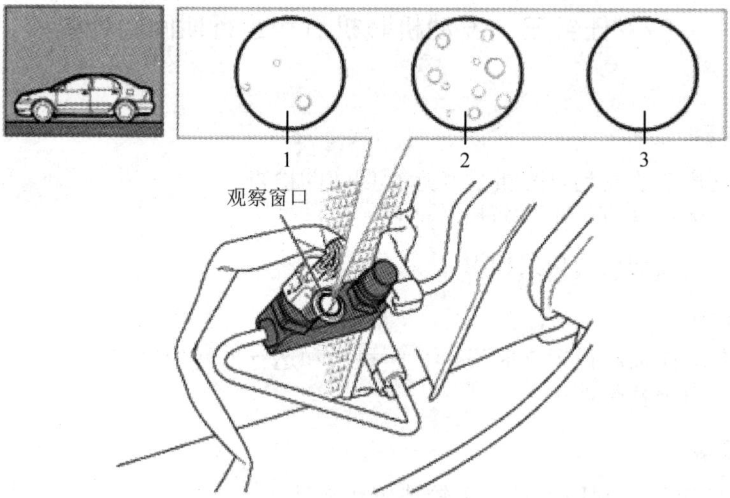

1—正常(少量气泡)；2—不充足(很多气泡)；3—空或多余(无气泡)

图 7-28　检查制冷剂量

(3) 转向助力液检查。在发动机运行期间，在转向助力液储液罐上作好液位标记，然后上车顺时针快速打死方向，接着逆时针快速打死方向，如此反复数次，最后转向盘回正；下车观察储液罐的液位有无变化，如果液位上升 1 毫米左右，说明转向助力系统无渗漏，如果液位无变化则说明转向助力系统存在渗漏点，需要进一步细查。

任务四　发动机停机后的检查

1. 训练内容

(1) 顶起位置 7 的发动机停机后的检查。

(2) 完成并填写学习工作单的相关项目。

(3) 学习汽车发动机的相关知识。

2. 训练目标

(1) 掌握车辆在顶起位置 7 时发动机停机后的检查内容。

(2) 熟悉常用工具的使用。

3. 训练设备

轿车及维修手册、常用工具、车轮挡块和举升器。

4. 训练步骤

(1) 发动机润滑油液位检查。如图 7-29 所示，在发动机熄火后 5 min，检查量油尺以确保油位处于规定的范围内。**注意**：要将汽车停放在一个平面上检查油位；在发动机停止 5 min 或者更多的时间之后检查油位，是为了让发动机各个区域的机油完全沉积在集油盘中。

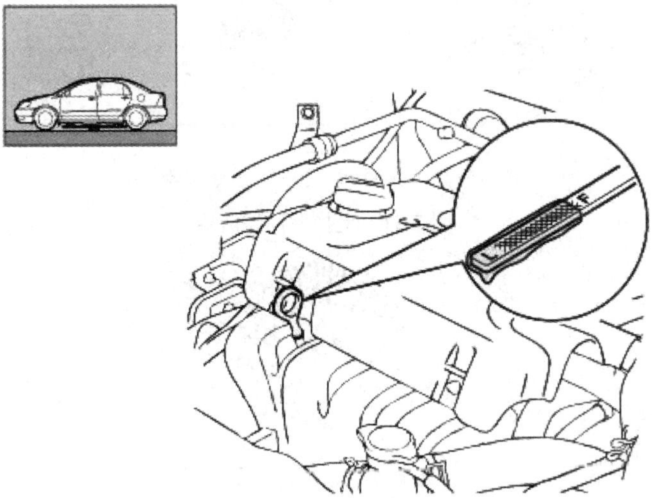

图 7-29　机油液位检查

(2) 冷却液液位检查。如图 7-30 所示，待发动机冷却后，检查储液罐中的冷却液是否处于规定的范围内。注意必须在散热器冷却后检查冷却液液位，因为如果散热器发热，冷却液将处于高液位。

(3) 更换燃油滤清器。如图 7-31 所示，在更换燃油滤清器时，为了防止燃油渗漏，需要断开燃油泵的电气连接器运行发动机，并且在更换燃油滤清器以前放空燃油管线中的燃油。

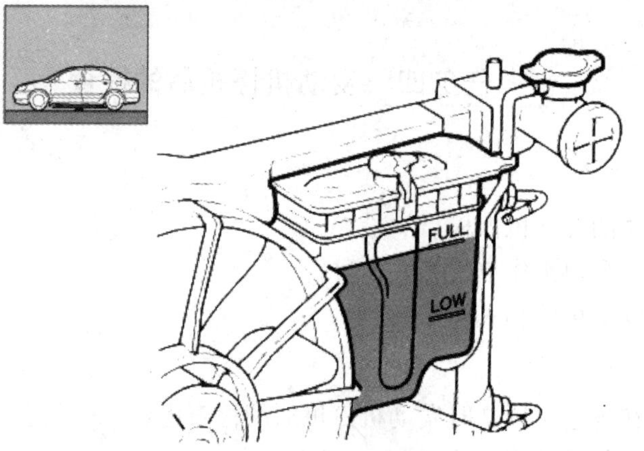

图 7-30　冷却液液位检查

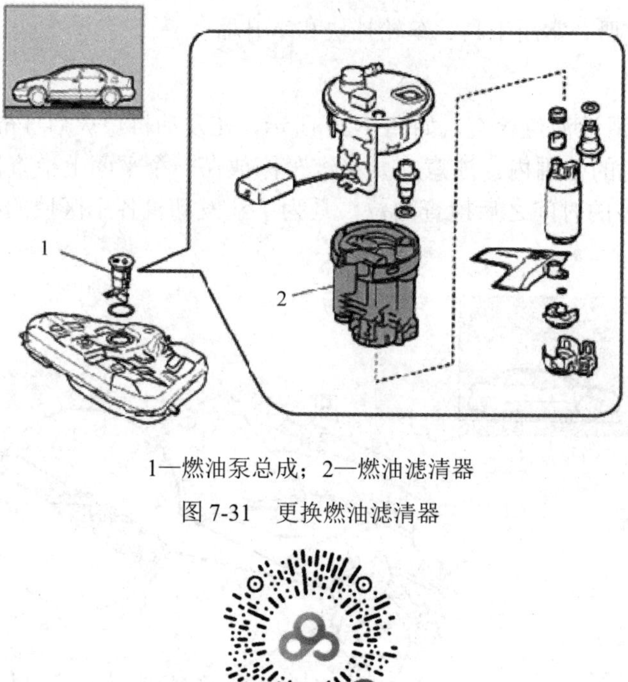

1—燃油泵总成；2—燃油滤清器

图 7-31　更换燃油滤清器

【更换燃油滤清器】

三、相关知识

(一) 发动机的本体构成

汽油发动机是由发动机本体、进气系统、燃油供给系统、润滑系统、冷却系统、排气系统和发动机电气系统组成的。如图 7-32 所示，发动机本体由气缸盖、气缸体、活塞、曲轴、飞轮、气门机构、传动皮带和油底壳组成。

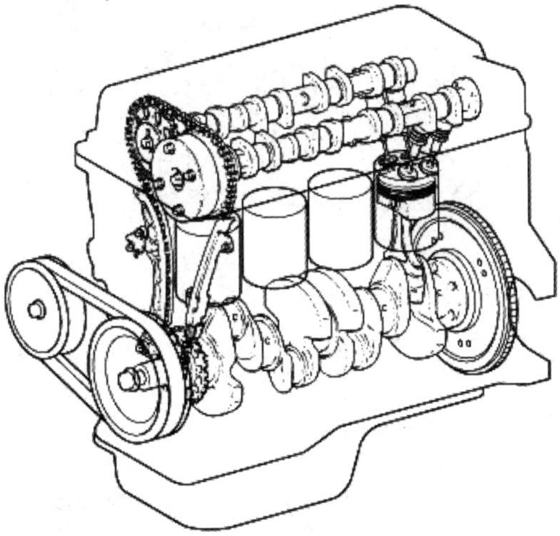

图 7-32　发动机本体

1. 气缸盖和气缸体

如图 7-33 所示，气缸盖和位于气缸盖底部凹陷处的活塞一起构成燃烧室；气缸体是构成发动机主体结构的部件，为了使发动机平稳运转，需要使用几个气缸。

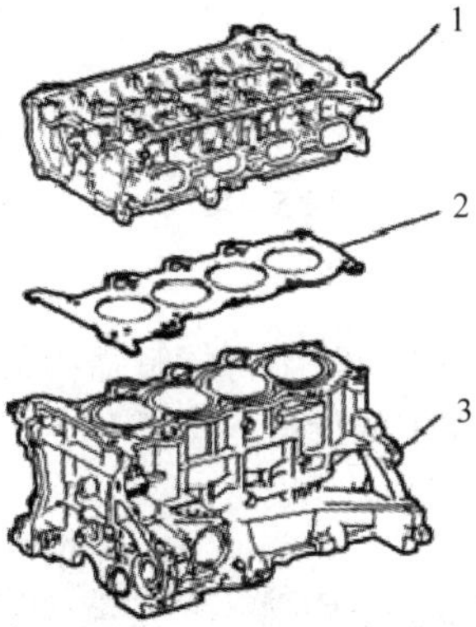

1—气缸盖；2—垫片；3—气缸体

图 7-33　气缸盖和气缸体

2. 活塞、曲轴与飞轮

如图 7-34 所示，活塞的作用是承受可燃混合气急剧燃烧时产生的压力，在气缸内上下运动。曲轴借助连杆将活塞的直线运动转换成旋转运动。飞轮是用厚钢片制成的，可将曲轴的旋转运动转化为惯性运动，因此它可以输出稳定的旋转力。

3. 传动皮带

如图 7-35 所示，传动皮带通过皮带轮将曲轴的旋转功率传递至交流发电机、动力转向泵和空调器压缩机。正常情况下，汽车上有 2 条或 3 条皮带。传动皮带必须进行适度张紧力和磨损方面的检查，并按规定间隔时间更换。

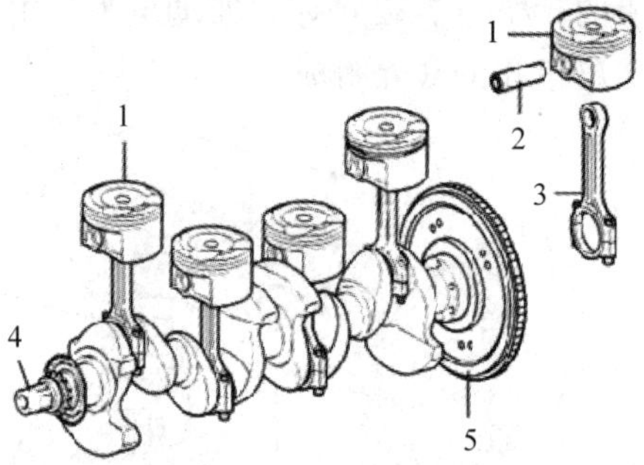

1—活塞；2—活塞销；3—连杆；4—曲轴；5—飞轮

图 7-34　活塞、曲轴与飞轮

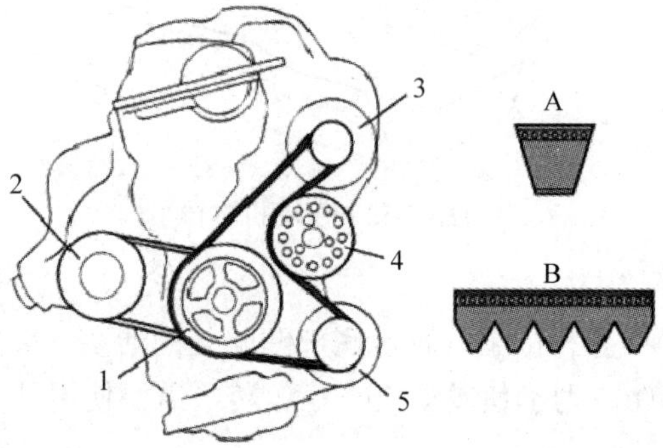

1—曲轴皮带轮；2—动力转向泵皮带轮；3—发电机皮带轮；4—水泵皮带轮；

5—空调压缩机皮带轮；A—楔形皮带；B—齿形皮带

图 7-35　传动皮带

4. 气门机构

如图 7-36 所示，气门机构是在适当时刻将气缸盖内的进气门和排气门开启和关闭的一组部件。其中正时链的作用是将曲轴的旋转运动传递给凸轮轴。

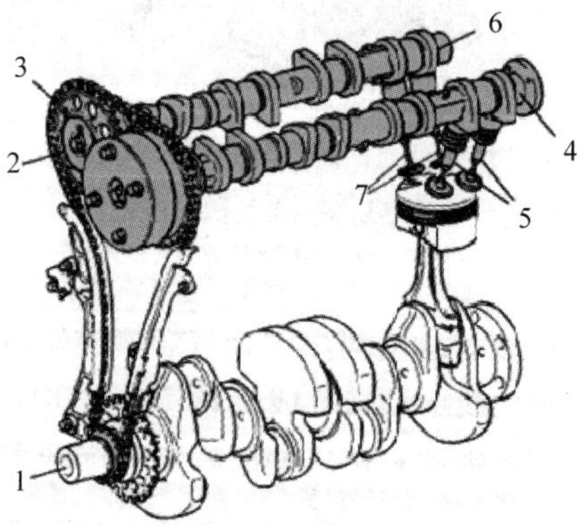

1—曲轴；2—正时链轮；3—正时链；4—进气凸轮轴；

5—进气门；　6—排气凸轮轴；7—排气门

图 7-36　气门机构

5. VVT-i 系统

如图 7-37 所示，VVT - i 系统(智能可变气门正时系统)可根据发动机状态使用计算机最优地控制进气门的开启和关闭正时。此系统使用液压来改变进气门的开启和关闭时，使进气效率、扭矩、功率输出和燃油经济性得到提高且排气更为清洁。

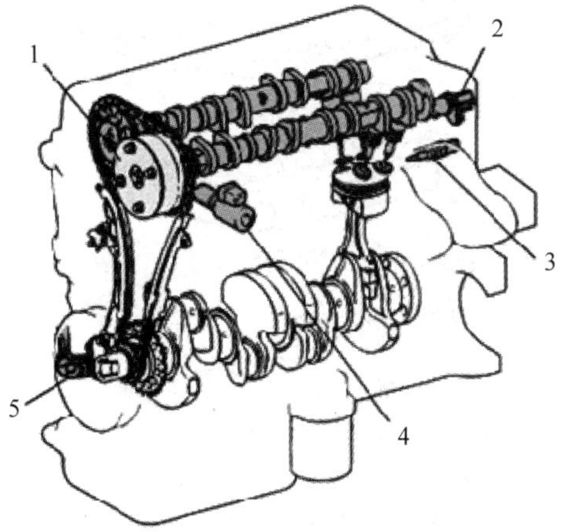

1—VVT-i 控制器；2—凸轮轴位置传感器；3—水温传感器；
4—凸轮轴正时油控制阀；5—曲轴位置传感器

图 7-37　可变气门正时机构

(二) 进气系统

如图 7-38 所示，进气系统的作用是向发动机提供所需容量的清洁空气，具体由空气滤清器、节气门体和进气歧管组成。

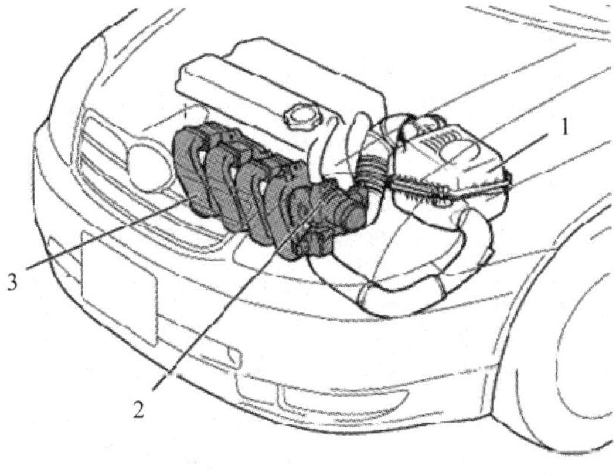

1—空气滤清器；2—节气门体；3—进气歧管

图 7-38　进气系统

1. 空气滤清器

空气滤清器组成如图 7-39 所示。空气滤清器内装有一个滤清器滤芯，在外部空气进入发动机时，可从空气中除去灰尘和其他颗粒。空气滤清器滤芯必须定期地清洗或更换。

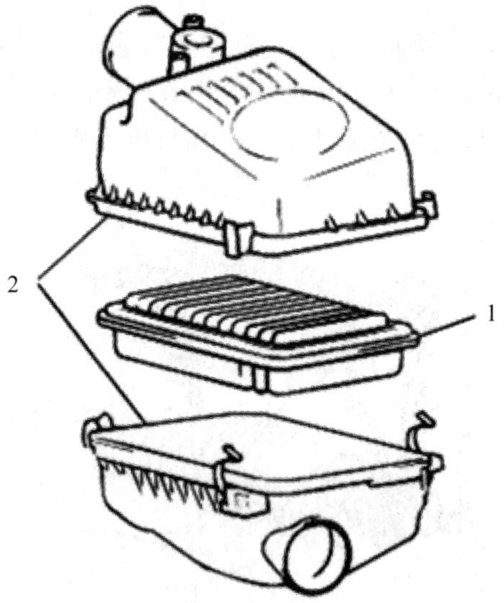

1—空气滤清器滤芯；2—空气滤清器壳体

图 7-39　空气滤清器

2. 节气门体

如图 7-40 所示，节气门用拉索和位于车辆内部的加速器踏板协同操作，来调节吸入气缸中的空气燃油混合气容积。当加速器踏板被踩下时，节气门开启，吸入大量的空气和燃油，使发动机输出功率增加。同时还配备 ISCV(怠速控制阀)以便当发动机冷态或怠速期间调节空气量。

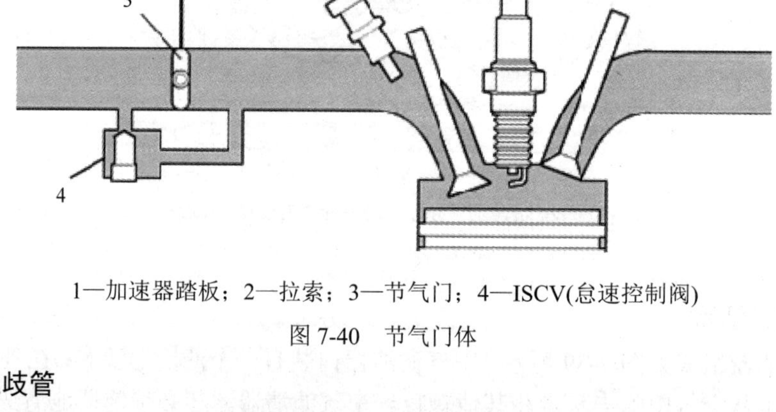

1—加速器踏板；2—拉索；3—节气门；4—ISCV(怠速控制阀)

图 7-40　节气门体

3. 进气歧管

如图 7-41 所示，进气歧管由若干管路组成，为各个气缸供气。

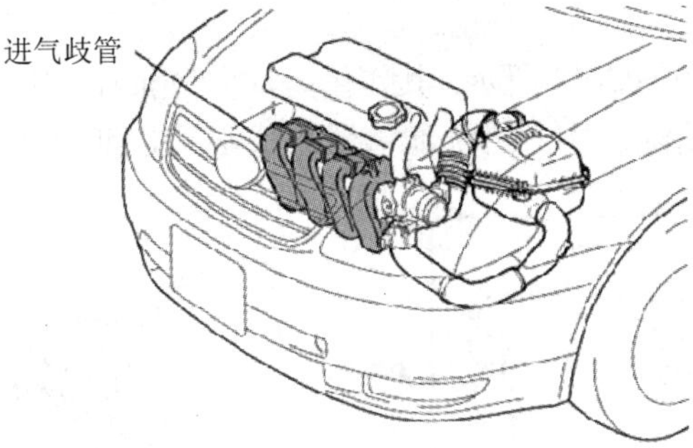

图 7-41　进气歧管

(三) 燃油供给系统

燃油供给系统的组成如图 7-42 所示。燃油供给系统的作用是向发动机供应燃油，也有清除燃油中垃圾或灰尘的功能，并调节燃油供给量。

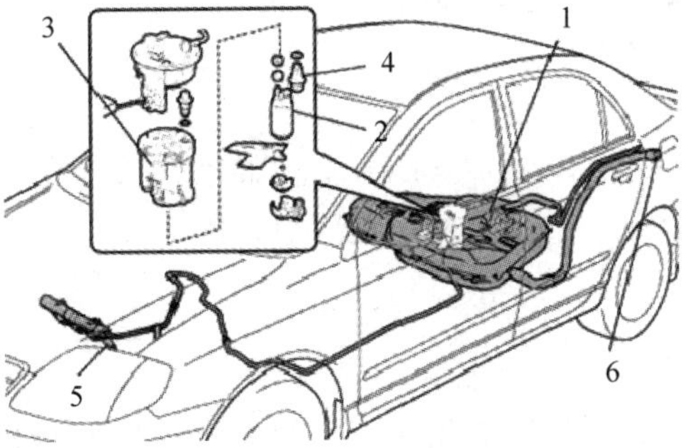

1—油箱；2—燃油泵；3—燃油滤清器；4—压力调节器；5—喷油器；6—燃油箱盖

图 7-42　燃油供给系统

1. 燃油泵

燃油泵结构如图 7-43 所示，其作用是将燃油从燃油箱输送到发动机，使燃油管保持固定的压力。燃油泵的一种安装方式是油箱内装式，它位于燃油箱内；另一种称为直列式，它位于燃油管中间。燃油泵有不同的驱动方法，EFI(电子燃油喷射系统)系统使用一种带马达的电动泵。

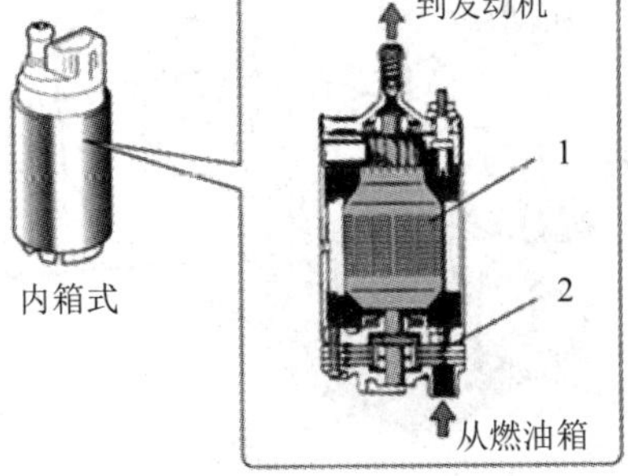

1—马达；2—涡轮式泵叶轮

图 7-43　燃油泵

2. 燃油滤清器

燃油滤清器的组成如图 7-44 所示，其作用是清除燃油中的污物。为了防止污物被吸入喷油器，使用一过滤纸清除污物。燃油滤清器总成必须定期更换。

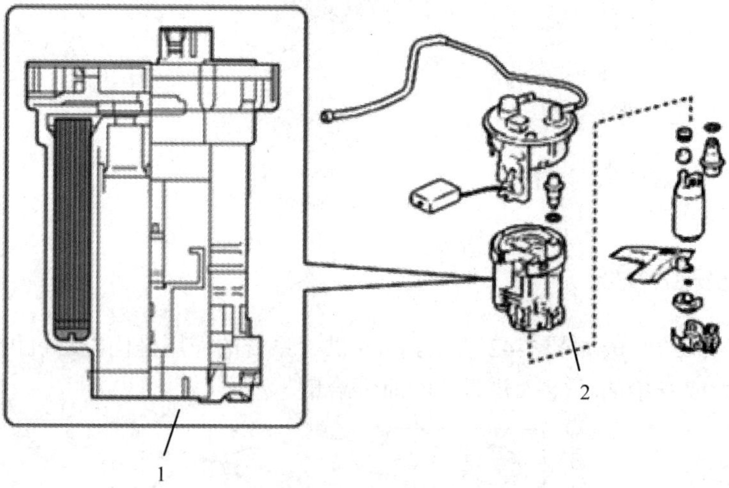

1—燃油滤清器；2—燃油泵总成

图 7-44　燃油滤清器

(四) 润滑系统

发动机润滑系统的组成如图 7-45 所示，润滑系统使用一只机油泵，连续在整个发动机内部供应发动机机油。润滑系统通过油膜来减少部件之间的摩擦。如果发动机无油运转，会导致发动机运行不良，甚至被烧坏。除了润滑，发动机机油还有冷却和清洁发动机的功能。

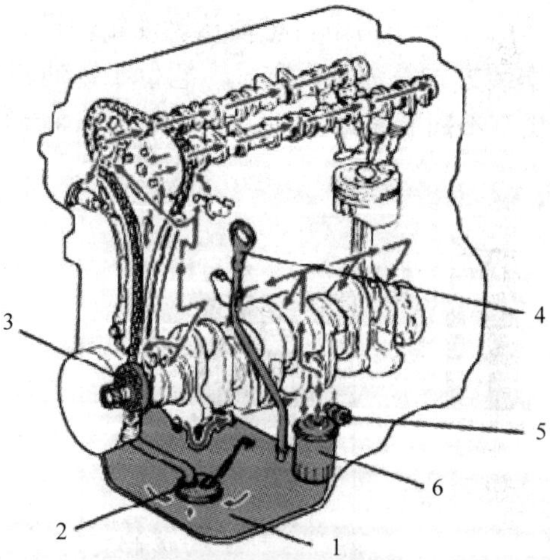

1—油底壳；2—机油粗滤器；3—机油泵；4—机油尺；5—机油压力开关；6—机油滤清器

图 7-45　润滑系统

1. 机油泵

机油泵结构如图 7-46 所示，其工作原理是有一驱动转子和一不同轴的从动转子，这些转子的旋转运动引起转子之间的间隙变化，这样导致泵的压油动作。驱动转子用曲轴驱动。泵中设有释放阀，用于防止油压超过预定的值。

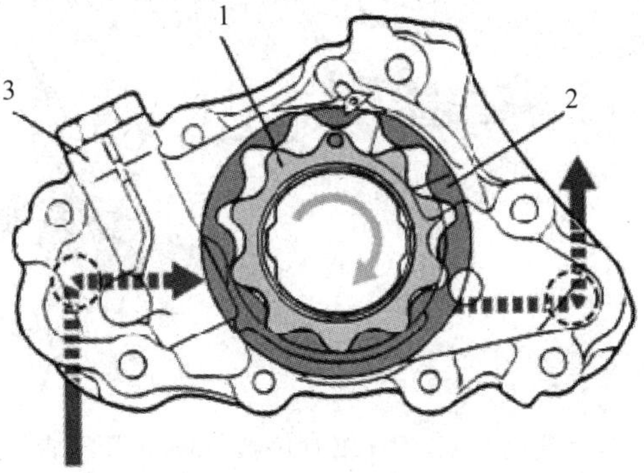

1—驱动转子；2—从动转子；3—释放阀

图 7-46　机油泵

2. 机油滤清器

机油滤清器的结构如图 7-47 所示，其作用是从发动机机油中清除污染物，如金属颗粒等，并保持发动机机油洁净。它有一只单向阀，当发动机停机时，机油保持在滤清器中，这样发动机启动时滤清器就总有油；它还有一个释放阀，当滤清器堵塞时允许机油输送到发动机。机油滤清器是需要定期更换的零件，并且达到规定行驶里程时要整体更换。

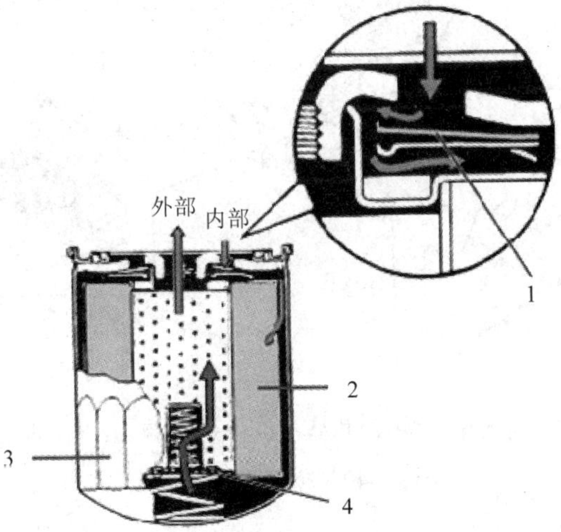

1—单向阀；2—滤芯；3—壳体；4—释放阀

图 7-47　机油滤清器

3. 油压警告灯

当机油压力过低时，发动机通过点亮图 7-48 中的油压警告灯警告驾驶员：油泵产生的油压是否正常，机油是否正常地输送到发动机的各个部分。油路中的油压开关(传感器)监控油压状态，如果发动机启动后油压不增加，组合仪表上将发出警告。

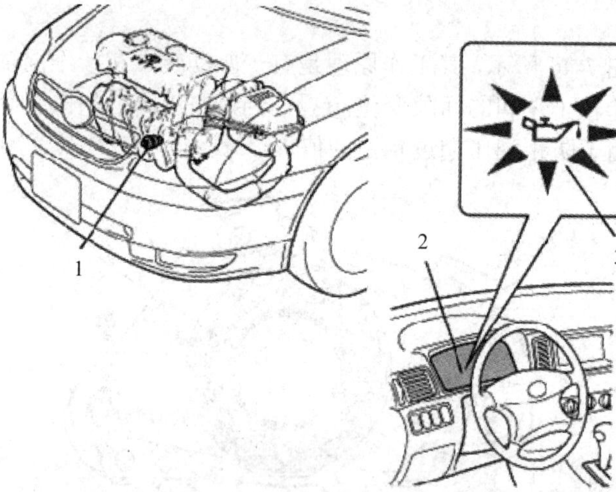

1—油压开关；2—组合仪表；3—油压警告灯

图 7-48　油压警告灯

(五) 冷却系统

冷却系统的组成如图 7-49 所示，在发动机工作过程中通过冷却液的不断循环，将发动机温度调至最佳水平(90℃～105℃冷却液温度)。

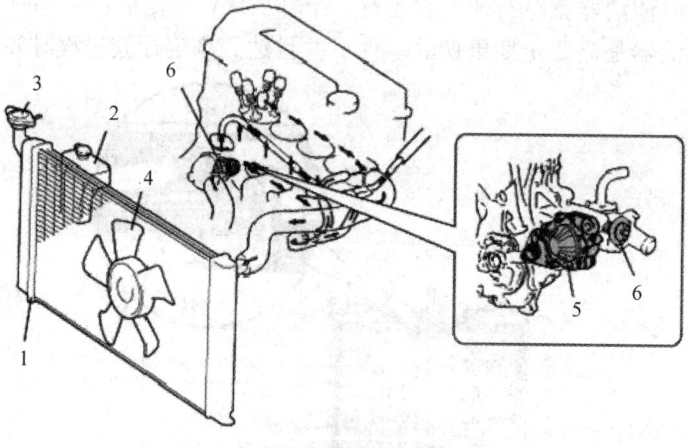

1—散热器；2—储液罐；3—散热器盖；4—冷却风扇；5—水泵；6—节温器

图 7-49　冷却系统的组成

1. 冷却液流向

如图 7-50 所示，水泵使冷却液在冷却液通路中循环，冷却液从发动机吸热并通过散热器将热量释放到大气中，于是冷却液就被冷却，然后返回到发动机中。

2. 散热器

散热器如图 7-51 所示，当散热器的管子和散热片暴露在冷却风扇产生的气流及车辆运动产生的气流中时，散热器中的冷却液变冷。

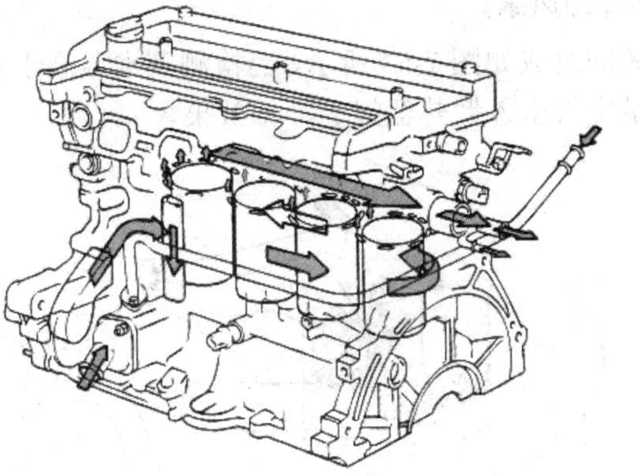

图 7-50　冷却液流向

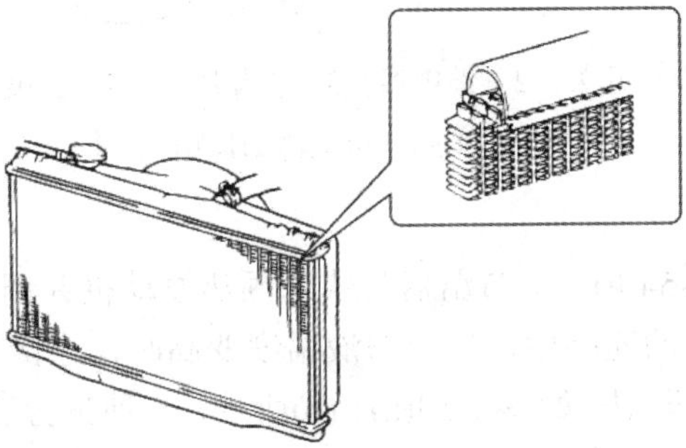

图 7-51　散热器

3. 散热器盖

如图 7-52 所示，散热器盖内有一压力阀，作用是给冷却液加压，加压下的冷却液沸点可达 120℃，使得冷却液温度和空气温度的差别更大，这样可以改善冷却效果。当散热器压力进一步增加时，压力阀打开，并将冷却液送回储液罐；当散热器冷却时压力下降，真空阀打开，储液罐放出冷却液流回散热器。

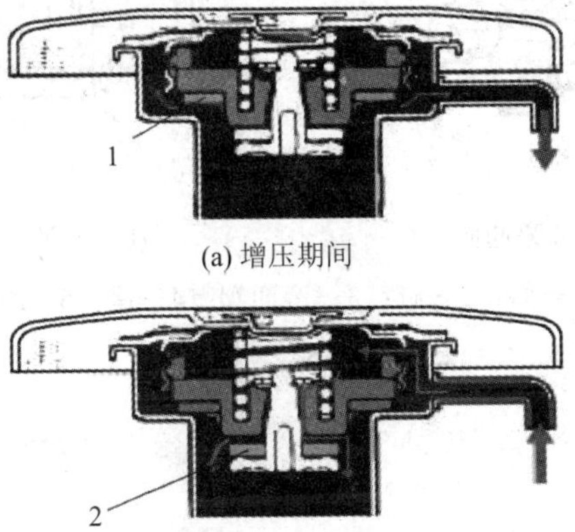

1—压力阀；2—真空阀

图 7-52　散热器盖

4. 冷却风扇(电动冷却风扇)

电动冷却风扇系统的组成如图 7-53 所示，当检测到水温高于设定值时，温度开关打开使得风扇运行，将大量空气引入散热器提高冷却效果。

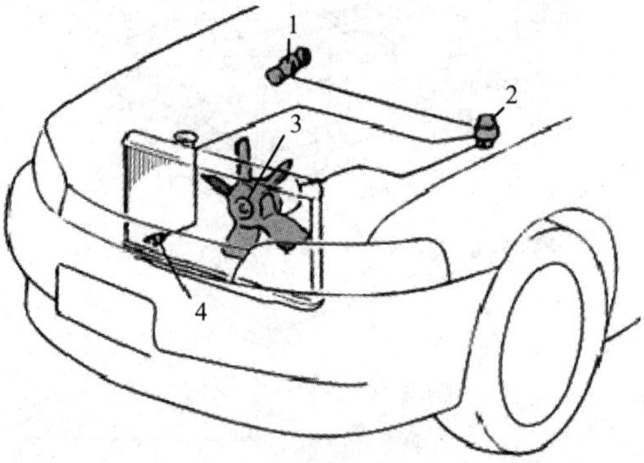

1—点火开关；2—继电器；3—冷却风扇；4—温度开关

图 7-53　电动冷却风扇

5. 节温器

节温器的结构如图 7-54 所示，节温器是快速预热发动机并调节冷却液温度的部件。它位于散热器与发动机之间的通路中。当冷却液温度变高时，连接散热器的阀打开，以便冷却发动机。节温器有两种类型，如图 7-54(a)、(b)所示，一种带旁通阀，另一种不带旁通阀。

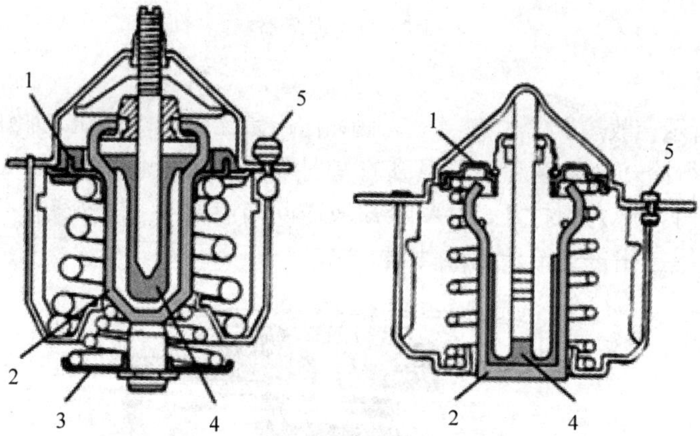

(a) 带旁通阀　　(b) 不带旁通阀

1—阀；2—缸；3—旁通阀；4—蜡；5—跳阀

图 7-54　节温器

(六) 排气系统

发动机排气系统组成如图 7-55 所示，它在将发动机产生的废气排放入大气时，可以清除废气中的有害成分，减少废气发出的爆炸声，改善发动机废气的排放性能，提高发动机效率。

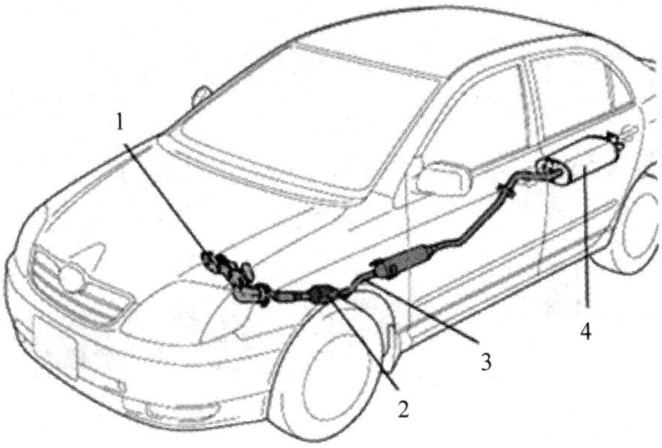

1—排气歧管；2—三元催化转换器；3—排气管；4—消声器

图 7-55　排气系统

1. 催化转换器

整体式催化转换器如图 7-56 所示，它位于废气系统中间，从废气中清除有害成分。废气中的有害成分包括 CO(一氧化碳)、HC(碳氢化合物)和 NO_x(氮氧化物)。三元催化是指用带铂、铑和钯的催化剂清理废气中的 CO、HC 和 NO_x。

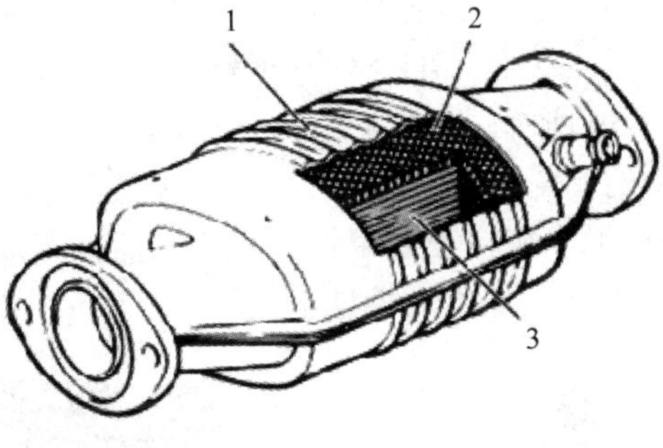

1—外壳；2—丝网；3—整体催化剂

图 7-56　整体式催化转换器

2. 消声器

消声器如图 7-57 所示，图中箭头表示气体流向。从发动机中排放出的废气处于高压高温状态，如果直接排放，会发出爆炸声，所以排气系统中应安装消声器。

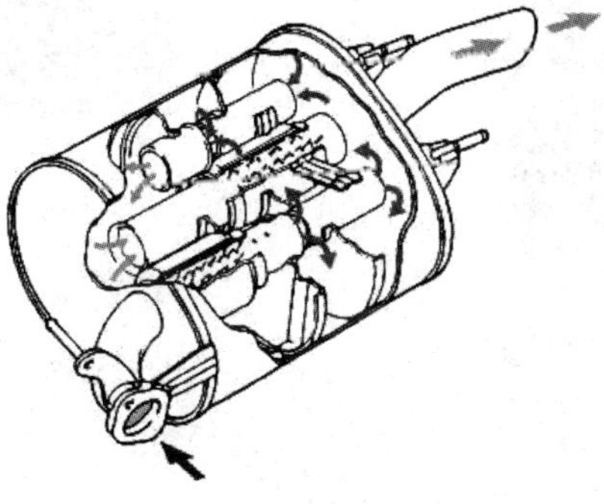

图 7-57　消声器

(七) 火花塞

1. 火花塞的结构

火花塞的种类如图 7-58 所示。火花塞接受在点火线圈内生成的高电压，并产生火花来点燃气缸内的混合气。高电压在中心电极和接地电极间的间隙内产生电火花。

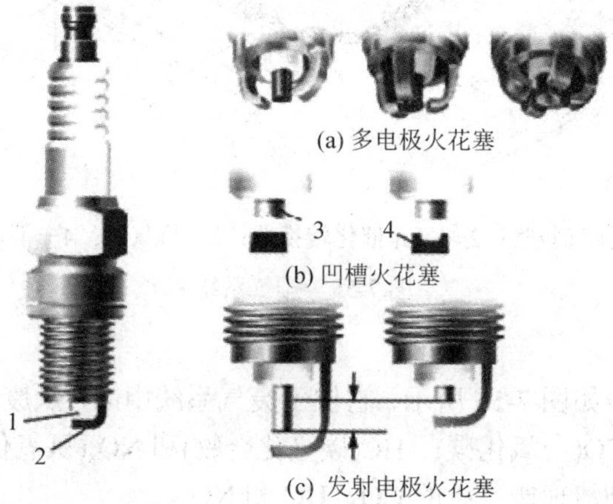

(a) 多电极火花塞

(b) 凹槽火花塞

(c) 发射电极火花塞

1—中心电极；2—接地电极；3—V 型槽；4—U 型槽；5—凸出量的差别

图 7-58　火花塞

新型火花塞结构如图 7-59 所示。火花可产生电磁干扰使电子设备失灵，图 7-59(a)是电阻型火花塞，此种火花塞中的陶瓷电阻器可防止这一现象发生。白金电极火花塞(图 7-59(b))用白金作为中心细电极和接地电极，在耐用性和点火性能上表现优越。铱电极火花塞(图 7-59(c))用铱合金作为中心电极，用铂作为接地电极，从而具有耐用性和高性能的双重优点。

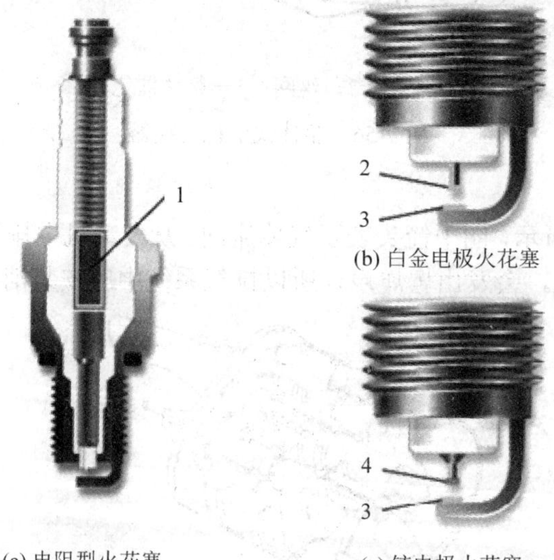

(a) 电阻型火花塞　　(b) 白金电极火花塞　　(c) 铱电极火花塞

1—电阻器；2—白金尖中心电极；3—白金尖接地电极；4—铱尖中心电极

图 7-59　新型火花塞

2. 火花塞编号

普通火花塞编号含义如图 7-60 所示。其中的第四位数字表示火花塞的热值，它体现火花塞散热的能力，热值越大则散热能力强，散热的速度越快。热值通常用 1～9 的数字来表示，1～3 为低热值，称为热型火花塞；4～6 为中热值，称为中型火花塞；7～9 为高热值，称为冷型火花塞。

B	P	R	5	E	S	-11
安装螺纹尺寸 （六角对边尺寸） A——18mm (20.8mm) B——14mm (20.8mm) C——10mm (16.0mm) D——12mm (18.0mm) E——8mm (13.0mm) BC——14mm (16.0mm) BK——14mm (16.0mm) DC——12mm (16.0mm)	P 绝缘体突出型 M 小型火花塞 （CMR6H的安装高度比CR6HS短） U 沿面、半沿面及辅助型火花塞 (BUHW、BUR6ET等)	R 电阻 Z 卷线型电阻	（热值） 2 易热型 4 5 6 7 8 9 10 冷却型	（螺纹长度） E——19.0mm H——12.7mm L——11.2mm EH—19.0mm半螺丝 M（轻量型） BM——9.5mm BPM-A——9.5mm F（圆锥型） A-F——10.9mm B-F——11.2mm B-EF——17.5mm BM-F——7.8mm	B——一体型端子(CR8EB) CM——安装高度较短 CS——倾斜外侧电极 D——大发车专用 (BCPR6ED) G、GV—赛车用火花塞 IX——铱合金IX火花塞 IX-P—铱合金MAX火花塞 J——两极突出型（大发车专用） K——外侧两极 LPG—LPG专用 N——外侧电极特殊型 P——白金火花塞 Q——外侧四极 (BKR6EQUP:BMW) (BKR5EQUPA:日产) (BUR9EQP:马自达) QP——外侧四极 中心电极为白金 S——标准型 T——外侧三极 U——半沿面火花塞 Y——V字型切口中心电极 YA——耐污损型(BR9EYA)	（火花间隙） 未标注：标准型 -9：0.9mm -10：1.0mm -11：1.1mm -13：1.3mm -14：1.4mm -15：1.5mm -L：中间热价
BK—是按照国际规格(ISO)尺寸制造的产品。从火花塞密封垫圈到终端螺丝帽的长度比日本规格(JIS)的BCP型短2.5mm						

图 7-60　普通火花塞编号含义

如图 7-61 所示，以火花塞上“BKR6EIX”的编号为例，“BK”是指按照国际规格(ISO)尺寸制造的产品；“R”表示它是电阻型火花塞；“6”表示该火花塞的热值为 6；“E”表示该火花塞螺纹长度为 19.0 mm；“IX”表示该火花塞是铱合金火花塞。

图 7-61　火花塞上的编号“BKR6EIX”

3. 火花塞检查

铱金火花塞和白金火花塞属于免维护火花塞，其点火性好，寿命长，10 万公里更换，普通火花塞 2 万公里更换。普通火花塞需要检查以下内容：电极有无积炭；电极间隙是否符合标准(需用火花塞间隙规测量)；电极有无烧蚀现象；绝缘陶瓷有无破损；金属螺纹有无损伤。

注意：火花塞打开期间不要让异物掉入燃烧室；安装火花塞时，首先用手上紧火花塞，然后再用扭力扳手上紧到规定力矩，如奥迪轿车是 25 N • m。

(八) 大众轿车发动机冷却系统检查

【大众轿车冷却系统检查】

1. 检查和添加冷却液

应定期检查冷却液的液位，如图 7-62 所示，冷却液的液位必须保持在储液罐上的最大刻度与最小刻度之间；如发现冷却液的液位较低，应及时添加，如图 7-63 所示；对于更换冷却液后的液位检查，需要在发动机达到正常工作温度后进行。

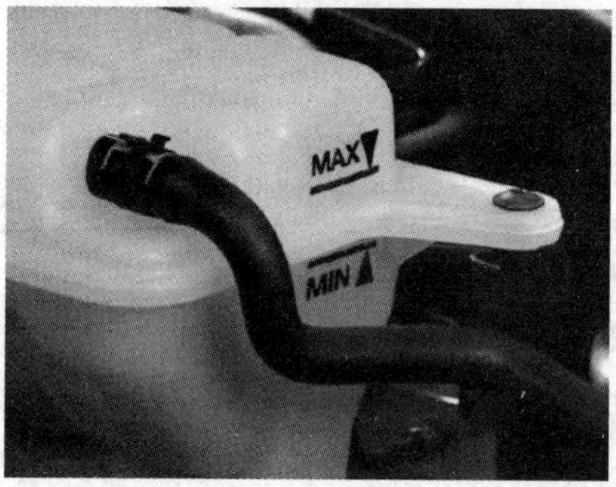

图 7-62　冷却液液位

图 7-63　添加冷却液

2. 检查冷却液冰点

汽车冷却液冰点的测量需要使用专用工具——比重计 T10007A，如图 7-64 所示。比重计使用前要清洁、调焦、校零，再抽取一定量的液体，滴到测试镜面上，然后合上镜面压盖，通过观察窗口看分界线的位置，即液体冰点，如图 7-65 所示。大众轿车的标准是冰点要低于−25℃，寒带地区要低于−35℃，如果不达标，就要重新勾兑甚至更换冷却液。

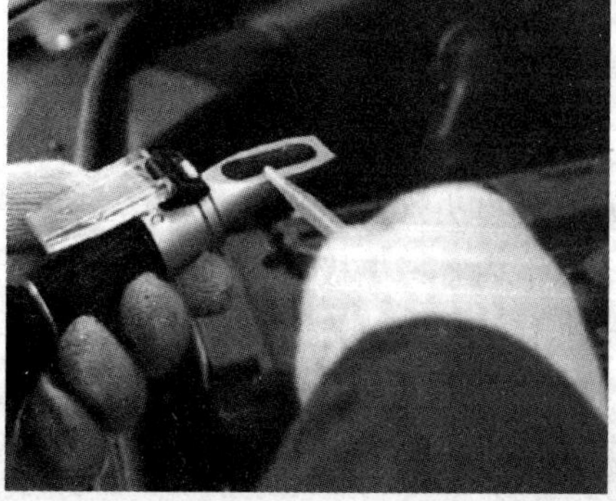

图 7-64　比重计

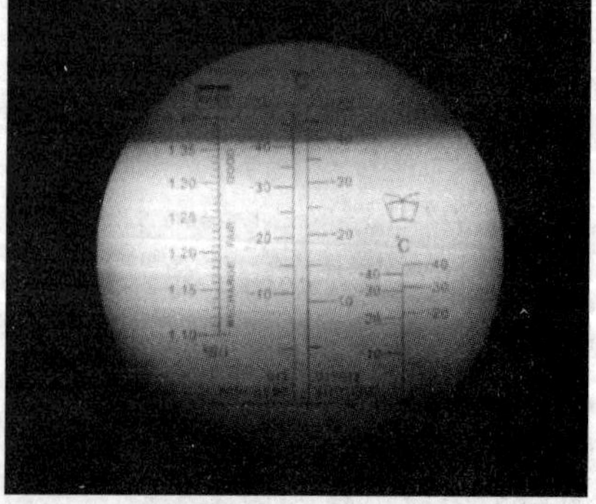

图 7-65　比重计读数

3. 检查冷却系统密封性

如图 7-66 所示，将冷却系统压力测试仪安装到冷却液膨胀罐上，加压至 1.0 bar，如图 7-67 所示，维持 3 分钟，压力应无明显变化，如果压力下降，说明冷却系统存在泄漏，必须查找泄漏点。

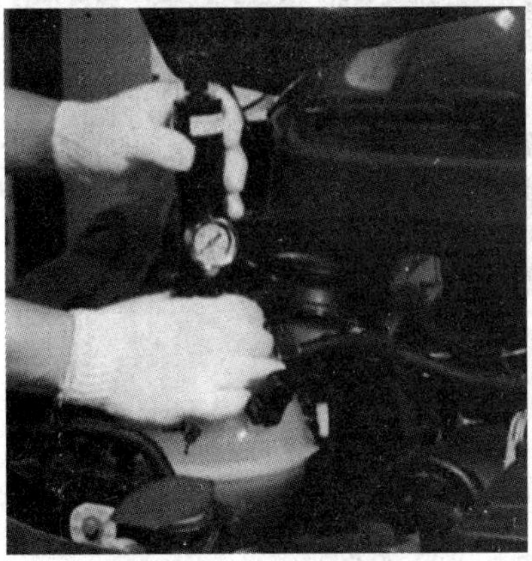

图 7-66　安装压力测试仪

图 7-67　加压至 1.0 bar

4. 检查冷却液膨胀罐盖的安全阀

如图 7-68 所示，将冷却系统压力测试仪连接到冷却液膨胀罐盖上，加压到 1.4～1.6 bar，安全阀应打开泄压。

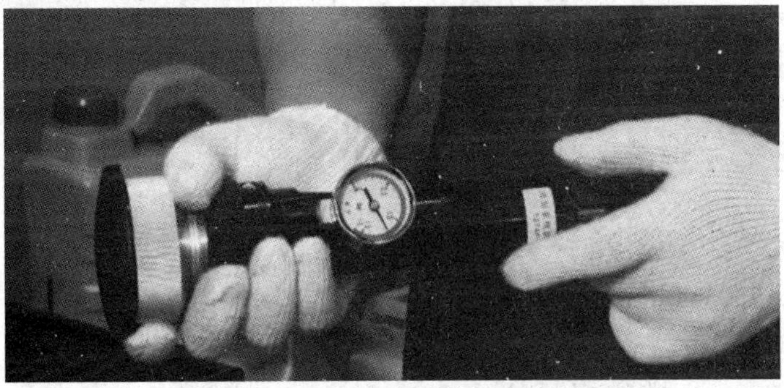

图 7-68　连接压力测试仪和膨胀罐盖

5. 更换冷却液

冷却液更换之前，要排放完散热器和发动机缸体中的冷却液，然后使用专用工具加注新的冷却液，如图 7-69 所示。加注完毕后还要进行排气。专用工具代号见图 7-70，具体更换过程可扫码观看。

【大众迈腾轿车更换冷却液】

图 7-69　使用专用工具更换冷却液

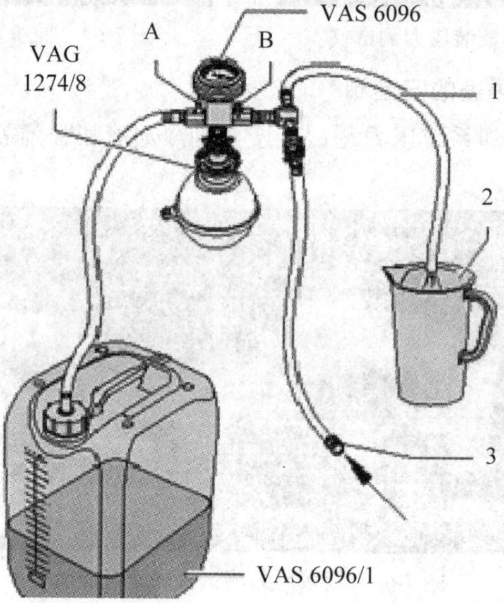

图 7-70　更换冷却液的专用工具代号

四、自我测试题

(一) 判断题

1. 如果发动机平稳转动没有异常噪声，气门间隙检查可以省略。(　　)
2. 在更换燃油滤清器时，为了防止燃油渗漏，需要接通燃油泵的电气线路。(　　)
3. 在更换新的空气滤清器滤芯时，将其直接放入空气滤清器壳体即可。(　　)

4. 当机油压力过低或过高时，发动机通过点亮油压警告灯警告驾驶员。(　　)

5. 火花塞间隙可用厚薄规检查，范围是 1～1.1 mm。(　　)

(二) 单项选择题

1. 关于动力转向液液位的检查，下面说法正确的是(　　)。

A. 汽车静止，发动机空转时，转动方向盘数次，这样能使动力转向液的温度达 40℃～80℃。然后，停止发动机，检查存储罐的液位在规定的范围内

B. 发动机运转，检查存储罐的液位在规定的范围内

C. 转动方向盘时，检查存储罐的液位在规定的范围内

D. 为了迅速升高液体的温度，车辆静止时转动方向盘到底并停留，重复做数次，共做 5 min。然后，检查动力转向液液位

2. 下列火花塞的检查哪一项是错误的(　　)。

A. 要目测火花塞的绝缘陶瓷有无损坏

B. 要用厚薄规检查火花塞的电极间隙

C. 要检查电极部分有无积炭和烧蚀

D. 要检查火花塞的螺纹有无损坏

3. 关于蓄电池的检查下列说法错误的是(　　)。

A. 要检查蓄电池的安装、壳体是否损坏

B. 检测电解液的密度时只需要检测其中的一格即可

C. 检查通风孔塞时需要拆下对着亮光看

D. 检测电解液的密度是否在 1.25～1.29 g/cm^3 之间

4. 关于自动传动桥液位的检查，下面说法正确的是(　　)。

A. 发动机停止、冷态时，检查自动传动桥的液位

B. 发动机停止、热态时，检查自动传动桥的液位

C. 发动机怠速、自动传动桥液液温约 75℃时，检查自动传动桥的液位。把换挡杆按顺序从 P 挡位移到 L 挡位，然后返回到 P 挡位，检测液位

D. 发动机怠速、热态时，检查自动传动桥的液位。把换挡杆按顺序从 P 挡位移到 L 挡位，然后返回到 D 挡位，检测液位

5. 关于空调冷媒检测说法正确的是(　　)。

A. 空调冷媒检查时需要打开所有车门和车窗，使出风量开到最大，制冷温度打到最低，同时使发动机以 1800 r/min 的转速运转

B. 观察窗口出现少量气泡说明冷媒不足

C. 观察窗口出现大量气泡说明冷媒过多

D. 观察窗口没有出现气泡说明冷媒没有或过多

(三) 简答题

1. 简述发动机冷态时的检查内容。

2. 如何正确使用比重计？

3. 火花塞拆卸和安装的方法是什么？

4. 如何更换发动机冷却液？

项目八 PDI与库存车检查

一、项目描述

通过对车辆的 PDI 检查以及库存车的检查，学生应达到以下要求。

1. 知识要求

(1) 了解 PDI 的含义。
(2) 掌握 PDI 的流程。
(3) 掌握 PDI 的操作规范。
(4) 了解库存车的检查内容。

2. 技能要求

(1) 能够正确使用车辆诊断仪。
(2) 能够进行 PDI 中的功能检查与设置。
(3) 能够进行 PDI 中的发动机舱与后备箱的检查。
(4) 能够进行 PDI 中的车辆底部检查。
(5) 能够进行 PDI 中的内饰、外观及完工检查。
(6) 能够进行库存车的检查。

3. 素质要求

(1) 树立安全第一的理念。
(2) 重视操作规范与人身安全。
(3) 注意环境保护。
(4) 培养团队协作精神。

二、项目实施

任务一　车辆功能检查与设置

1. 训练内容

(1) 车辆诊断仪操作。
(2) 车辆使用功能检查。
(3) 完成并填写学习工作单的相关项目。
(4) 学习车辆使用相关知识。

2. 训练目标

(1) 熟悉诊断仪的使用。
(2) 掌握正确的车辆功能检查方法。

3. 训练设备

整车4辆、诊断仪2台和驾驶室内四件套若干。

4. 训练步骤

(1) 操作诊断仪关闭运输模式。
(2) 在诊断仪中进行蓄电池检测。
(3) 在诊断仪中进行保养指示器复位。
(4) 检查车钥匙和遥控器功能。
(5) 检查仪表指示灯的状态。
(6) 检查空调系统的功能。
(7) 检查驾驶室各功能系统。

注： 以上步骤的详细内容见相关知识。

任务二　发动机舱与后备箱检查

1. 训练内容

(1) 发动机舱各油液检查。
(2) 发动机舱管路和插头线束检查。
(3) 备胎检查。
(4) 蓄电池检查。
(5) 随车工具检查。

2. 训练目标

(1) 掌握发动机舱各油液的检查方法。
(2) 掌握备胎的检查方法。
(3) 掌握蓄电池的检查方法。

3. 训练设备

整车 4 辆、蓄电池诊断仪 2 台、轮胎气压表、轮胎深度规和车辆保护套。

4. 训练步骤

(1) 检查发动机舱各管路、插头和线束。
(2) 检查机油和制动液。
(3) 检查冷却液、转向助力液和玻璃清洗液。
(4) 检查 4 个车轮的螺栓和轮胎气压。
(5) 检查备胎。
(6) 检查蓄电池。
(7) 检查随车工具。
注：以上步骤的详细内容见相关知识。

任务三　车辆底部检查

1. 训练内容

(1) 拆除固定装置。
(2) 车辆底部泄漏检查。
(3) 4 个车轮轮胎表面检查。
(4) 车辆底盘螺栓紧固。

2. 训练目标

(1) 掌握车辆底部泄漏的检查方法。
(2) 掌握车辆底盘螺栓的紧固方法。

3. 训练设备

整车 4 辆、常用工具 4 套、举升器 4 台和照明灯 4 只。

4. 训练步骤

(1) 拆除商品车的运输固定装置。
(2) 检查车辆底部有无泄漏现象。
(3) 检查 4 个车轮的轮胎表面磨损状况。
(4) 紧固车辆底盘螺栓。
注：以上步骤的详细内容见相关知识。

任务四 内饰、外观及完工检查

1. 训练内容

(1) 车内状况检查。

(2) 车外状况检查。

(3) 完工检查。

2. 训练目标

(1) 掌握车内状况检查方法。

(2) 掌握车外状况检查方法。

(3) 了解完工检查内容。

3. 训练设备

整车4辆、常用工具4套和照明灯4只。

4. 训练步骤

(1) 检查车内状况。

(2) 检查车外状况。

(3) 完工检查。

注：以上步骤的详细内容见相关知识。

三、相关知识

(一) 车辆PDI

1. 车辆PDI的含义

PDI即“Prior Delivery Inspection”的缩写，含义为“商品车售前检查”。商品车从生产厂家经过长途运输到达经销商的过程中，车辆功能作了一些限制便于运输，再经过一段时间的停放，有可能会出现异常现象，为了确保车辆在销售给客户之前万无一失，必须给车辆做功能恢复和全面检查以消除隐患。做PDI的最终目的是使商品车在客户提车前达到“零缺陷”，即不存在质量问题。

进行PDI工作之前，需要服务顾问制定并打印PDI检查表和任务委托书，并把相关表单传递给维修技师，维修技师在进行PDI工作之前，需要将车辆停放到维修工位并对车辆进行严格的防护工作。

2. 诊断仪操作

在人员和车辆准备完毕之后，需要进行车辆诊断仪的准备和操作。在进行PDI检查时，首先需要把运输模式解除，否则客户在购买到未解除此状态的车辆后容易产生不必要的误会。以奥迪轿车为例，操作方法如下。

(1) 开启车辆点火开关；连接诊断仪，进入到如图 8-1 所示的激活/禁用运输模式界面。

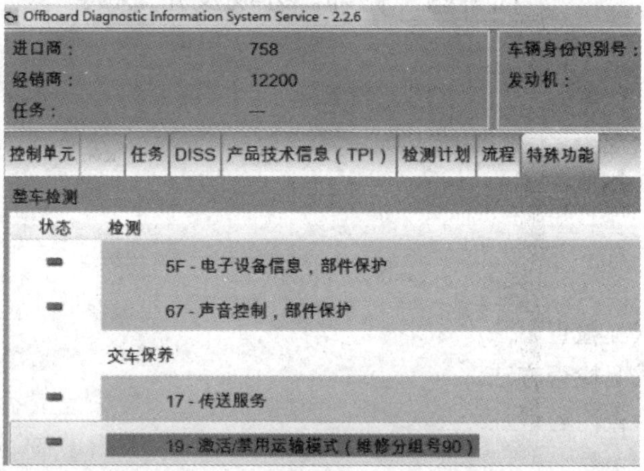

图 8-1　激活/禁用运输模式界面

(2) 选择如图 8-2 所示的“更改运输模式”选项。

(3) 更改完毕后出现如图 8-3 所示的“运输模式被成功禁用”对话框。注意，如果车辆还带有空气悬架功能，还需解除装载模式。

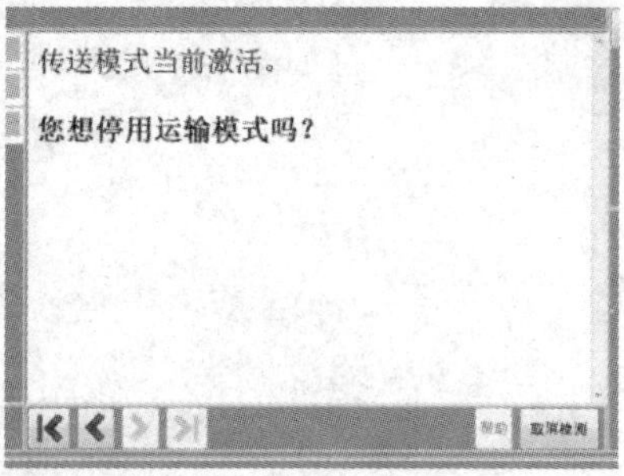

图 8-2　更改运输模式选项

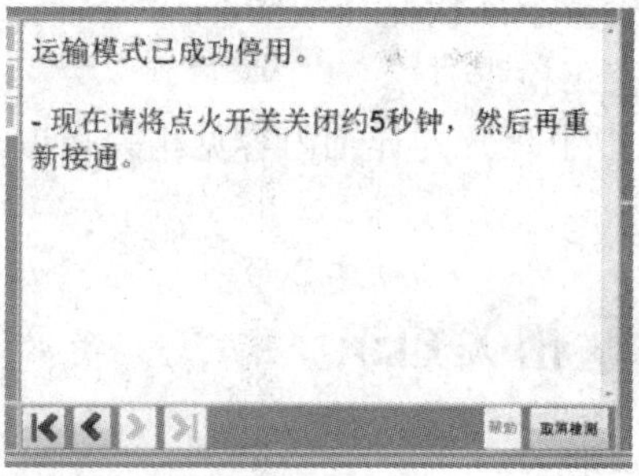

图 8-3　运输模式停用界面

某些高端车型如奥迪还需要检查蓄电池状态，按照诊断仪的引导(见图 8-4)，进入蓄电池检查选项，分别进行以下操作：执行“读取测量值”“测量值分析”(见图 8-5)，最后出现蓄电池状态结论，正常的蓄电池将会显示“蓄电池正常”(见图 8-6)；如果显示蓄电池异常(见图 8-7)，请按照提示进行充电或更换。按照提示处理完毕之后再次进行蓄电池测试，直至显示“蓄电池正常”为止。

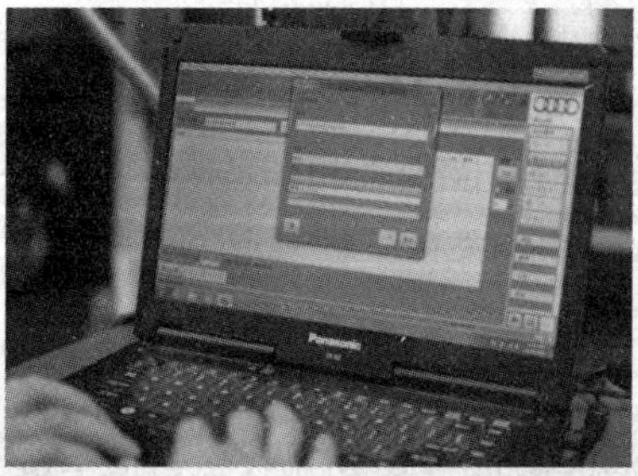

图 8-4　操作诊断仪

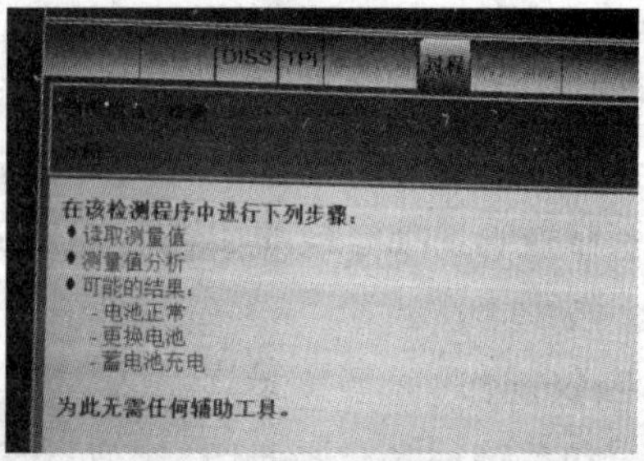

图 8-5　进入蓄电池检查选项

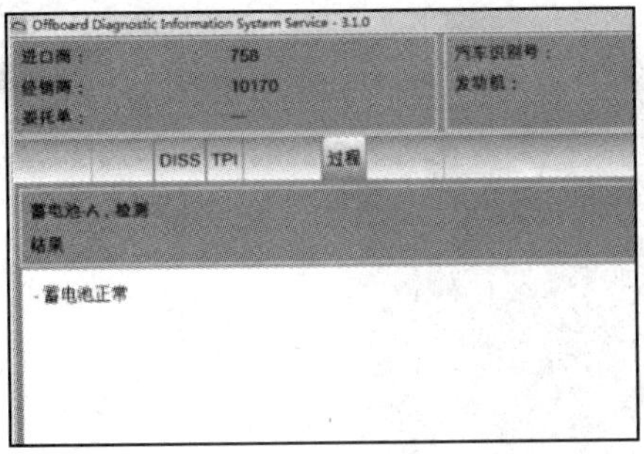

图 8-6　蓄电池诊断结果正常

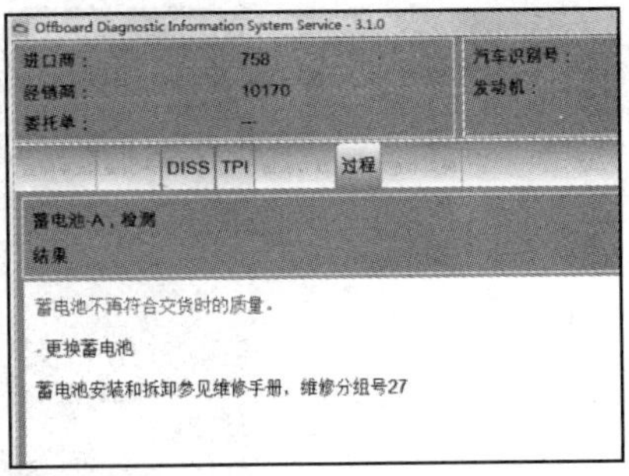

图 8-7　蓄电池诊断结果异常

在进行汽车 PDI 完成后，确认车辆没有任何故障需要处理时，需要把保养指示器进行“复位”操作，如图 8-8 所示。

汽车进行 PDI 后未发现需要处理的故障或异常时，需把最终的查询结果进行记录，保存并打印无故障电子报告，如图 8-9 所示，最终进行归档处理。

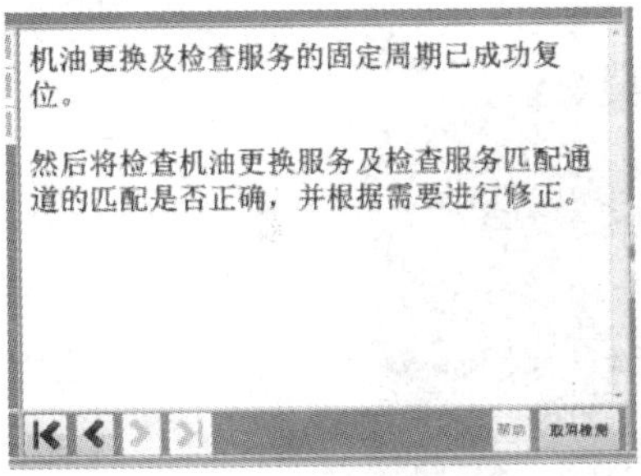

图 8-8　保养指示器复位

车外诊断信息系统　诊断报告(长)　22.07.2016 20:27
XML_to_HTML_Main.xsl Version: 4.32.3 从 2016-02-03

一般性信息

委托单号：--
报告类型：引导型故障查询
报告状态：中间报告

维修站信息
诊断测试仪序列号：8b3bab927475b3c58187b636e4f3b4f6
硬件平台：VAS 6150B (PanasonicCorporation / CF-52JE2VWVW)
操作系统：Windows 7
VCI 类型：VAS 5054 (121169778)
VCI 连接类型：蓝牙
通信途径：CAN/K 总线
进口商编号：758
经销商 / 企业编号：10170
企业编号：
（手动规定）
合同状态：特许经销商

软件版本：
车外诊断信息系统服务：Offboard Diagnostic Information System Service Base 3.1.0
主要属性：10.2 10
其他：

图 8-9　PDI 检查无故障电子报告

3. 车辆功能检查与设置

(1) 机械钥匙和遥控钥匙功能检查。在车辆外部使用所有遥控钥匙进行开启和关闭中控系统的操作，如图 8-10 所示，车辆的中控锁机构应执行相对应的动作，车辆也会进行相应的转向灯闪烁和声响发出。然后在车辆外部使用所有机械钥匙进行开启和关闭中控系统的操作，车辆的中控锁机构也应执行相应的动作，如图 8-11 所示。

图 8-10　遥控钥匙测试

图 8-11　机械钥匙测试

(2) 仪表指示灯状态检查。在车辆开启点火开关后，车辆的仪表指示灯会有相应的显示状态，如图 8-12 所示。所有电控系统的仪表指示灯会进行自检；相关的仪表指示灯在自检后会熄灭；但有些指示灯如发电指示灯、机油指示灯会一直点亮；发动机启动后，如果各系统正常则发电指示灯、机油指示灯会熄灭。

图 8-12　仪表指示灯状态检查

(3) 空调系统功能检查。通过汽车空调系统的各功能设置旋钮，将各种功能操作一遍，确认各功能均正常。比如空调鼓风机转速调节、出风模式调节、内外循环调节等功能。如图 8-13 所示，将空调温度设置至 22.5℃。

图 8-13　空调系统功能检查

(4) 驾驶室各功能系统检查。

① 检查室内灯光。操作位于车内后视镜后部上方的阅读灯开关，进行按压操作：按压一次，阅读灯点亮，再按压一次，阅读灯熄灭；确认开关的手感是否清晰，灯光的动作是否和开关的动作一致，如图 8-14 所示。同样，操作位于车内后视镜后部上方的顶灯开关，进行按压操作：按压“ON”，顶灯点亮，再按“OFF”，顶灯熄灭；再按“Door”，顶灯将随车门的开启而点亮，随车门的关闭而熄灭；后部顶灯的检查方法类似，确认开关的手感是否清晰，灯光的动作是否和开关的动作一致。检查手套箱灯是否正常。

如图 8-15 所示，操作位于车内遮阳板后方的化妆镜开关(把遮阳板后方的挡板拨到另一侧)：由关闭到开启位置，化妆镜灯将点亮；由开启到关闭位置，化妆镜灯将熄灭；驾驶员侧和副驾驶侧方法类似，确认开关的手感是否清晰，灯光的动作是否和开关的动作一致。

② 检查外部照明及指示灯。通过仪表板左侧上方的灯光开关进行外部灯光检查，前部灯光依次按照轮廓灯、近光灯、远光灯、远近交替、左转向灯及变光杆自动回位、右转向灯及变光杆自动回位、危险报警灯和前雾灯的顺序进行，如图 8-16 所示；后部灯光依次按照轮廓灯、左转向灯、右转向灯、危险报警灯、制动灯、倒车灯和后雾灯的顺序进行，如图 8-17 所示。倒车灯需要将变速器的换挡杆挂至倒挡才能点亮倒车灯，灯光的检查需要双人配合，车内的人还要观察仪表上指示灯点亮是否正常，如远光指示灯、转向指示灯、

雾灯指示灯等。有些车型如奥迪还要检查日间行车灯，只要打开点火开关而不需要操纵变光杆“轮廓灯”就点亮，此时的“轮廓灯”即为日间行车灯。

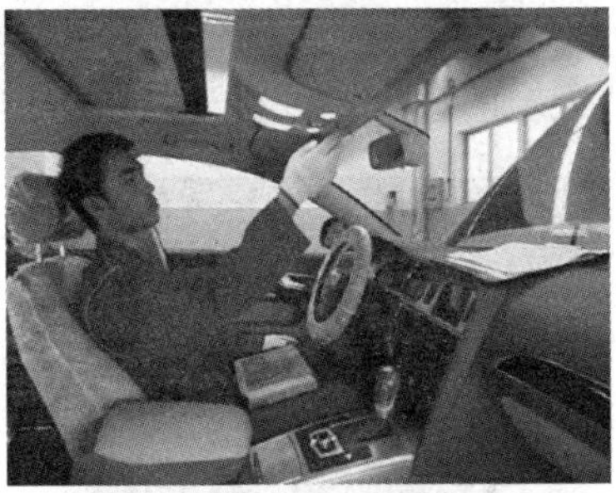

图 8-14　检查阅读灯和顶灯

图 8-15　检查化妆镜灯

图 8-16　检查前部灯光

图 8-17　检查后部灯光

③ 检查多功能方向盘和调整时钟。现在的轿车多数方向盘上带有多功能开关，在PDI时要对多功能开关进行相关操作，确认多功能方向盘上的各按键功能是否正常；所选择的动作是否灵活无卡滞现象，如图 8-18 所示。

按照当下真实情况，通过方向盘上的多功能开关进行日期、时间和格式调整，已经确定销售对象的汽车，需要咨询客户意见，按照客户的习惯进行时间设置，如图 8-19 所示。

图 8-18　检查多功能方向盘

图 8-19　日期、时间及格式调整

④ 检查电动后视镜和电动天窗。如图 8-20 所示，将旋转按钮移动到所需方向上，在这些位置上可以调节驾驶员或副驾驶员侧的车外后视镜。表示驾驶员或副驾驶员侧位置、表示根据外部温度镜面会被加热、表示外后视镜会被折叠。先将旋转按钮移动到左侧位置，然后左右上下拨动按钮，观察左侧后视镜镜面移动是否正常，然后检查右侧后视镜。通过以上操作确认开关的手感是否清晰，后视镜镜面的动作是否和开关的动作一致。

有些轿车如奥迪带有电动天窗功能，如图 8-21 所示，则要通过位于车内后视镜后部上方的电动天窗系统开关进行检查操作：把开关旋转至开启位置，天窗将向后移动(操作一次，自动运动到全部开启状态)；把开关旋转至关闭位置，天窗将向前移动(操作一次，自动运动到全部关闭状态)；把开关旋转至上翘位置，天窗将向前移动并且天窗前部将向上翘起；通过以上操作确认开关的手感是否清晰，天窗的动作是否和开关的动作一致。

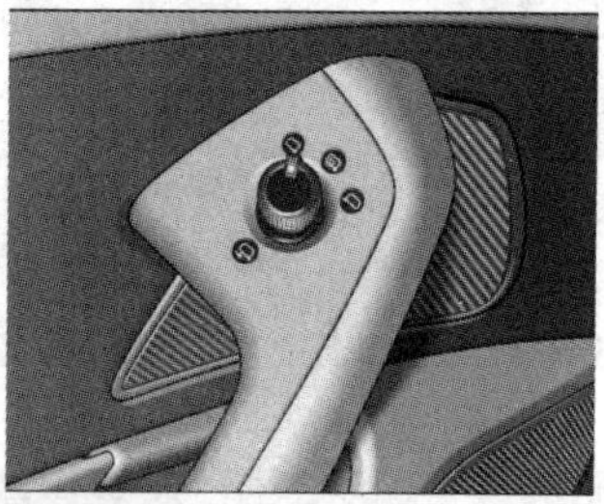

图 8-20　检查电动后视镜

图 8-21　检查电动天窗

如果轿车带有电动遮阳帘功能，则需通过电动后部遮阳帘开关进行检查操作：把开关调整至开启位置，遮阳帘将向上运动，遮挡阳光的进入；把开关调整至关闭位置，遮阳帘将落下；通过检查确认开关的手感是否清晰，遮阳帘动作是否和开关的动作一致。

⑤ 检查信息娱乐系统。如图 8-22 所示，通过汽车上的信息娱乐系统控制按钮进行如下操作：搜索当地广播电台并储存当地电台。

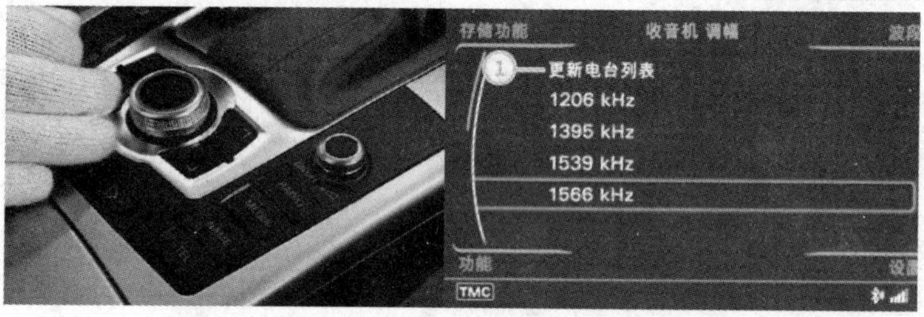

图 8-22　检查信息娱乐系统

4. 发动机舱检查

(1) 管路、插头和线束检查。如图 8-23 所示，对进行 PDI 检查的车辆进行机舱内的管路、插接器、各种导线线束走向及固定点检查。观察线路的走向是否合理，油液有无跑冒滴漏现象。

图 8-23　发动机舱管路、插头和线束检查

(2) 机油和制动液检查。如图 8-24 所示，通过发动机机油油尺，对 PDI 车辆的机油油位及机油质量进行检查：机油液位达到油尺上限下约 2 mm；颜色澄清透明，无乳化等异

常现象。如图8-25所示，对汽车制动液储液壶进行观察，确定制动液液位及质量：制动液应达到上限，无缺失；颜色澄清透明，无发黑凝结现象；制动液水分含量测试无异常。

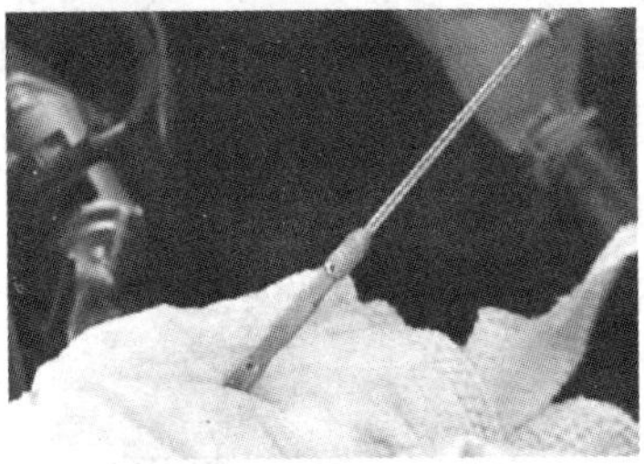

图8-24 检查发动机机油

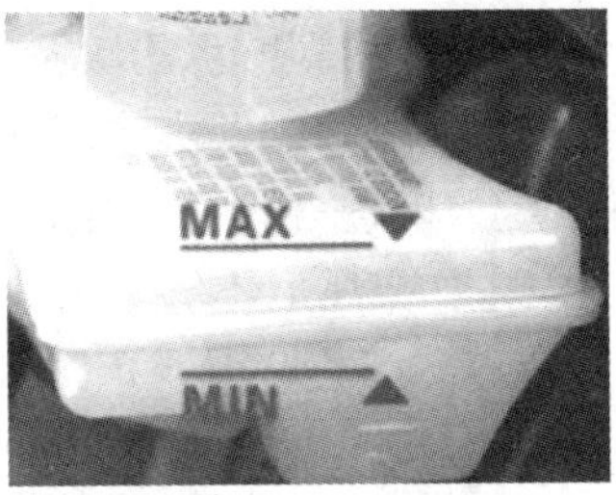

图8-25 检查制动液

(3) 冷却液、转向助力油和玻璃清洗液检查。如图8-26所示，通过观察冷却液储液壶，对PDI车辆的冷却液液位及冷却液质量进行检查：冷却液液位应达到上限，无缺失；颜色纯净，无乳化变色等异常现象；冷却液冰点检测正常，能满足环境要求。

如图8-27所示，通过观察转向助力系统储液壶确定PDI车辆的转向助力油液位及质量：转向助力油液位应达到不同温度所需的高度，无缺失现象；颜色澄清透明，无杂质，无焦臭味。

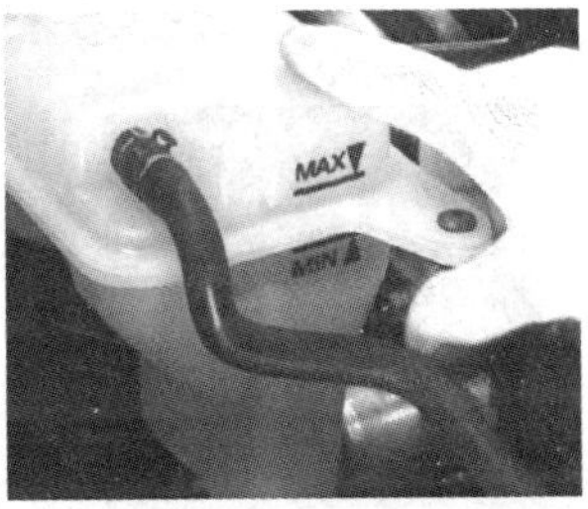

图8-26 检查冷却液

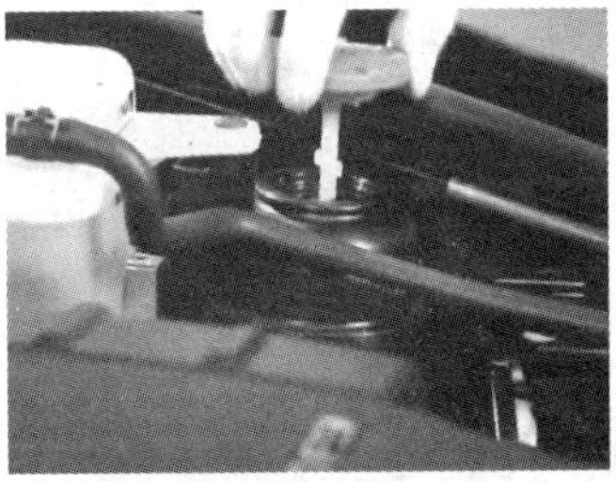

图8-27 检查转向助力油

如图8-28所示，通过观察玻璃清洗液储液壶确定PDI车辆的玻璃清洗液液位及质量：玻璃清洗液液位应达到上限，无缺失现象；颜色澄清透明，无悬浮物等杂质；玻璃清洗液冰点与环境温度相匹配，无结冰风险。

(4) 蓄电池检查。需要对蓄电池的正负极柱进行紧固作业，然后恢复极柱防护盖板，最后对蓄电池整体完成紧固。

(5) 发动机舱清洁。如图8-29所示，对PDI车辆进行发动机舱清洁需要完成以下工作：清洁雪筛、风挡流水槽和排水孔；使用合适工具去除发动机舱内的所有浮土和树叶、纸屑、昆虫等异物；清洁工作完成后恢复所有覆盖件，撤除车辆防护，结束发动机舱内的检查工作。

图8-28 检查玻璃清洗液

图8-29 清洁发动机舱

5. 车轮检查

(1) 轮胎气压检查与调整。如图 8-30 所示，使用专用轮胎压力表对轮胎气压进行检查，使车轮的胎压符合车辆铭牌所示的轮胎气压：需检查所有车轮；把所有车轮的气压调整至标准状态；最后检查气门嘴不得有漏气现象。进行 PDI 检查时，还需要从后备箱内取出备用轮胎进行备胎压力检查与调整，如图 8-31 所示，备胎压力较高，如奥迪的非全尺寸备胎压力高达 420 kPa，如果压力不够，需要将轮胎压力调整到规定值。

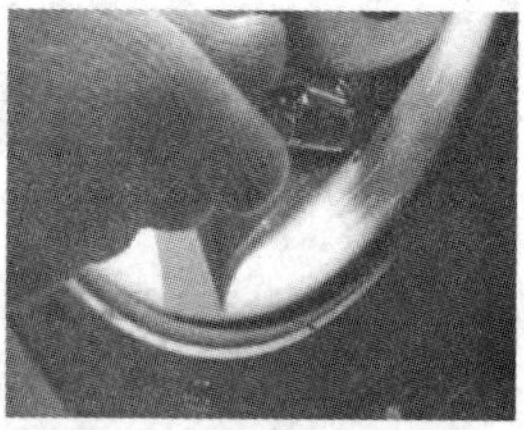
图 8-30　检查车轮的胎压

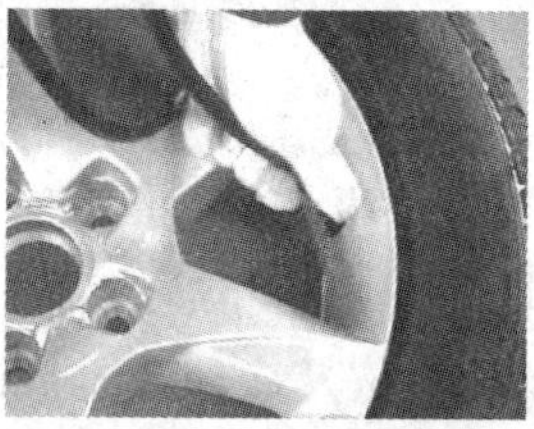
图 8-31　检查备胎的胎压

(2) 轮胎螺栓检查。如图 8-32 所示，PDI 检查时，必须对所有车辆轮胎按照对角交叉的顺序进行紧固检查，必须按照维修手册规定的力矩进行紧固校验，最后安装车轮装饰附件。

(3) 轮胎和轮辋表面检查。如图 8-33 所示，检查轮胎面有无裂纹、异物嵌入和异常磨损；检查轮辋表面有无脏污、裂纹、变形和剐蹭。

图 8-32　检查车轮螺栓

图 8-33　检查轮胎表面和轮辋

6. 后备箱检查

汽车进行 PDI 时，需要从后备箱内取出所有随车工具进行检查，诸如千斤顶、轮胎扳手、防盗螺栓工具、三角警示牌、拖车专用牵引装置、螺丝刀、轮胎装饰盖拆除工具等物品，如图 8-34 所示；逐一检查随车工具功能是否正常，然后将其放回原处。最后检查后备箱灯是否正常点亮。

7. 车辆底部检查与调整

(1) 拆除固定装置。商品车的运输固定装置可以在运输环节当中对车辆的悬架进行保护，所以在进行商品车 PDI 底部检查时需拆除商品车的运输固定装置，如图 8-35 所示，举升车辆，从悬架上取下前、后减震支柱上的锁止件。

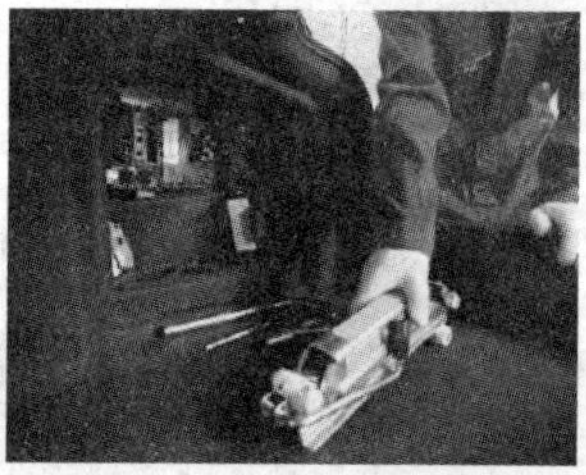
图 8-34　检查随车工具

图 8-35　拆除减震器上的锁止件

(2) 车辆底盘螺栓紧固。举升待检查的PDI车辆，如图8-36所示，首先检查各类底护板是否松动，必要时进行紧固。对底盘其他紧固螺栓进行检查，对有松动或者紧固对合记号有变化之处进行紧固作业，如图8-37所示。

图8-36　检查车辆底护板的紧固状况

图8-37　底盘螺栓紧固

(3) 车辆底部管路检查。如图8-38所示，检查燃油系统、冷却和加热系统、转向系统、进气系统的软管和接口是否密封、是否有磨损、开裂或断裂现象。检查空调装置和变速器的密封和损坏情况。对制动系统进行泄漏检查，检查制动轮缸的排气螺栓处是否松动漏油(见图8-39)；制动软管是否有松动、裂纹或漏油的现象；导向销的密封护套是否破损，制动轮缸活塞处是否有泄漏现象。

图8-38　车辆底部管路检查

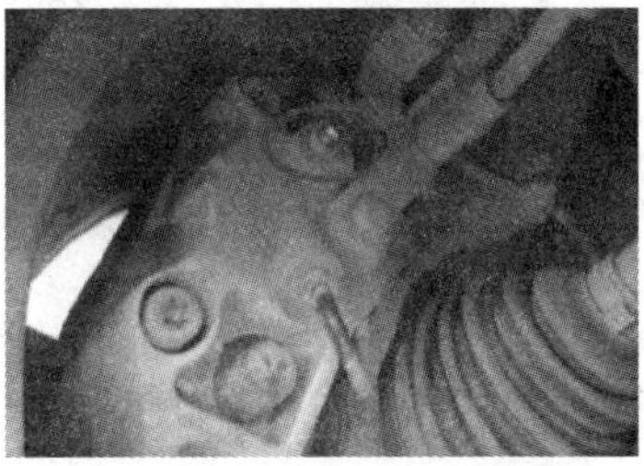

图8-39　制动轮缸泄漏检查

(4) 4个车轮的轮胎表面检查。转动4个车轮，分别检查轮胎表面有无裂纹、异物嵌入和异常磨损，若有异物嵌入则要清除。

8. 车内状况检查

(1) 中央扶手检查。如图8-40所示，检查中央扶手箱盖板是否有划伤，开启关闭是否正常。中央扶手箱内的充电等装置功能是否正常。

(2) 车内后视镜检查。如图8-41所示，检查车内后视镜表面是否有损伤，防眩目等功能是否正常。

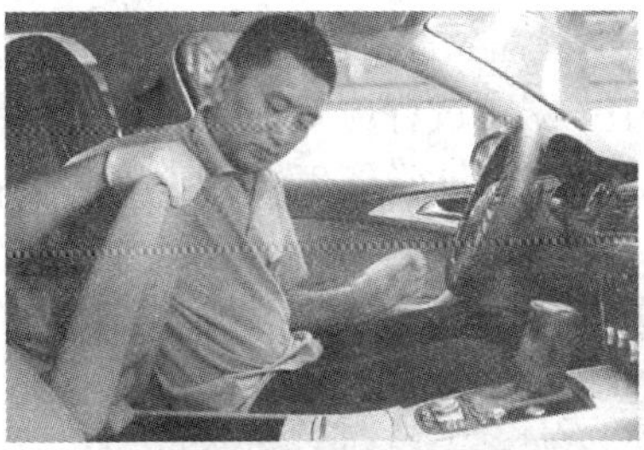

图8-40　检查中央扶手

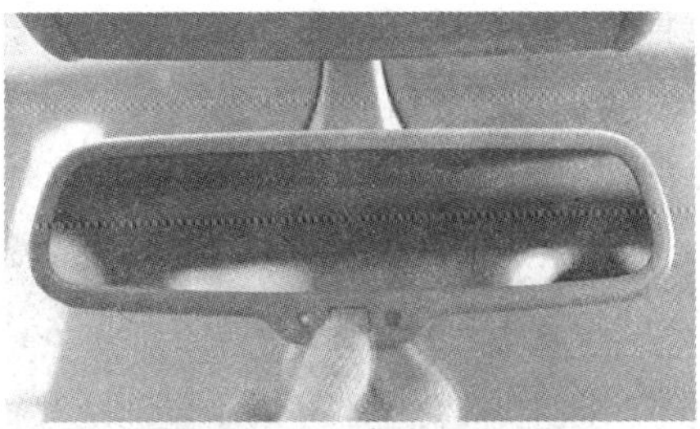

图8-41　检查车内后视镜

(3) 天窗遮阳帘检查。如图8-42、图8-43所示，检查天窗遮阳帘及后风窗遮阳帘是否有划痕、脏污等问题，开启和闭合是否正常。

图 8-42　检查天窗遮阳帘

图 8-43　检查后风窗遮阳帘

(4) 车窗遮阳帘检查。检查车窗遮阳帘是否有孔洞、污染等问题，开启和闭合是否正常。

(5) 安全带和座椅检查。如图 8-44 所示，检查安全带及卡扣是否划伤，污染；检查安全带系扣和摘取是否顺畅，回位是否良好；检查安全带肩部调节是否正常。检查驾驶员及副驾驶员座椅是否有划伤、刮痕、污染程度是否正常；如图 8-45 所示，检查座椅调节功能(纵向调节、高度调节、靠背角度调节及腰部支撑功能)是否正常。

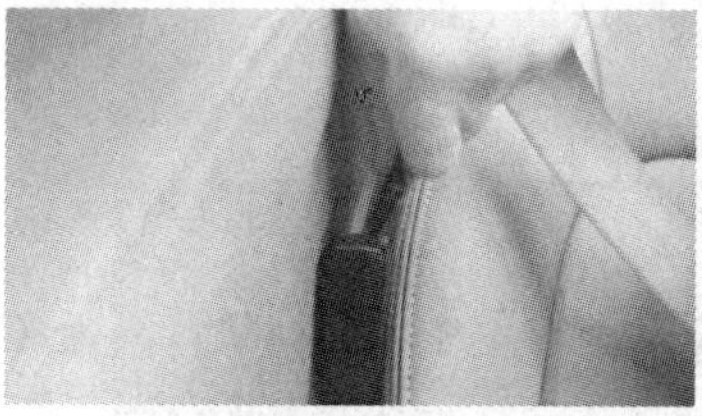

图 8-44　检查安全带

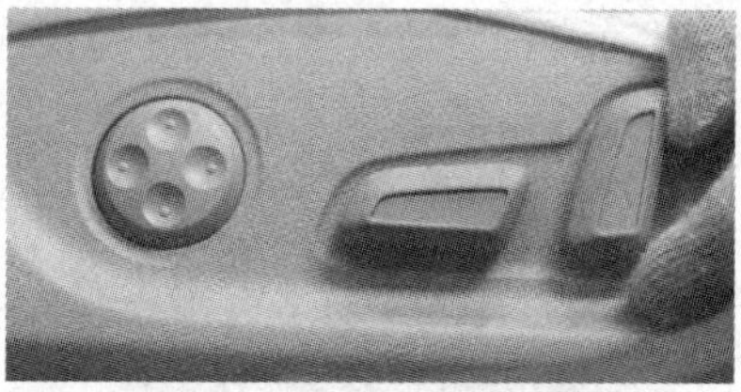

图 8-45　检查座椅调节功能

(6) 中央门锁面板和防盗指示灯检查。如图 8-46 所示，检查中央门锁面板是否有划伤、裂纹；开关功能是否正常；开启小灯后的背光是否均匀有效；如图 8-47 所示，检查遥控器及防盗指示灯是否正常。

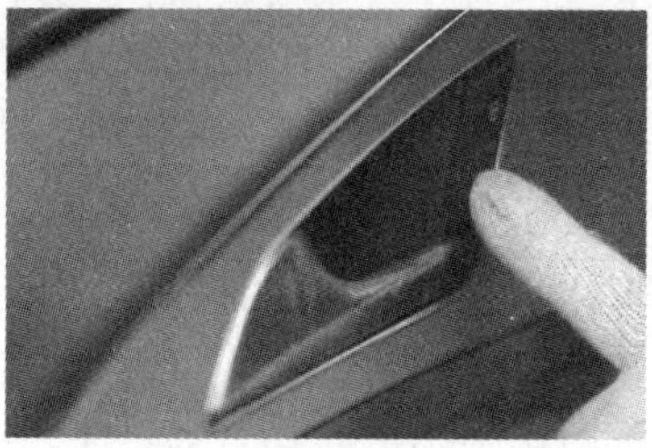

图 8-46　检查中央门锁面板

图 8-47　检查防盗指示灯

(7) 加速踏板和制动器踏板检查。如图 8-48 所示检查加速踏板踩踏过程是否均匀顺畅，回位功能是否良好；检查制动器踏板是否有异响，踩踏感觉是否线性，踏板回位是否能回到最高点。发动机启动之后的制动器踏板踩踏感受应是：踩踏过程应轻松，均匀，力量逐渐变沉重，而不是突变；不应该出现非常有弹性(系统有空气)或者非常僵硬(无助力或卡滞)的现象。

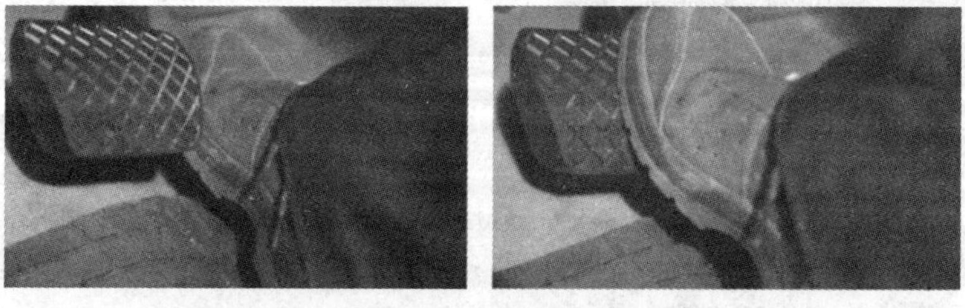

图 8-48　检查加速踏板和制动踏板

(8) 车内护套撤除和地毯保护膜撤除。技术人员在对车辆进行 PDI 检查到现在的程度时，基本确认不需要进行维修了，则需要对商品车内所有的座椅、座椅头枕的护套进行去除和整理，如图 8-49 所示；对商品车内所有的地毯保护膜进行剥离、去除和整理，如图 8-50 所示。

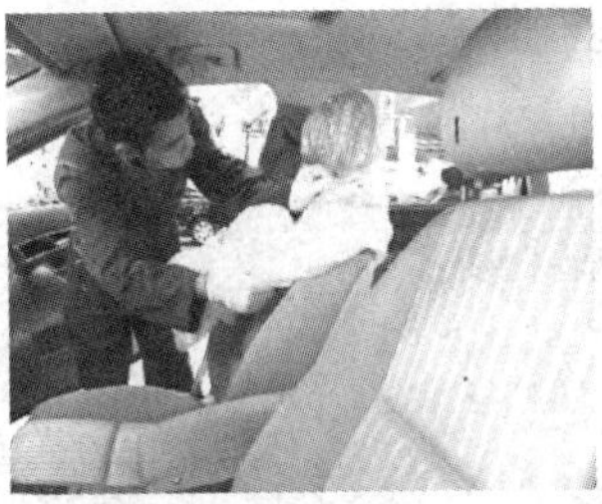

图 8-49 撤除座椅及头枕护套

图 8-50 撤除地毯保护膜

(9) 安装脚垫。确认商品车的地板和地毯洁净之后，安装所有的地毯脚垫，如图 8-51 所示。

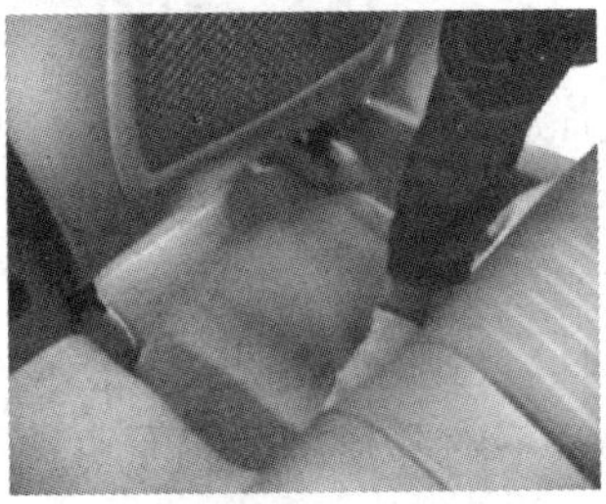

图 8-51 安装脚垫

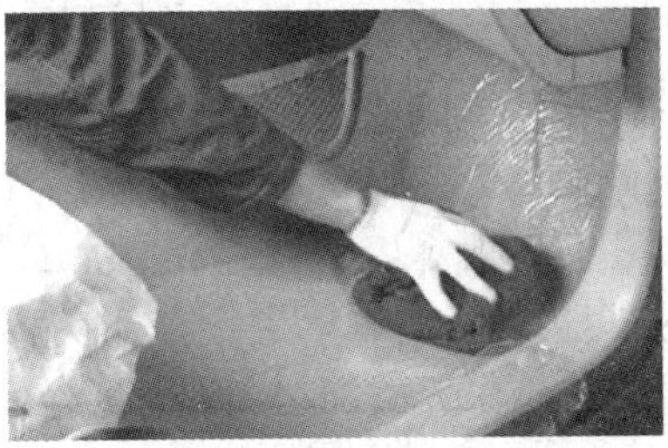

图 8-52 进行车内清洁

(10) 车内清洁。如图 8-52 所示，进行车窗和车内的清洁情况检查，如有脏污和不洁，则对这些部位进行记录并实施清洗，清除车内所有杂物箱和表面(仪表板、座椅、行李舱)以及其他不是用于保护表面的杂物。

9. 车外状况检查

(1) 车辆外部损伤检查。环绕待检的 PDI 车辆，观察车辆所有外观部件，建议从侧面观察，如图 8-53 所示。检查所有装饰件、雨刷片是否完备或者有损伤；后视镜是否完备或者有损伤；车身是否有凹坑，划痕；车身是否有剐蹭现象。

(2) 车身漆面损坏检查。如图 8-54 所示，环绕车辆进行漆面检查，主要关注生产时的瑕疵和运输环节可能损伤到的部位，如车辆后视镜、车顶、四门两盖、前后保险杠等容易剐蹭的部位。

图 8-53 检查车辆外部损伤

图 8-54 检查车身漆面损坏

(3) 玻璃损坏检查。在进行 PDI 时，玻璃出现的问题通常是安装不到位，有缝隙产生泄漏等。如图 8-55 所示，在环检车辆时，观察车门、挡风玻璃压条是否安装到位；必要时对可疑玻璃进行淋水检查，测试玻璃密封性、是否有裂纹产生，后挡风玻璃除霜线路焊接是否牢靠等。

(4) 雨刮功能检查。如图 8-56 所示，启动雨刮器后，观察雨刮片工作区域是否合理，雨刮器各个挡位是否正常，雨刮臂自动回位时的停止位置是否合理。

图 8-55　检查玻璃损坏

图 8-56　检查雨刮功能

(5) 喷水器调整。对车辆的雨刮系统喷水器进行测试，检查喷水器的喷射位置是否合理，如果喷射位置正常，则无需调整；如位置达不到标准，请使用专用工具对喷水器位置进行调整，如图 8-57 所示。

(6) 车外护套去除。对车辆进行车外状况检查时，最后还需要对车辆上覆盖的车外护套进行去除，如图 8-58 所示。这样可以最终确认护套下的车身部分和车身漆面是否有损伤情况。

图 8-57　调整喷水器

图 8-58　去除车外护套

(7) 撤除车辆外部防护。当车外状况检查完成后，撤除车辆外部护套，准备进行完工检查，如图 8-59 所示。

图 8-59　撤除车辆外部防护

10. 完工检查

(1) 车辆钥匙检查。如图8-60所示，车辆进入销售环节之前，需要确认所有的车辆钥匙功能是否正常，折叠和释放是否顺畅无卡滞；钥匙标配是否存在；检查钥匙标牌是否完好；钥匙标配数字是否清晰可读；是否和库房登记信息、新车信息一致。

(2) 检查随车携带的资料。如图8-61所示，对车辆的随车资料进行检查和确认：使用说明书是否完好；保养手册是否存在，并且首保页正常；随车携带的使用光盘是否完好；免费保养凭证是否完好等。

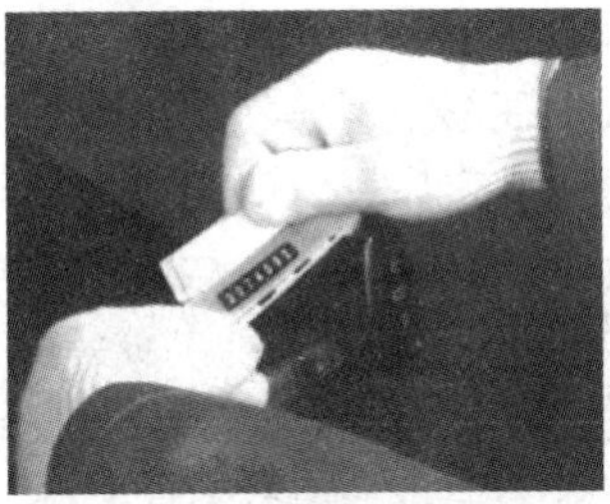

图8-60　检查车辆钥匙

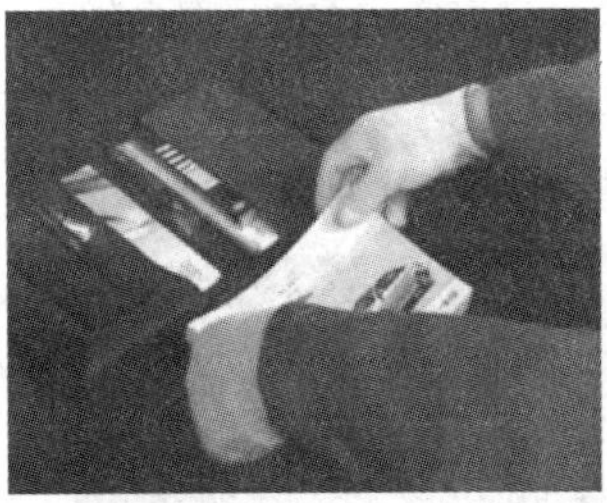

图8-61　检查随车携带的资料

(3) 钥匙和资料的最终确认。对商品车进行检查之后，确认车辆钥匙、随车资料完备无异常之后，资料放回资料袋，资料袋放置于车辆行李箱内。车钥匙经检查确认功能和钥匙标牌无异常之后，最后与PDI检查表等物传递回质检员处。

(4) PDI检查表填写。奥迪全系列商品车的PDI检查均通过Elsa按底盘号(VIN)查询生成。经销商专职人员按PDI检查表内容以及Elsa维修保养要点对商品车进行PDI检查。

如图8-62所示，对车辆的PDI检查结束后，需要在检查表上填写如下信息：PDI检查表罗列的检查项目的结果；车辆如果出现异常，需记录异常情况；PDI检查人姓名、检查的日期等内容。

图8-62　填写PDI检查表

(二) 库存车检查

汽车经销商对库存商品车负有保管及检查的责任。经销商应按照《售后服务管理规定》中库存商品车接车和库存期间的通用技术标准以及定期保养的技术标准执行库存车的管理。经销商对库存商品车进行检查时，应打印库存车检查表并按照检查表进行检查。

如果《售后服务管理规定》中的通用技术标准及定期保养技术标准与打印保养表中的内容不同，须以库存车检查表为准。

(1) 库存车轮胎气压检查。如图 8-63 所示，以奥迪为例，库存车的轮胎气压标准为 3.5 bar，胎压误差±0.3 bar，高于正常行驶时的胎压。库存车的备胎气压标准需根据轮胎的型号及油箱盖或 B 柱上的轮胎气压表来确认：全尺寸备胎以满载状态下的胎压为准；应急备胎以轮胎侧面的胎压标识为准，一般为 4.2 bar。胎压每 3 个月检查一次。

(2) 蓄电池状态检查。蓄电池空载电压大于 12.5 V 为正常；若 11.6 V≤电压≤12.5 V，45 天内需要有维护记录；若电压低于 11.6 V，则需要标注，表明后续更换。注意：现在的库存车不需要断开蓄电池负极，因为有人负责定期充电。

(3) 车辆外观检查。如图 8-64 所示，库存车辆(尤其是露天存放车辆)，每周需要进行如下检查：库存车辆上是否有腐蚀性物质(如鸟粪、工业粉尘等)；在阳光强烈的日子里，检查防晒帘布是否能遮挡强烈的紫外线，车身油漆有无损伤。

图 8-63　检查库存车胎压

图 8-64　库存车外观检查

(4) 车辆制动盘和摩擦片检查。如图 8-65 所示，最晚每 3 个月对制动盘进行检查，如果制动盘出现了锈蚀现象，需要执行摩擦制动除锈。

(5) 运输保护膜的检查。如图 8-66 所示，国产车 9 个月后去除保护膜，进口车 12 个月后去除保护膜，然后使用新保护膜覆盖车辆的发动机舱盖、车顶、阶梯式车尾的行李箱盖等处。

图 8-65　库存车制动盘检查

图 8-66　库存车运输保护膜检查

四、自我测试题

(一) 判断题

1. 做 PDI 的最终目的是使商品车在客户提车前达到“零缺陷”，即不存在质量问题。(　　)

2. 进行 PDI 工作之前，需要销售顾问制定并打印 PDI 检查表和任务委托书并把相关表单传递给维修技师。(　　)

3. 检查多功能方向盘时，要使用多功能开关进行日期、时间和格式调整，已经确定销售对象的汽车，按照客户的习惯进行时间设置。(　　)

4. 在进行汽车 PDI 检查后，确认车辆没有任何故障需要进行处理之后，需要把保养指示器进行“复位”操作。(　　)

5. 奥迪汽车进行 PDI 检查，未发现需要处理的故障或异常之后需把最终的查询结果进行记录并保存和打印无故障电子报告。(　　)

6. 库存车的制动盘每个月要进行一次除锈。(　　)

(二) 单项选择题

1. 关于汽车 PDI 说法正确的是(　　)。

A．PDI 即“Prior Delivery Inspection”的缩写，含义为“商品车售后检查”

B．做 PDI 的最终目的是使商品车在客户提车前达到“零缺陷”，即不存在质量问题

C．进行 PDI 检查工作之前，需要销售顾问制定并打印 PDI 检查表和任务委托书并把相关表单传递给维修技师

D．维修技师在进行 PDI 工作之前，需要将车辆停放到销售工位并对车辆进行严格的防护工作

2. 关于车辆功能检查说法错误的是(　　)。

A．在车辆外部使用所有遥控器进行开启和关闭中控系统的操作，车辆的中控锁机构应执行相对应的动作，车辆也会进行相应的转向灯闪烁和声响发出

B．通过汽车空调系统各功能设置旋钮，将各种功能操作一遍，确认各功能均正常

C．检查室内灯光、外部照明及指示灯需要双人配合

D．有些轿车如奥迪带有电动天窗功能，则要通过位于车内后视镜后部上方的电动天窗系统开关进行检查操作

3. 关于发动机舱检查说法错误的是(　　)。

A．检查冷却液、制动液、玻璃清洗液等有无到达上限

B．通过发动机机油油尺，对 PDI 车辆的机油油位及机油质量进行检查，机油液位应达到油尺上限下约 1 mm；颜色澄清透明，无乳化等异常现象

C．冷却液液位应达到上限，无缺失；颜色纯净，无乳化变色等异常现象；冷却液冰点检测正常，能满足环境要求

D．对 PDI 车辆进行发动机舱清洁工作，清洁工作完成后恢复所有覆盖件，撤除车辆防护，结束发动机舱内的检查工作

4. 关于车轮检查说法错误的是(　　)。

A．使用专用轮胎压力表对轮胎气压进行检查，如果压力不够，需要将轮胎压力调整到略低于规定的最高轮胎压力。

B．进行 PDI 检查时，还需要从后备箱内取出备用轮胎进行备胎压力检查与调整

C．PDI 检查时，必须对所有车辆轮胎按照对角交叉的顺序进行紧固检查，必须按照维修手册规定的力矩进行紧固校验

D．检查轮胎面有无裂纹、异物嵌入和异常磨损；检查轮辋表面有无划伤、污垢和变形

5. 关于车辆底部检查，以下说法错误的是(　　)。

A．检查制动轮缸排气螺栓处是否松动漏油；制动软管是否松动、有裂纹或漏油现象

B．举升待检查的PDI车辆，检查各类底护板是否松动，必要时进行紧固

C．检查燃油系统、冷却和加热系统、转向系统、进气系统的软管和接口是否密封，是否有磨损、开裂或断裂现象

D．在进行商品车PDI底部检查时无需拆除商品车的运输固定装置

6. 关于车内状况检查，以下说法错误的是(　　)。

A．检查中央扶手箱盖板是否有划伤，开启关闭是否正常

B．检查车内后视镜表面是否有损伤，防眩目等功能是否正常

C．检查中央门锁面板是否有划伤、裂纹；开关功能是否正常；开启小灯后的背光是否均匀有效

D．制动器踏板的踩踏过程应轻松，均匀，力量保持不变

7. 关于车外状况检查，以下说法错误的是(　　)。

A．环绕待检的PDI车辆，观察车辆所有外观部件有无损伤

B．在进行PDI检查时，玻璃出现的问题通常是安装不到位，有缝隙产生泄漏等

C．对车辆的雨刮系统喷水器进行测试，检查喷水器的喷射位置是否合理，如果喷射位置正常，则无需调整

D．对车辆进行PDI车外状况检查时，不能去除车辆上覆盖的车外护套

8. 关于PDI完工检查说法错误的是(　　)。

A．需要确认所有的车辆钥匙功能是否正常，折叠和释放是否顺畅无卡滞

B．对车辆的随车资料进行检查和确认

C．车钥匙经检查确认功能和钥匙标牌无异常之后，最后与随车资料放置于行李箱内

D．对车辆的PDI检查结束后，需要在检查表上填写检查人姓名、检查的日期等内容

9. 关于库存车辆的检查，以下说法正确的是(　　)。

A．蓄电池空载电压大于等于12.0 V为正常

B．经销商对库存商品车进行检查时，应打印库存车检查表并按照检查表进行检查

C．库存车辆最晚每2个月要对制动盘进行检查

D．国产车12个月后去除保护膜，进口车9个月后去除保护膜

10. 关于库存车的胎压，下列说法错误的是(　　)。

A．库存车的轮胎气压标准为3.5～4.0 bar，要高于正常行驶时的胎压

B．库存车的备胎气压标准需根据轮胎的型号及油箱盖或B柱上的轮胎气压表来确认

C．全尺寸备胎以满载状态下的胎压为准

D．应急备胎以轮胎侧面的胎压标识为准，一般为4.0 bar

(三) 简答题

1. 简述汽车PDI的含义。

2. 汽车PDI检查包括哪些内容？

3. 库存车辆如何管理？

项目九

汽车保养综合训练

一、项目描述

通过以上八个项目的学习，单人对车辆做一次完整的二级维护作业，学生应达到以下要求。

1. 知识要求

(1) 了解车间安全规定。
(2) 掌握车辆的运行材料相关知识。
(3) 掌握车辆底部检查方法。
(4) 掌握轮胎和制动器的结构与原理。
(5) 掌握汽车 PDI 的含义与检查方法。

2. 技能要求

(1) 能够讲述车间安全规定以及车间人员的安全职责。
(2) 能够规范地进行汽车保养作业。
(3) 能够规范地进行汽车 PDI 作业。
(4) 能够规范地使用和维护车间常用设备。

3. 素质要求

(1) 树立安全第一的理念。
(2) 重视操作规范与人身安全。
(3) 注意环境保护。
(4) 培养团队协作精神。

二、项目实施

任务一　汽车功能检查与底盘维护

1. 训练内容

(1) 汽车功能检查。

(2) 汽车底盘维护。

(3) 完成并填写学习工作单的相关项目。

2. 训练目标

(1) 熟悉汽车功能检查的内容。

(2) 掌握正确的汽车功能检查方法。

3. 训练设备

整车、举升器和常用维修设备。

4. 训练步骤

参考项目四与项目五的训练步骤。

任务二　轮胎、车轮制动器检查与发动机维护

1. 训练内容

(1) 检查轮胎和车轮制动器。

(2) 发动机维护作业。

(3) 完成学习工作单的相关项目。

2. 训练目标

(1) 了解制动器的结构与原理。

(2) 掌握正确的制动器检查方法。

3. 训练设备

整车、举升器和常用工具与量具。

4. 训练步骤

参考项目六与项目七的训练步骤。

附录1

丰田卡罗拉轿车4万公里保养双人作业流程

我们以多年的教学经验编排出一套丰田卡罗拉轿车4万公里保养的双人作业流程。在此要说明一点：双人保养作业流程是没有标准答案的，提倡个性化作业，但流程要更合理，优化再优化，精益求精。希望广大读者也可以从中得到启发，自主地设计出双人保养作业流程。

丰田卡罗拉轿车4万公里保养双人作业流程	
A技师	B技师
准备：接受任务，与B技师交换信息 技师位置：工位内 操作步骤： ● 接受服务顾问指派 ● 与B技师做工作前的沟通 标准工时：1 min	准备：接受任务，与A技师交换信息 技师位置：工位内 操作步骤： ● 接受服务顾问指派 ● 与A技师做工作前的沟通 标准工时：1 min
顶起位置1 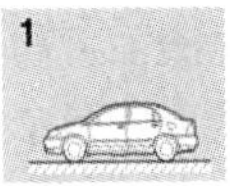 技师位置：车内 操作步骤： ● 拉动发动机盖释放柄 ● 安装车内四件套 ● 检查制动器踏板响应灵敏性、松动、有无异常噪音 用直尺测量制动器踏板高度、自由行程(注意自由行程在不着车且解除真空后检查)	顶起位置1  技师位置：车外 操作步骤： ● 安装翼子板布、前格栅布 ● 放置车轮挡块 ● 接上尾气排放管 ● 检查机油液位、冷却液液位 ● 制动液液位、喷洗液液位 取下翼子板布、前格栅布，并关闭发动机舱盖

续表一

丰田卡罗拉轿车 4 万公里保养双人作业流程	
A 技师	B 技师
● 如果是手动挡车还要检查离合器踏板响应灵敏性、松动、有无异常噪音；用直尺测量离合器踏板高度、自由行程(MT) ● 检查小灯、大灯(远光、近光)、远近光交替、雾灯(前、后)、转向灯及开关回位、危险警告灯、刹车灯、倒车灯、尾灯、牌照灯、仪表板灯、组合仪表警告灯(配合) ● 检查相应仪表灯的亮起 ● 检查点火开关在 ACC 位置无锁死，方向盘无松弛 ● 脚踩住制动踏板，启动发动机，踏板有无下沉现象 ● 检查转向盘自由行程(配合) ● 检测制动踏板的行程余量(配合) ● 打开发动机舱盖、燃油箱盖、行李箱盖 ● 检查喇叭、雨刮和喷水器功能 ● 检查驻车制动器 ● 踩住制动踏板，关闭发动机，检查真空助力器的工作状况 ● 检查顶灯并将顶灯旋至“DOOR”位置；换挡杆置于空挡、释放驻车制动器	● 与 A 技师配合检查车辆前、后部灯光(配合) ● 检查转向盘自由行程(配合) ● 检测制动踏板的行程余量(配合) ● 检查备胎 检查轮胎有无异常磨损或损坏 检查是否嵌入金属颗粒或其他异物 测量胎面沟槽深度(测量规) 检查轮胎气压 检查是否漏气 检查钢圈是否损坏或腐蚀 ● 放回备胎后，检查行李箱门安装情况 ● 检查行李箱灯工作情况 ● 确认发动机关闭后摘掉尾气管 ● 检查燃油箱盖
 ● 顶起位置 1 ● 技师位置：车外左侧 ● 操作步骤： ● 检查左后减振器和车辆有无倾斜 ● 检查左后部车灯安装情况、是否损坏及有污物 ● 检查左后车门车身螺母、螺栓连接情况 ● 检查左后门门控灯 ● 检查左侧安全带伸缩、收紧和锁止情况 ● 检查左后车门儿童锁 ● 检查左前车门车身螺母、螺栓连接情况 ● 检查左前门门控灯 ● 检查左前座椅安全带伸缩、收紧和锁止情况，座椅滑动情况	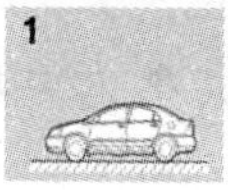 顶起位置 1 技师位置：车外右侧 操作方法： ● 检查右后减振器和车辆有无倾斜 ● 检查右后部车灯安装情况、是否损坏及有污物 ● 检查右后车门车身螺母、螺栓连接情况 ● 检查右后门门控灯 ● 检查右侧安全带伸缩、收紧和锁止情况 ● 检查右后车门儿童锁 ● 检查右前车门车身螺母、螺栓连接情况 ● 检查右前门门控灯 ● 检查右前座椅安全带伸缩、收紧和锁止情况，座椅滑动情况 ● 检查空调滤芯

续表二

丰田卡罗拉轿车 4 万公里保养双人作业流程	
A 技师	B 技师
● 打开发动机舱盖并安装翼子板布、前格栅布 ● 检查左前大灯安装、损坏和有无污物 ● 检查左前减振器、车辆倾斜 ● 检查发动机罩螺栓连接情况 ● 收起左侧车轮挡块 ● 整理工具 ● 填写工单 ● 位置 1 标准工时：15 min	● 检查右前大灯安装、损坏和有无污物 ● 检查右前减振器、车辆倾斜 ● 拆卸机油加注口盖并用布盖住加油口 ● 收起右侧车轮挡块 ● 清洁地面 ● 填写工单 位置 1 标准工时：15 min
 顶起位置 2 技师位置：车底 操作步骤： ● 检查球节垂直游隙(口述检查方法即可)	 顶起位置 2 技师位置：车底 操作步骤： ● 检查球节防尘罩是否损坏(口述检查方法即可)
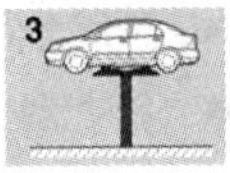 顶起位置 3 技师位置：底盘前部 操作步骤： ● 将车辆举升至高位(配合) ● 检查机滤配合表面、曲轴前后油封处有无漏油 ● 检查机油放油塞处有无漏油 ● 检查自动传动桥/手动传动桥有无漏油(拉锁位置) ● 检查机油冷却器软管是否损坏 ● 移动接油器，排放发动机机油 ● 手动变速器液位检查 ● 检查驱动轴安装、损伤情况(左右) ● 检查驱动轴护套是否有裂纹渗漏及卡箍安装状况(左右) ● 检查转向连接机构是否松旷(左右) ● 检查动力转向机构是否渗漏、防尘套是否损坏 ● 检查制动管路软管是否有扭曲、裂纹、突起和干涉 ● 检查前桥减震器、弹簧(左右) ● 清洁地面 ● 填写工单 标准工时：10 min	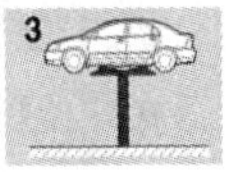 顶起位置 3 技师位置：底盘中后部 操作步骤： ● 将车辆举升至高位(配合) ● 准备好扭力扳手和套筒，调节好扭矩，紧固底盘螺栓(从后向前) ● 戴上手套，检查排气系统 ● 检查燃油管路、制动管路 ● 检查后桥损坏情况 ● 检查后桥平衡杆安装状况 ● 检查后桥减震器、弹簧(左右) ● 更换垫片、安装机油排放塞 ● 更换机油滤芯(3/4 圈) ● 整理工具 ● 填写工单 标准工时：10 min

续表三

丰田卡罗拉轿车 4 万公里保养双人作业流程	
A 技师	B 技师
 顶起位置 4 技师位置：左前轮 操作步骤： ● 将车辆举升至中位(配合) ● 推拉车轮以便检查是否有松旷(左侧) ● 转动车轮以便检查是否无噪声平稳转动(左侧) ● 左前轮与左后轮轮胎拆卸(配合) ● 使用挂钩拆卸制动卡钳 ● 清洁制动盘表面，检查表面有无裂纹、刻痕和损坏 ● 检查制动轮缸活塞有无漏油 ● 导销移动是否正常和防尘套有无损坏 ● 千分尺清洁与校零 ● 检测制动盘的厚度(位置要正确) ● 临时紧固左前轮的两个轮胎螺栓(配合) ● 安装磁性表座测量制动盘的端面圆跳动(配合) ● 读数完成后，拆除磁性表座与轮胎螺栓 ● 安装摩擦片和制动卡钳 ● 填写工单、清洁地面 标准工时：10 min	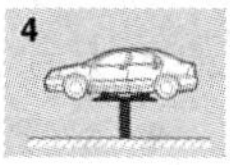 顶起位置 4 技师位置：右前轮—左前轮—左后轮 操作步骤： ● 将车辆举升至中位(配合) ● 推拉车轮以便检查是否有松旷(右侧) ● 转动车轮以便检查是否无噪声平稳转动(右侧) ● 左前轮与左后轮轮胎拆卸(配合) ● 检查拆卸的轮胎 ● 检查摩擦片磨损状况 ● 摩擦片清洁 ● 摩擦片厚度测量(位置要正确) ● 将拆散的磁性表座组装好 ● 百分表检查与校零 ● 临时紧固左前轮的两个轮胎螺栓(配合) ● 在右前轮处转动车轮一周(配合) ● 检查左后轮的鼓式制动器 ● 清洁工具和量具，整理归位 ● 填写工单 标准工时：10 min
 顶起位置 5 技师位置：车内主驾驶位置 操作步骤： ● 车辆降至低位后坐入主驾驶位置 ● 操作制动踏板和手制动杆数次，检查各车轮的制动拖滞(配合) ● 填写工单 标准工时：4 min	 顶起位置 5 技师位置：车外 操作步骤： ● 将车辆举升至低位 ● 检查各车轮的制动拖滞(配合) ● 填写工单 标准工时：4 min
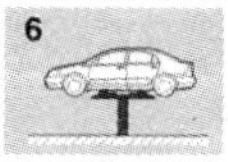 顶起位置 6 技师位置：车内主驾驶位置-车外 操作步骤： ● 将车辆举升至中位(配合) ● 操作制动踏板进行制动液排气(配合) ● 临时安装车轮(配合) ● 填写工单 标准工时：5 min	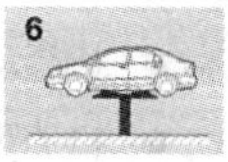 顶起位置 6 技师位置：车外 操作步骤： ● 将车辆举升至中位(配合) ● 进行制动液排气(配合) ● 临时安装车轮(配合) ● 填写工单 标准工时：5 min

续表四

丰田卡罗拉轿车 4 万公里保养双人作业流程	
A 技师	B 技师
顶起位置 7  技师位置：发动机舱左侧 操作步骤(发动机启动前)： ● 将车辆举降至低位(配合) ● 拉上驻车制动器 ● 加注机油，检查机油液位 ● 拆卸火花塞，检查火花塞外观情况 ● 检查火花塞间隙 ● 先用手预紧，再用标准力矩拧紧火花塞(18 N·m 威驰、25 N·m 花冠) ● 检查传动皮带的损坏、变形、安装情况 ● 测量皮带张紧度 ● 检查空气滤清器芯的破损情况，安装空滤 ● 检查喷洗液液位	顶起位置 7  技师位置：发动机舱右侧 操作步骤(发动机启动前)： ● 将车辆降至低位(配合) ● 放置车轮挡块，接上尾气排放管 ● 检查散热器盖的损坏情况 ● 测量冷却液冰点值 ● 检查蓄电池外部损坏和导线松动情况 ● 检查蓄电池电解液液位，蓄电池端子、排气塞情况 ● 测量电解液比重 ● 检查制动总泵液位、制动管路有无泄漏 ● 检查制动器金属管、软管安装及损坏情况 ● 检查活性炭罐的管路安装是否正常 ● 检查前减振器的上支承螺栓
顶起位置 7  技师位置：车内—车外 操作步骤(发动机暖机和热机阶段)： ● 启动发动机 ● 将自动变速器每个挡位走一遍，再回到 P 档，下车 ● 检查自动传动桥液液位 ● 检查 PCV 阀的工作情况及管路安装 ● 检查散热器及管路的渗漏情况 ● 检查散热器管路、软管、卡箍的安装 ● 观察空调的视液镜检查冷媒状况(配合) ● 检查动力转向液位及作好液位标记	顶起位置 7  技师位置：车外—车内 操作步骤(发动机暖机和热机阶段)： ● 用标准力矩(103 N·m)按对角顺序拧紧车轮螺栓 ● 打开所有车门 ● 进入车内打开空调，将发动机转速调至 1500 转/分，空调风冷开到最大，温度调到最低，检查制冷剂(配合) ● 怠速、方向盘左右快速转至极限位置数次
顶起位置 7  技师位置：车外 操作步骤(发动机停机后)： ● 检查动力转向液是否起泡或乳化 ● 检查动力转向液液位，比较运行与停机液位差 ● 检查发动机机油液位，检查散热器储液罐液位 ● 检查空调制冷剂的渗漏情况 ● 填写工单 位置七标准工时：15 min	顶起位置 7  技师位置：车外 操作步骤(发动机停机后)： ● 关闭发动机 ● 清洁工具，整理工具 ● 收起车轮挡块 ● 清洁地面 ● 填写工单 位置七标准工时：15 min

续表五

丰田卡罗拉轿车 4 万公里保养双人作业流程	
A 技师	B 技师
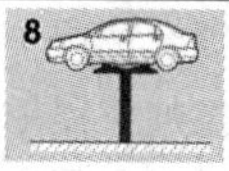 顶起位置 8 技师位置：车底 操作步骤： ● 将车辆升至高位(配合) ● 检查更换零件等安装情况 ● 清洁地面 ● 填写工单 标准工时：5 min	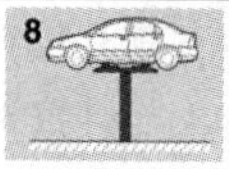 顶起位置 8 技师位置：车底 操作步骤： ● 将车辆升至高位(配合) ● 检查机油渗漏情况 ● 检查制动液泄漏情况 ● 填写工单 标准工时：5 min
 顶起位置 9 技师位置：车外 操作步骤： ● 将车辆降至地面(配合) ● 拆卸翼子板布和前格栅布 ● 清洁地面 ● 填写工单 标准工时：5 min	 顶起位置 9 技师位置：车内 操作步骤： ● 将车辆降至地面(配合) ● 清洁车身、车身内部、烟灰缸 ● 调整收音机、时钟、座椅位置 ● 填写工单 标准工时：5 min
A 技师完成保养累计时间：70 分钟	B 技师完成保养累计时间：70 分钟

附录2　日常维护、一级维护和二级维护作业项目及技术要求

1. 日常维护

日常维护作业项目及技术要求见表 1。

表 1　日常维护作业项目及技术要求

序号	作业项目	作业内容	技术要求	维护周期
1	车辆外观及附属设施	检查、清洁车身	车身外观及客车车厢内部整洁，车窗玻璃齐全、完好	出车前或收车后
		检查后视镜，调整后视镜角度	后视镜完好、无损毁，视野良好	出车前
		检查灭火器、客车安全锤	灭火器配备数量及放置位置符合规定，且在有效期内。客车安全锤配备数量及放置位置符合规定	出车前或收车后
		检查安全带	安全带固定可靠、功能有效	出车前或收车后
		检查风窗玻璃刮水器	刮水器各挡位工作正常	出车前
2	发动机	检查发动机润滑油、冷却液液面高度，视情补给	油(液)面高度符合规定	出车前
3	制动	制动系统自检	自检正常，无制动报警灯闪亮	出车前
		检查制动液液面高度，视情补给	液面高度符合规定	出车前
		检查行车制动、驻车制动	行车制动、驻车制动功能正常	出车前
4	车轮及轮胎	检查轮胎外观、气压	轮胎表面无破裂、凸起、异物刺入及异常磨损，轮胎气压符合规定	出车前、行车中
		检查车轮螺栓、螺母	齐全完好，无松动	出车前
5	照明、信号指示装置及仪表	检查前照明灯	前照明灯完好、有效，表面清洁，远近光变换正常	出车前
		检查信号指示装置	转向灯、制动灯、示廓灯、危险报警灯、雾灯、喇叭、标志灯及反射器等信号指示装置完好有效，表面清洁	出车前
		检查仪表	工作正常	出车前、行车中
注：“符合规定”指符合车辆维修资料等有关技术文件的规定，以下同。				

2. 一级维护

一级维护基本作业项目及技术要求见表 1 和表 2。

表 2　一级维护基本作业项目及技术要求

序号	作业项目		作业内容	技术要求
1	发动机	空气滤清器、机油滤清器和燃油滤清器	清洁或更换	按规定的里程或时间清洁或更换滤清器。滤清器应清洁，衬垫无残缺，滤芯无破损。滤清器安装牢固，密封良好
2		发动机润滑油及冷却液	检查油(液)面高度，视情更换	按规定的里程或时间更换润滑油、冷却液，油(液)面高度符合规定
3	转向系统	部件连接	检查、校紧万向节、横直拉杆、球头销和转向节等部位连接螺栓、螺母	各部件连接可靠
4		转向器润滑油及转向助力油	检查油面高度，视情更换	按规定的里程或时间更换转向器润滑油及转向助力油，油面高度符合规定
5	制动系统	制动管路、制动阀及接头	检查制动管路、制动阀及接头，校紧接头	制动管路、制动阀固定可靠，接头紧固，无漏气(油)现象
6		缓速器	检查、校紧缓速器连接螺栓、螺母，检查定子与转子间隙，清洁缓速器	缓速器连按紧固，定子与转子间隙符合规定，缓速器外表、定子与转子间清洁，各插接件与接头连接可靠
7		储气筒	检查储气筒	无积水及油污
8		制动液	检查液面高度，视情更换	按规定的里程或时间更换制动液，液面高度符合规定
9	传动系统	各连接部位	检查、校紧变速器、传动轴、驱动桥壳、传动轴支撑等部位连接螺栓、螺母	各部位连接可靠，密封良好
10		变速器、主减速器和差速器	清洁通气孔	通气孔通畅
11	车轮	车轮及半轴的螺栓，螺母	校紧车轮及半轴的螺栓、螺母	拧紧力矩符合规定
12		轮辋及压条挡圈	检查轮辋及压条挡圈	轮辋及压条挡圈无裂损及变形
13	其他	蓄电池	检查蓄电池	液面高度符合规定，通气孔畅通，电桩、夹头清洁、牢固，免维护蓄电池电量状况指示正常
14		防护装置	检查侧防护装置及后防护装置，校紧螺栓、螺母	完好有效，安装牢固
15		全车润滑	检查、润滑各润滑点	润滑嘴齐全有效，润滑良好。各润滑点防尘罩齐全完好。集中润滑装置工作正常，密封良好
16		整车密封	检查泄漏情况	全车不漏油、不漏液、不漏气

3. 二级维护

二级维护基本作业项目及技术要求见表 1、表 2 及表 3。

表 3　二级维护基本作业项目及技术要求

序号	作业项目		检测内容	技术要求
1	发动机	发动机工作状况	检查发动机启动性能和柴油发动机停机装置	启动性能良好，停机装置功能有效
			检查发动机运转情况	低、中、高速运转稳定，无异响
2		发动机排放机外净化装置	检查发动机排放机外净化装置	外观无损坏、安装牢固
3		燃油蒸发控制装置	检查外观，检查装置是否畅通，视情更换	炭罐及管路外观无损坏、密封良好、连接可靠，装置畅通无堵塞
4		曲轴箱通风装置	检查外观，检查装置是否畅通，视情更换	管路及阀体外观无损坏、密封良好、连接可靠，装置畅通无堵塞
5		增压器、中冷器	检查、清洁中冷器和增压器	中冷器散热片清洁，管路无老化，连接可靠，密封良好，增压器运转正常，无异响，无渗漏
6		发电机、启动机	检查、清洁发电机和启动机	发电机和启动机外表清洁，导线接头无松动，运转无异响，工作正常
7		发动机传动带(链)	检查空压机、水泵、发电机、空调机组和正时传动带(链)磨损及老化程度，视情调整传动带(链)松紧度	按规定里程或时间更换传动带(链)。传动带(链)无裂痕和过量磨损，表面无油污，松紧度符合规定
8		冷却装置	检查散热器、水箱及管路密封	散热器、水箱及管路固定可靠，无变形、堵塞、破损及渗漏。箱盖接合表面良好，胶垫不老化
			检查水泵和节温器工作状况	水泵不漏水、无异响，节温器工作正常
9		火花塞、高压线	检查火花塞间隙、积炭和烧蚀情况，按规定里程或时间更换火花塞	无积炭，无严重烧蚀现象，电极间隙符合规定
			检查高压线外观及连接情况，按规定里程或时间更换高压线	高压线外观无破损、连接可靠
10		进、排气歧管、消声器、排气管	检查进、排气歧管、消声器、排气管	外观无破损，无裂痕，消声器功能良好

续表一

序号	作业项目		检测内容	技术要求
11	发动机	发动机总成	清洁发动机外部，检查隔热层	无油污、无灰尘隔热层密封良好
			检查、校紧连接螺栓、螺母	油底壳、发动机支撑、水泵、空压机、涡轮增压器、进排气歧管、消声器、排气管、输油泵和喷油泵等部位连接可靠
12	制动系统	储气筒、干燥器	检查、紧固储气筒。检查干燥器功能，按规定里程或时间更换干燥剂	储气筒安装牢固，密封良好。干燥器功能正常，排水阀通畅
13		制动踏板	检查、调整制动踏板自由行程	制动踏板自由行程符合规定
14		驻车制动	检查驻车制动性能，调整操纵机构	功能正常，操纵机构齐全完好、灵活有效
15		防抱死制动装置	检查连接线路，清洁轮速传感器	各连接线及插接件无松动，轮速传感器清洁
16		鼓式制动器	检查制动间隙调整装置	功能正常
			拆卸制动鼓、轮毂、制动蹄清洁轴承位、轴承，支承销和制动底板等零件	清洁，无油污，轮毂通气孔通畅
			检查制动底板、制动凸轮轴	制动底板安装牢固、无变形、无裂损。凸轮轴转动灵活，无卡滞和松旷现象
			检查轮毂内外轴承	滚珠保持架无断裂，滚珠无缺损、脱落，轴承内外圈无裂损和烧蚀
			检查制动摩擦片、制动蹄及支承销	摩擦片表面无油污、裂损，厚度符合规定。制动蹄无裂纹及明显变形，铆接可靠，铆钉沉入深度符合规定。支承销无过量磨损与制动蹄轴承孔衬套配合无明显松旷
			检查制动蹄复位弹簧	复位弹簧不得有扭曲、钩环损坏、弹性损失和自由长度改变等现象
			检查轮毂、制动鼓	轮毂无裂损，制动鼓无裂痕、沟槽、油污及明显变形
			装复制动鼓、轮毂、制动蹄，调整轴承松紧度、调整制动间隙	润滑轴承，轴承位涂抹润滑脂后再装轴承。装复制动蹄时，轴承孔均应涂抹润滑脂，开口销或卡簧固定可靠。制动摩擦片与制动鼓摩擦面应清洁，无油污，制动摩擦片与制动鼓配合间隙符合规定。轮毂转动灵活且无轴向间隙。锁紧螺母、半轴螺母及车轮螺母齐全，拧紧力矩符合规定

续表二

序号	作业项目		检测内容	技术要求
17	制动系统	盘式制动器	检查制动摩擦片和制动盘磨损量	制动摩擦片和制动盘磨损量应在标记规定或制造商要求的范围内，其摩擦工作面不得有油污、裂纹、失圆和沟槽等损伤
			检查制动摩擦片与制动盘间的间隙	制动摩擦片与制动盘之间的转动间隙符合规定
			检查密封件	密封件无裂纹或损坏
			检查制动钳	制动钳安装牢固、无油液泄漏。制动钳导向销无裂纹或损坏
18	转向系统	转向器和转向传动机构	检查转向器和转向传动机构	转向轻便、灵活，转向无卡滞现象，锁止、限位功能正常
			检查部件技术状况	转向节臂、转向器摇臂及横直拉杆无变形、裂纹和拼焊现象，球销无裂痕、不松旷，转向器无裂损、无漏油现象
19		转向盘最大自由转动量	检查、调整转向盘最大自由转动量	最高设计车速不小于 100 km/h 的车辆，其转向盘的最大自由转动量不大于15°，其他车辆不大于25°
20	行驶系统	车轮及轮胎	检查轮胎规格型号	轮胎规格型号符合规定，同轴轮胎的规格和花纹应相同，公路客车(客运班车)、旅游客车、校车和危险货物运输车的所有车轮及其他车辆的转向轮不得装用翻新的轮胎
			检查轮胎外观	轮胎的胎冠、胎壁不得有长度超过25 mm 或深度足以暴露出帘布层的破裂和割伤以及凸起、异物刺入等影响使用的缺陷。具有磨损标志的轮胎，胎冠的磨损不得触及磨损标志；无磨损标志或标志不清的轮胎，乘用车和挂车胎冠花纹深度应不小于1.6 mm其他车辆的转向轮的胎冠花纹深度应不小于3.2 mm其余轮胎胎冠花纹深度应不小于1.6 mm
			轮胎换位	根据轮胎磨损情况或相关规定，视情进行轮胎换位
			检查、调整车轮前束	车轮前束值符合规定

续表三

序号	作业项目		检测内容	技术要求
21	行驶系统	悬架	检查悬架弹性元件，校紧连接螺栓、螺母	空气弹簧无泄漏、外观无损伤。钢板弹簧无断片、缺片、移位和变形，各部件连接可靠。U 形螺栓螺母拧紧力矩符合规定
			减振器	减振器稳固有效，无漏油现象，橡胶垫无松动、变形及分层
22		车桥	检查车桥、车桥与悬架之间的拉杆和导杆	车桥无变形、表面无裂痕、油脂无泄漏，车桥与悬架之间的拉杆和导杆无松旷、移位和变形
23	传动系统	离合器	检查离合器工作状况	离合器接合平稳，分离彻底，操作轻便，无异响、打滑、抖动及沉重等现象
			检查、调整离合器踏板自由行程	离合器踏板自由行程符合规定
24		变速器、主减速器、差速器	检查、调整变速器	变速器操纵轻便、挡位准确，无异响、打滑及乱挡等异常现象，主减速器、差速器工作无异响
			检查变速器、主减速器、差速器润滑油液面高度，视情更换	按规定的里程或时间更换润滑油，液面高度符合规定
25		传动轴	检查防尘罩	防尘罩无裂痕、损坏，卡箍连接可靠，支架无松动
			检查传动轴及万向节	传动轴无弯曲，运转无异响。传动轴及万向节无裂损、不松旷
			检查传动轴承及支架	轴承无松旷，支架无缺损和变形
26	灯光导线	前照灯	检查远光灯发光强度，检查、调整前照灯光束照射位置	符合 GB 7258 规定
27		线束及导线	检查发动机舱及其他可视的线束及导线	插接件无松动、接触良好。导线布置整齐、固定牢靠，绝缘层无老化、破损，导线无外露。导线与蓄电池桩头连接牢固，并有绝缘层
28	车架车身	车架和车身	检查车架和车身	车架和车身无变形、断裂及开焊现象，连接可靠，车身周正。发动机罩锁扣锁紧有效。车厢铰链完好，锁扣锁紧可靠，固定集装箱箱体、货物的锁止机构工作正常
			检查车门、车窗启闭和锁止	车门和车窗应启闭正常，锁止可靠。客车动力启闭车门的车内应急开关及安全顶窗机件齐全、完好有效

续表四

序号	作业项目		检测内容	技术要求
29	车架车身	支撑装置	检查、润滑支撑装置，校紧连接螺栓、螺母	完好有效，润滑良好，安装牢固
30		牵引车与挂车连接装置	检查牵引销及其连接装置	牵引销安装牢固，无损伤、裂纹等缺陷，牵引销颈部磨损量符合规定
			检查、润滑牵引座及牵引销锁止、释放机构，校紧连接螺栓、螺母	牵引座表面油脂均匀，安装牢固，牵引销锁止、释放机构工作可靠
			检查转盘与转盘架	转盘与转盘架贴合面无松旷、偏歪。转盘与牵引连接部件连接牢靠，转盘连接螺栓应紧固，定位销无松旷、无磨损，转盘润滑
			检查牵引钩	牵引钩无裂纹及损伤，锁止、释放机构工作可靠

附录3 二级维护竣工检验项目及技术要求

二级维护竣工检验项目及技术要求见表4。

表4　二级维护竣工检验项目及技术要求

序号	检验部位	检验项目	技术要求	检验方法
1	整车	清洁	全车外部、车厢内部及各总成外部清洁	检视
2	整车	紧固	各总成外部螺栓、螺母紧固，锁销齐全有效	检查
3	整车	润滑	全车各个润滑部位的润滑装置齐全，润滑良好	检视
4	整车	密封	全车密封良好，无漏油、无漏液和无漏气现象	检视
5	整车	故障诊断	装有车载诊断系统(OBD)的车辆，无故障信息	检测
6	整车	附属设施	后视镜、灭火器、客车安全锤、安全带、刮水器等齐全完好，功能正常	检视
7	发动机及其附件	发动机工作状况	在正常工作温度状态下，发动机启动三次，成功启动次数不少于两次，柴油机三次停机均应有效，发动机低、中、高速运转稳定、无异响	路视或检视
8	发动机及其附件	发动机装备	齐全有效	检视
9	制动系统	行车制动性能	符合 GB 7258 规定，道路运输车辆符合 GB 18565 规定	路视或检测
10	制动系统	驻车制动性能	符合 GB 7258 规定	路视或检测
11	转向系统	转向机构	转向机构各部分连接可靠，锁止、限位功能正常，转向时无运动干涉，转向轻便、灵活，无卡滞现象 转向节臂、转向器摇臂及横直拉杆无变形、裂纹和拼焊现象，球销无裂纹、不松旷，转向器无裂损、漏油现象	检视

续表

序号	检验部位	检验项目	技术要求	检验方法
12		转向盘最大自由转动量	最高设计车速不小于 100 km/h 的车辆，其转向盘的最大自由转动量不大于 15°，其他车辆不大于 25°	检测
13	行驶系统	轮胎	同轴轮胎应为相同的规格和花纹，公路客车(客运班车)、旅游客车、校车和危险品运输车的所有车轮及其他机动车的转向轮不得装用翻新的轮胎，轮胎花纹深度及气压符合规定，轮胎的胎冠、胎壁不得有长度超过 25 mm 或深度足以暴露出帘布层的破裂和割伤以及凸起、异物刺入等影响使用的缺陷	检查、检测
14	行驶系统	转向轮横向侧滑量	符合 GB 7258 规定，道路运输车辆符合 GB 18565 规定	检测
15	行驶系统	悬架	空气弹簧无泄漏、外观无损伤。钢板弹簧无断片、缺片、移位和变形，各部件连接可靠，U 形螺栓螺母拧紧力矩符合规定	检查
16	行驶系统	减振器	减振器稳固有效，无漏油现象，橡胶垫无松动、变形及分层	检查
17	行驶系统	车桥	无变形、表面无裂痕，密封良好	检视
18	传动系统	离合器	离合器接合平稳，分离彻底，操作轻便，无异响、打滑、抖动和沉重等现象	路试
19	传动系统	变速器、传动轴、主减速器	变速器操纵轻便、挡位准确，无异响、打滑及乱挡等异常现象，传动轴、主减速器工作无异响	路试
20	牵引连接装置	牵引连接装置和锁止机构	汽车与挂车牵引连接装置连接可靠，锁止、释放机构工作可靠	检查
21	照明、信号指示装置和仪表	前照灯	完好有效，工作正常，性能符合 GB 7258 规定	检视、检测
22	照明、信号指示装置和仪表	信号指示装置	转向灯、制动灯、示廓灯、危险报警灯、雾灯、喇叭、标志灯及反射器等信号指示装置完好有效	检视
23	照明、信号指示装置和仪表	仪表	各类仪表工作正常	检视
24	排放	排气污染物	汽油车采用双怠速法，应符合 GB 18565 规定。柴油车采用自由加速法，应符合 GB 7258 规定	检测

参 考 文 献

[1] 蒋浩丰. 汽车使用与维护[M]. 3 版. 西安：西安交通大学出版社，2018.
[2] 张西振. 发动机原理与汽车理论[M]. 北京：人民交通出版社，2013.
[3] 周燕，罗小青. 汽车材料[M]. 北京：人民交通出版社，2014.